Mario
BENEDETTI
UN MITO DISCRETÍSIMO

BIOGRAFÍA

Mario BENEDETTI

UN MITO DISCRETÍSIMO

BIOGRAFÍA

HORTENSIA CAMPANELLA

ALFAGUARA

ALFAGUARA

2008, Hortensia Campanella
 c/o Guillermo Schavelzon & Asoc., Agencia Literaria
 www.schavelzon.com
© De esta edición:
 D. R. © Santillana Ediciones Generales, S.A. de C.V., 2009
 Av. Universidad 767, Col. del Valle
 México, 03100, D.F. Teléfono 5420 7530
 www.alfaguara.com.mx

 Primera edición: abril de 2009

ISBN : 978-607-11-0169-3

© Imagen de cubierta:
 Corbis

Impreso en México

Índice

Para Gerardo, más que nada en el mundo.

yo en cambio la recuerdo aunque me ignore
a través de la bruma la distingo
y a pesar de acechanzas y recelos
la recupero cálida y soleada
única como un mito discretísimo

«Ciudad en que no existo»
La casa y el ladrillo

Agradecimientos

¿Y si no hubieran estado? Ésa es la pregunta que me asalta al terminar este libro. Debo tanto a tantos que la pesadilla es que los amigos y desconocidos que me dieron su ayuda, me niegan su colaboración, y el libro se va borrando y sólo queda el espacio en blanco.

Debo, pues, expresar mi gratitud

a todos los que accedieron a darme su testimonio sobre diversos momentos de la vida de Mario Benedetti, de los cuales fueron testigos o coprotagonistas; con mayor o menor intensidad, todos han sido necesarios;

a los que me proporcionaron textos, fotos, documentos o indicaciones para hallarlos;

a los que leyeron el texto en diversos estadios de su redacción, ofreciendo las observaciones que me han sido tan útiles, en especial a Edgardo Carvalho, memoria y entrelíneas, y a Willie Schavelzon;

a Héctor, por todo.

Pero a quien debo mayor gratitud es a Mario Benedetti. Si dijera que es por existir, sería suficiente, pero debo agregar su generosidad y calidez para conmigo y este proyecto. Confío en que mi cariño y admiración no empañen, paradójicamente, este texto que aspira a mostrar una vida.

La relación de nombres, más abajo, debería dar cuenta de todos ellos, si hubiera alguna ausencia, sólo se debe a mi torpeza. Sin duda hay muchas más personas a quienes habría podido consultar sobre una vida tan rica, mis limitaciones han impedido llegar a más.

Achugar, Hugo
Alatriste, Sealtiel
Alegría, Claribel
Alemany, Carmen
Arbeleche, Jorge
Barrios Pintos, Aníbal
Benedetti, Raúl
Bravo, Luis
Butazzoni, Fernando
Campodónico de Claps, Silvia
Campodónico, César
Campodónico, Miguel Ángel
Canfield, Martha
Cardenal, Ernesto
Carlevaro, Domingo
Carvalho, Edgardo
Castelvecchi, Gladys
Conteris, Hiber
Cornejo Polar, Fundación
Courtoisie, Rafael
Cruz, Juan
Delgado Aparaín, Mario
Durán, Julio
Elena, Ricardo
Elizaicín, Adolfo
Fasano, Carlos
Favero, Alberto
Fernández Retamar, Roberto
Flo, Juan
Fornaro, Milton
Fornet, Ambrosio
Friedmann, Virginia
Galeano, Eduardo

Gil, Silvia
Gilio, María Esther
Guerra, Silvia
Hontou, Fermín
Lago, Sylvia
Larre Borges, Ana Inés
Laussleben, Lauren
Maggi, Carlos
Martínez, María Elena
Michelini, Felipe
Michelini, Margarita
Michelini, Rafael
Morvan, Annie
Paz, Senel
Penco, Wilfredo
Pérez Pérez, Alberto
Peri Rossi, Cristina
Peveronni, Gabriel
Ponce, Marta
Prego, Omar
Ramírez, Sergio
Ramos, Felisa
Reches, Diana
Rein, Mercedes
Rocca, Pablo
Rodríguez, Silvio
Rodríguez, Universindo
Rosencof, Mauricio
Sábat, Hermenegildo
Schavelzon, Guillermo Seregni, Líber
Serrat, Joan Manuel
Sienra, Susana

16

Sierra, Ernesto
Silva, Ariel
Vázquez Montalbán, Manuel
Vidart, Daniel
Viglietti, Daniel

Vilariño, Idea
Vilaró, Ricardo
Visor, Chus
Volonté, Luis

H. C.

Prólogo

«tragaluz para la utopía...»[*]

Había una cola de personas, de a dos, de a tres; eran casi todos muchachos bullangueros, veinteañeros, y luego estaban también los que parecían supervivientes de los años sesenta. Se extendía metros y más metros, doblaba junto a la fuente de la Cibeles, subiendo por la calle de Alcalá. Muchos llevaban libros, y todos, paciencia; no había habido mucha publicidad, pero se habían pasado la noticia con euforia: Mario Benedetti cumplía ochenta años, había una semana de homenajes en la Casa de América de Madrid, pero ese jueves estaba él solo leyendo sus poemas. Así que ése era el día que reunía a la multitud.

Cuando lo acompañé a través del jardín veía las miradas sonrientes, oía, como él, los saludos espontáneos, y de pronto una chica muy joven se le acercó con una flor, era un nardo, creo. Se la dio, y cuando el escritor, un tanto confuso, me la entregó, le pregunté a ella cómo se le había ocurrido aquello. Y me contestó: «No quería pedirle nada; me ha dado tanto, que pensé que lo único que podía hacer yo era traerle una flor».

En medio de las muestras de admiración, de cariño, casi de veneración que he visto ofrecerle al escritor uruguayo, me había quedado grabada esa escena transparente y expresiva. Y ha resurgido, vívida, cuatro años más tarde en otro espacio bien diferente. De nuevo, la cola de gente paciente esperando para asistir a un acto en el que va a estar Benedetti. Pero ahora los entusiastas van a entrar en el paraninfo de la Universidad de la República, en su Montevideo, como él dijo, «el corazón de mi país». Le van a hacer entrega del título de Doctor Honoris Causa, pero la ceremonia será acorde al estilo serio aunque informal de una joven república falta

---

[*] «La poesía», *El mundo que respiro,* en *Inventario III,* p. 35.

de centenarias tradiciones. No hay birretes, ni togas, y junto al homenajeado estará un cantautor, Daniel Viglietti, con las canciones que nos llevan a las palabras de los años duros. Ya han pasado casi veinte desde el final de la dictadura y de su regreso del exilio, y sin embargo, esta escena tiene la emoción de un corolario, de un símbolo. Cuando se terminaron las palabras y las canciones y los aplausos, todos evitábamos mirarnos para no ver la lágrima en ojo ajeno. Entonces se oyó a otra muchacha —pura coincidencia— gritar: «Gracias, Mario». Y así se cerró el círculo. Porque, en realidad, después de tantos años de leer y oír los textos de este escritor peculiar, lo que queda es la convicción de que vida y obra de Mario Benedetti conservan una armonía especial que recae, como un influjo, como una fuerza, como un regalo, sobre los lectores. Y, más allá de los vaivenes de esa obra, tan amplia, tan variada, tan arriesgada, por encima de los desniveles inevitables, de los gustos y disgustos que depara, la coherencia y la honestidad son de agradecer.

Y esos sentimientos implican cercanía, naturalidad en el trato. Hace pocos años se organizó un panel: una joven poeta y un joven crítico, profesor universitario, comentaban la obra del escritor, contando con su presencia. Hubo una parte importante del acto dedicada a las preguntas del público y pronto nos dimos cuenta de que la gente se dirigía al crítico llamándole «profesor», mientras que al anciano poeta le decían «Mario». Nada más que espontaneidad.

Así, a uno le nacen las ganas de saber cómo es que un pequeño ángulo de América del Sur puede producir artistas y escritores que sintonizan con tantos públicos y que pasan a la historia de sus respectivas vocaciones (Torres García, Barradas, Juana de Ibarbourou, Onetti, Horacio Quiroga, Mario Benedetti). Y, cerrando el objetivo, también uno empieza a interrogarse acerca de la vida de este escritor, cómo fue su formación, de dónde sale la solidez de sus citas, cómo se llevaba con sus padres, por qué ha tocado prácticamente todos los géneros literarios, cuáles han sido sus modelos, las alegrías que han llevado sus textos a tantas canciones, el compromiso que provocó once años de exilio.

Del mismo modo que él le preguntaba a su abuelo cómo era su pueblo en Italia, cómo había sido su viaje en barco hasta el Río de la Plata, yo me he puesto a interrogar a familiares, a los amigos, a los testigos de una vida tan larga e intensa. He buscado el testimonio de cartas, documentos, textos propios y ajenos para encontrar pistas, explicaciones, ángulos desde donde mirar una vida, la vida de Mario Benedetti. Una vida que ha ido persiguiendo la utopía y que por eso mismo ha encontrado en la poesía su mejor expresión, o por lo menos, la más querida, la más auténtica. Así, en uno de los últimos poemas que el escritor uruguayo dedica a la poesía*, ya a sus ochenta años, la ilumina como «altillo de almas», la descubre como «tragaluz para la utopía», la propone como «un drenaje de la vida / que enseña a no temer la muerte».

Comienzo a preguntar, y me dirijo también a los creadores que lo han tenido cerca o lejos, no importa, pero siempre presente. Y empiezo interrogando a otro poeta, un joven uruguayo que nunca ha dudado en mostrar sus amores y sus deudas, Rafael Courtoisie. Él se vuelve hacia su pasado íntimo y responde con tres escenas:

ESCENA I
EXTERIOR. DÍA. CEMENTERIO CENTRAL DE MONTEVIDEO

Era mayo de 1976. Éramos adolescentes. Los cadáveres de *Toba* Gutiérrez Ruiz y de Zelmar Michelini, líderes asesinados por esbirros, por sicarios de la mediocridad del diablo en Buenos Aires, el país de enfrente, habían retornado al país. En el Cementerio Central la caballada policial y militar intentaba impedir hasta el mínimo honor que requerían aquellas exequias.

Muy poco tiempo después, circuló en Montevideo el poema «Zelmar», escrito por Mario Benedetti en el exilio y propagado mediante miles de copias mecanografiadas, copias al carbónico, que iban de mano en mano, de voz en voz: «Convoquemos aquí a nuestros zelmares», decía uno de aquellos indelebles versos. Lo leyó muchísima gente. Eso siempre le pasó a Benedetti, qué des-

---

* «La poesía», *El mundo que respiro*, en *Inventario III,* p. 35.

gracia simpática y desaforada (qué envidia, bufaron tantos): lo leía la gente, aun bajo la crueldad de la tiranía, lo leían todos.

ESCENA 2
CEMENTERIO DEL BUCEO. 1996

Había pasado la noche entera velando a mi padre, hombre de derechas, conservador, entrañable, cabezadura. ¿Cómo explicar el dolor? Sépanlo: para el dolor no hay derechas ni izquierdas. Mi padre estaba muerto.

Muy temprano, en el cementerio, apareció don Mario Benedetti. No dijo nada. Nada. Sólo estaba allí para que fuera menos el dolor.

Para disminuir el dolor, fuera izquierdo o derecho.

ESCENA 3
1974, 1975

Recuerdo haber firmado muchas veces, con mi nombre propio, el poema de Mario Benedetti titulado «Corazón coraza».

Lo confieso: le entregaba «Corazón coraza» a mis noviecitas del alma, les decía al oído:

> Porque te tengo y no
> porque te siento
> porque la noche está
> de ojos abiertos...

y ellas desfallecían. Les recitaba:

> Pequeña mía, corazón coraza...

Y el milagro se hacía.

¿Qué más puede uno pedir? Estuve acompañado, en la muerte y en el amor. Todo este tiempo. Gracias, Mario.

De nuevo la gratitud. Noble sentimiento.

Capítulo 1

«sitio para el candor...»[*]

El 14 de septiembre de 1920 los periódicos de Montevideo, capital de la República Oriental del Uruguay, ofrecían algunos titulares muy interesantes. El escritor dominicano Fabio Fiallo había recibido la buena noticia de que el Gobierno de Estados Unidos suspendía la condena de un año de prisión y multa que las mismas autoridades norteamericanas le habían impuesto por protestar ante la ocupación de su patria por tropas de aquel país. No sería la última invasión en la República Dominicana, ni menos aún en América Latina, y en el futuro habría muchos escritores que sufrirían igual o peor suerte que el autor de *Cuentos frágiles*. También se abría la posibilidad de una mediación italiana ante los gobiernos de Perú y Chile por su enconada disputa territorial. Y, además de divulgarse la opinión del dramaturgo Bernard Shaw acerca del «cinematógrafo», aparecía la noticia del triunfo local del Club Nacional de Fútbol en reñida contienda. Ese mismo día nacía, en un pequeño pueblo a casi trescientos quilómetros de la capital, Mario Orlando Hamlet Hardy Brenno Benedetti Farrugia. En medio de esos nombres —homenajes literarios y familiares— reconocemos al Mario Benedetti que a lo largo de su vida ha sido apasionado del fútbol, en especial del Nacional, y del cine, decidido defensor de la verdadera independencia de los pueblos de América Latina, enemigo de la intervención extranjera, lúcido crítico de las pequeñeces que han separado a los pueblos latinoamericanos. Como decía Julio Cortázar, las coincidencias nos envían mensajes.

---

[*] «Diálogo con la memoria», *Preguntas al azar*, en *Inventario II,* p. 353.

En ese momento, el país que acogía al pequeño Mario era lo que luego se consideraría un peculiar laboratorio político y social. Superada la inestabilidad exterior producida por la Revolución mexicana, por la Primera Guerra Mundial y por la crisis financiera, lejana de la zona de aplicación de la «política del garrote» de Estados Unidos, la República Oriental del Uruguay experimentaba un reformismo político y social que se reflejaría en el desarrollo cultural, y en el cambio de las costumbres. Esas transformaciones, lideradas por el presidente José Batlle y Ordóñez, por las que, en palabras del sociólogo Germán Rama, «la población se transformó en ciudadanía», condujeron a períodos de prosperidad, de afianzamiento de la democracia política, de consenso integrador de la sociedad. En este proceso innovador, mezcla de utopías, anarquismo y socialismo, incidió una temprana inmigración muy cualificada que encontró una sociedad en formación y por lo tanto muy permeable a su influencia.

Entre esos profesionales había un enólogo, químico y astrónomo nacido en Foligno, Umbría, llamado Brenno Benedetti, el abuelo paterno. En un país que apenas sobrepasaba el millón de habitantes ocurrían hechos insólitos: el científico había sido contratado directamente desde Italia por Francisco Piria, dinámico empresario, dueño de un importante hotel, negocios inmobiliarios y bodegas. Era, en realidad, un visionario que llegó a concebir una ciudad balneario, popular incluso en esa época, y conocida luego por el apellido de su creador, como en los libros. Y cuando aquel italiano rompió relaciones con su empleador, lo que le costó una caminata de más de cien quilómetros, puesto que los medios de transporte entre Piriápolis y la capital eran propiedad del indignado jefe, decidió radicarse en otra zona del país y seguir trabajando en el negocio vitivinícola. Ése será el abuelo que el niño Mario descubrirá disfrazado de Rey Mago, provocándole la decepción de la verdad. De los tres hijos que tuvo —Brenno, Flaminia y Danilo—, el mayor, Brenno, también enólogo y químico, conocerá a Matilde Farrugia, quien vivía en Paso de los Toros con su madre dos veces viuda y un hermano, y se casarán allí. Así llegamos a esa

24

fecha del 14 de septiembre de 1920, con el nacimiento de Mario bajo la advocación ambiental ya mencionada.

En la vida del que luego sería el más popular de los escritores uruguayos, se proyectan con fuerza las dos vertientes familiares. Por un lado, la familia paterna, cultos, científicos, severos, y por otro, la familia materna, más informales y con una historia peculiar. El bisabuelo materno de Mario, uruguayo, había seguido una tradición latinoamericana de las familias acomodadas: viajar a París. En La Sorbonne estudió Medicina y allí se enamoró de una francesa. Poco después, en Marsella, iba a nacer la madre de Matilde, la futura esposa de Brenno. Se llamaba Pastora Rus y fue una figura más bien odiosa dentro del círculo más íntimo de la familia; el episodio de su muerte y entierro está en el origen del cuento «Retrato de Elisa». La genealogía se completa con un abuelo madrileño. Así, Matilde será una muchacha hermosa, pero con grandes diferencias culturales con Brenno, circunstancia que tendrá consecuencias en el ambiente familiar en el que crecerá el joven Mario.

Si bien sólo vivió dos años en Paso de los Toros, trasladándose enseguida a la capital del departamento, Tacuarembó, el futuro escritor conserva muy precoces recuerdos de su vida allí: por ejemplo, las morisquetas de una muchacha contratada para inducirlo a comer, la despedida en la estación de tren. En Tacuarembó ocurrirían algunos hechos que marcarían de un modo indeleble la vida familiar. El padre decide independizarse laboralmente y compra en el centro de la ciudad la farmacia Magnone, que, a pesar de tener enfrente la competencia de otra, parecía un buen negocio. De este modo, tendrán una amplia casa, además de las dependencias adyacentes a la farmacia. Pero la estafa sufrida cuando descubre un negocio vaciado enteramente de medicamentos por su anterior propietario hunde a Brenno Benedetti en una quiebra económica reconocida por él en la Liga Comercial, ante la cual deberá responder con cualquier ingreso que vaya a tener en los años siguientes. El ejemplo de probidad y sacrificio del padre será motivo de imitación y orgullo para el hijo durante toda su vida. Es indudable que, de un modo directo o indirecto, la figura del padre aparece permanentemente como referencia en la obra del escritor uruguayo. En «Propiedad de lo perdido»* dice: «el rostro de mi padre / tan mío es que acude a mis espejos / para comprometerme en sus dilemas».

EL PARAÍSO PERDIDO

Lo que había sido el paraíso de la primera infancia, con las películas de Chaplin de la mano de la abuela materna, junto a su perro *Sarandí,* con el que solía esconderse bajo la cama cuando lo llamaban para comer, desaparece bruscamente. Y enseguida se produce un nuevo cambio de vida: en 1924 la familia se traslada a Montevideo en busca de un nuevo horizonte laboral para el padre. Empero, los primeros tiempos son muy malos. Viven en sencillas pensiones céntricas y cuando logren alquilar una casa será un lugar muy precario en las afueras de la capital, en Villa Colón, el mismo barrio que había acogido, años antes, una infancia bien diferente de otro grande de la literatura, Juan Carlos Onetti. El padre conseguirá trabajos provisionales, casi clandestinos, para escapar al embargo que lo persigue desde Tacuarembó. La madre sostendrá el peso de la casa cosiendo ropa para niños, disfraces, muñecos, como recuerda el poeta en «La madre ahora»**. De esa época se conservan fotografías en las que el niño aparece vestido con esos disfraces, como un temprano maniquí de la habilidosa modista. Son tiempos de recuerdos agridulces: a partir de la realidad de una pobreza extrema, el adulto escritor sublima esa situación hacia una suprarrealidad espiritual, en la que los valores del cariño filial y la admiración hacia el padre compensan las estrecheces económicas, tal como aparece en el cuento «Los vecinos»*** y en el poema «Abrigo»****.

La precariedad de ingresos no impide que el futuro escritor empiece a demostrar cierta precocidad en su formación.

---

* *Preguntas al azar,* en *Inventario II,* p. 394.
** *Preguntas al azar,* en *Inventario II,* p. 326.
*** *Despistes y franquezas,* en *Cuentos completos,* p. 540.
**** *Viento del exilio,* en *Inventario I,* p. 73.

Así, sus propios recuerdos y la tradición familiar revelan que aprendió a leer a los cinco años prácticamente solo, y antes de ir al colegio ya se había lanzado a la lectura (Julio Verne, Salgari, *Corazón*, de Edmundo d'Amicis). Era tal la fiebre lectora del niño que el padre le imponía ciertos límites diarios que él continuamente rebasaba para volver a leer el mismo fragmento al día siguiente.

La normalización económica del hogar comenzó de un modo curioso, cuando el padre se decide a jugar a la ruleta, descubre una «martingala» o truco que lo lleva a ganar de un modo continuado, y logra una difícil contención: sólo juega hasta que consigue el dinero necesario para vivir un mes. Será el momento de pensar en la educación del hasta entonces hijo único, y se impone la admiración de Brenno, el científico, por la exigente cultura alemana. Toda la educación primaria la hará Mario en el Colegio Alemán, una institución en cierto modo elitista en el panorama educativo uruguayo dominado por una escuela pública, gratuita y laica desde treinta años atrás y que se pretendía de buen nivel. La enseñanza de un idioma y el ambiente rígido del colegio marcarán definitivamente el futuro del joven Benedetti. Sus recuerdos de aquella época son nítidos y recurrentes. A pesar de la severidad de los profesores, de los frecuentes castigos corporales a los alumnos, de la discriminación entre los hijos de familia alemana y los de otro origen, Mario disfrutó de su etapa escolar. De los escasos archivos que se conservan luego de la clausura que sufrió el colegio durante la Segunda Guerra Mundial, podemos deducir que cada grupo en los distintos niveles presentaba una minoría de alumnos de origen no alemán (en 5.º de 1932, por ejemplo, serán cinco o seis en veinticuatro), lo cual favorecía la discriminación. Mario recuerda al director del colegio, el doctor Fritz Bornmann, paseándose con un látigo, del que milagrosamente pudo salvarse a pesar de que su nota en conducta nunca fue alta. La tabla de horarios de los profesores del 5.º B de Mario de aquel año de 1932 nos demuestra la pesada carga horaria de los alumnos: seis horas semanales de alemán, cinco de español, cuatro de inglés, cinco de aritmética, cuatro de educación física, y así hasta once materias. Sin embargo, fue un muy buen estudiante, al extremo de que en varias oportunidades logró el premio de fin de curso, que le fue entregado cada vez, en acto solemne, por el propio embajador de Alemania. Tal vez ese rendimiento extraordinario con un currículum tan exigente fue lo que le granjeó cierta simpatía por parte del director, quien solía darle consejos y hablar distendidamente con él. Fue ese mismo director quien debió marchar luego a combatir en la guerra europea, pero que eligió de nuevo Uruguay para el retiro y la muerte.

Mario empezó a ser un superviviente en ese colegio: menudo y ágil, consiguió superar los problemas que se planteaban diariamente por parte de un grupo de compañeros que se sentían protegidos por la autoridad. En las fotos de su etapa escolar se lo ve un poco triste, tal vez por el trasfondo familiar, pero integrado en el colectivo aunque eso supusiera superar cierta violencia latente. Una de ellas es especialmente significativa: se ve al pequeño Mario, en medio de un corro, jugando con espadas de madera con uno de sus compañeros, Enrique Galindo, de su misma edad, pero mucho más grande físicamente. Su gran amigo a lo largo de esos años fue Kempis Vidal Beretervide, quien llegó a ser médico y destacado hombre de ciencia. También coincidieron en una toma de postura política de izquierdas y de lucha contra la dictadura: ambos tuvieron que exiliarse y mantuvieron una relación de confianza y amistad hasta su muerte en el año 2000.

Colón, el barrio donde vivía en los primeros cursos escolares, era un suburbio de la capital desde el que debía trasladarse primero en autobús y luego en tranvía hacia el colegio, situado en el centro. El pequeño Mario tuvo que acostumbrarse desde entonces a decidir, y así optó por caminar el último tramo para poder quedarse con el dinero del tranvía. Pocos años después, viviendo ya en el barrio residencial de Punta Carretas, el trayecto hacia el colegio era más breve, y también más interesante, como lo recordará en el poema «Tranvía de 1929»*.

---

* *Viento del exilio,* en *Inventario I,* p. 74.

Afortunadamente, muy pronto el padre conseguirá un empleo público y por lo tanto, según las leyes del aquel temprano estado del bienestar uruguayo, con un sueldo inembargable. Va a trabajar como químico en la Oficina de Impuestos Directos, y por primera vez en varios años la familia podrá disfrutar del ingreso de un sueldo completo. Como contracara de esa tranquilidad, ésa es la época en la que pierde al abuelo casi mítico: «La tristeza del mundo / es decir mi tristeza / empezó hace treinta años / en una noche hueca. [...] También tuve y no tengo un abuelo / con un siglo de cuentos / y una barba de seda / y dijo buenas noches / y se metió en su sueño / como huésped antiguo y de confianza. / Claro / no era su sueño / era su única muerte / nada más»*.

EL HERMANO IMPRESCINDIBLE

Desde poco tiempo atrás había comenzado una curiosa serie de mudanzas que marcará toda la vida familiar. En no más de veinte años contabiliza veintidós casas diferentes. Aparentemente por deseo inexplicado y un poco caprichoso de la madre, se mueven por diferentes barrios de la ciudad. De ese baile de casas puede recordar, a veces, datos sueltos: la claraboya rota de Justicia y Nueva Palmira, el nacimiento de Raúl en la calle Miñones, la efímera felicidad en la calle Capurro, dos casas en una misma calle, Ellauri, en una de las cuales queda grabada la imagen de una sirvientita que se asomaba a la ventana desnuda, y lo llamaba, para asombro y rubor de su incipiente adolescencia.

Nace el hermano, Raúl. La fecha es el 11 de noviembre de 1928, en Punta Carretas, un barrio de clase media cercano a la costa, sólo estropeado por la presencia de una enorme cárcel, y por el que circularán en varias casas recordadas con añoranza. Ese deambular un poco penoso, del que ambos hermanos recuerdan sobre todo que cada vez había que montar y desmon-

---

* «Cinco veces triste», *Poemas del hoyporhoy*, en *Inventario I*, p. 438.

tar el laboratorio paterno, aparecerá mucho más tarde como una clave autobiográfica de la novela *La borra del café**.

Los ocho años que separan a los hermanos nunca fueron una distancia insalvable; al contrario, Mario fue para Raúl algo así como un padre mucho más accesible, con quien se comunicaba mejor. Pocos años después, el barrio de Capurro, tranquilo, cercano a la bahía, parece haber sido la Arcadia de ambos. Allí compartieron juegos, allí vieron pasar por el cielo el *Graf Zeppelin*. Para Mario el hermano fue primero un juguete, y un compañero después. A lo largo de la complicada vida del escritor, Raúl ha sido su confidente, su apoyo, y estén donde estén se hablan por teléfono todos los días. En la madurez, pues, serán amigos y cómplices. La imagen plácida de Mario con nueve o diez años estudiando o leyendo y meciendo la cuna del hermanito con el pie se rompe sin rencor ante el recuerdo de un impulso demasiado violento que manda al bebé al suelo, afortunadamente sin consecuencias. Mucho más dramática es la intervención de Raúl en situaciones de peligro para la vida de Mario, perseguido por las sucesivas dictaduras que lo consideraron, con razón, un enemigo.

La actividad literaria de Mario comenzó muy tempranamente. Aunque no quedan pruebas escritas, siempre habla de los poemas en alemán que le servían para responder a las tareas del colegio, para asombro de los maestros. Alimentado de lecturas obsesivas, poco después escribió una novela «de capa y espada» llamada *El trono y la vida,* de la que sólo queda el recuerdo en los dos hermanos. Y con Raúl apenas crecido, escribía a máquina un periódico, haciendo copias con papel de calco, que su hermano vendía por el barrio. Esa temprana adolescencia también será el momento del diario íntimo del que no quedan rastros, experiencia que, desgraciadamente para los investigadores, no continuó en lo sucesivo. También será un paréntesis de preguntas existenciales, de dudas y, por último, como dice uno de sus poemas tempranos, de «Ausencia de Dios». Por insistencia de unas tías

---

* *La borra del café*, Barcelona, Ediciones Destino, 1993.

había tomado la primera comunión, y lo hizo en la iglesia de Punta Carretas, al lado de donde vivía el abuelo materno. De ese modo había entrado en contacto con la religión como institución, pero también en un entorno peculiar: mientras se preparaba para la ceremonia jugaba al fútbol con los curas, quienes se enrollaban la sotana a la cintura y le imponían por cada falta cometida un padrenuestro de penitencia. Tal vez esa circunstancia en un ambiente como el uruguayo, laico, incluso anticlerical, influyó en la ausencia de fe que ha experimentado toda la vida, a pesar de que el tema, como problema humano, ronde una y otra vez su inspiración poética. Se podría decir que el escritor lamenta no tener fe y a lo largo de toda su obra son numerosos los poemas en los que aflora esa ausencia de Dios en su espíritu, en su meditación y en sus expectativas acerca de la muerte. No faltarán en su obra, especialmente poética, las explicaciones que va encontrando, aceptando, ofreciendo, para su falta de fe, como por ejemplo su temprana «Primera incomunión»[*].

Así, con experiencias contradictorias, con precocidad y tristeza, se puede decir que se cierra la infancia de Mario. Una época nunca mitificada por él, siempre recordada a través del tamiz de cierta amargura, de la disconformidad y la decepción, como surge en muchos poemas, pero especialmente en ese soberbio compendio de las emociones que experimentara en ese período tantas veces cantado por los escritores, el poema «La infancia es otra cosa», de *Quemar las naves*[**].

Llegamos a 1933. En Alemania es presidente Hindenburg y Hitler, su canciller. En el Colegio Alemán de Montevideo se hace obligatorio el saludo nazi. Mario, que hasta entonces había evitado comentar en casa algunos rasgos autoritarios del colegio por temor a ser obligado a abandonarlo, no puede menos que comunicar esta novedad ominosa. La respuesta paterna es inmediata: para no perder el año, terminará el curso escolar, el último de primaria, pero ya no seguirá en ese ambiente. Se había terminado el candor.

---

[*] *A ras de sueño*, en *Inventario I*, p. 431.
[**] En *Inventario I*, p. 403.

LAS PRIMERAS MIRADAS

Nadie sabe en qué noche de octubre solitario,
de fatigados duendes que ya no ocurren,
puede inmolarse la perdida infancia
junto a recuerdos que se están haciendo.

Qué sorpresa sufrirse una vez desolado,
escuchar cómo tiembla el coraje en las sienes,
en el pecho, en los muslos impacientes
sentir cómo los labios se desprenden
de verbos maravillosos y descuidados,
de cifras defendidas en el aire muerto,
y cómo otras palabras, nuevas, endurecidas
y desde ya cansadas se conjuran
para impedirnos el único fantasma de veras.

Cómo encontrar un sitio con los primeros ojos,
un sitio donde asir la larga soledad
con los primeros ojos, sin gastar
las primeras miradas,
y si quedan maltrechas de significados,
de cáscara de ideales, de purezas inmundas,
cómo encontrar un río con los primeros pasos,
un río —para lavarlos— que las lleve.

Sólo mientras tanto
Inventario I, p. 588

33

Capítulo 2

«los ojos llenos de sueños...»[*]

Los años de la adolescencia son los años de la precocidad. Parece querer hacerlo todo rápidamente. Abandonado el Colegio Alemán, ingresa al bachillerato en un instituto público, el Liceo N.º 2 Héctor Miranda, donde termina con buenas notas el primer curso. El segundo lo deja por la mitad y trata de continuar los estudios sin asistir a clase: no terminará el último de los cuatro cursos de secundaria. A partir de ese momento la educación del adolescente y el joven dependerá exclusivamente de su libre esfuerzo y disciplina, y de la antigua pasión por la lectura. Al observar al adulto, años más tarde, llegaremos a la conclusión de que la sistematicidad de estudios académicos fue sustituida por la fuerza de la vocación que generó un profundo conocimiento de literaturas extranjeras, a menudo acompañadas por el estudio de la lengua correspondiente, lo cual agudizó un, al parecer, innato sentido crítico.

Sin que fuera una de sus prioridades, agrega a los estudios diversas actividades deportivas. Jugó al fútbol, pero confiesa que era malo y sólo lo dejaban actuar en la meta; en todo caso, su peor recuerdo es un gol que le hicieron y en el que el balón lo golpeó en el estómago: se desmayó. Desde entonces su pasión por el fútbol se ha manifestado sólo como espectador. Es claramente un *hincha* y en sus cuentos el tema aparece con amplitud. Tal vez el más conocido sea «Puntero izquierdo», pero con los años, «El césped» le disputará popularidad. También practicó el baloncesto; sin embargo, donde descolló fue en atletismo. En una de las tradicionales plazas de deportes montevideanas,

---

[*] «Verano», *Poemas de la oficina*, en *Inventario I*, p. 564.

pequeños polideportivos a la medida de cada barrio, situada ésta frente a la tradicional iglesia de la Aguada, se ejercitaba corriendo y ganó una competición de ochocientos metros lisos, tal como recuerda con nostalgia en uno de los dos poemas que ha titulado «Piernas»*. También el deporte está asociado para Mario Benedetti a uno de los peligros que lo acompañan a lo largo de toda su vida. En una tarde calurosa de su adolescencia, mientras estaba jugando a la paleta con su amigo del colegio, Kubler, el padre de éste les trajo un helado que contenía nuez. En ese momento se le manifestó por primera vez una alergia a este fruto seco que pone en peligro su vida cada vez que se descuida, cosa que ha ocurrido en dos o tres oportunidades. Otro causante de sus alergias es la penicilina, pero tiene la ventaja de que no se puede ocultar inocentemente en cualquier alimento apetitoso, como ocurre con la nuez. A partir de ese momento, el ejercicio deportivo quedará casi exclusivamente centrado en el tenis de mesa, o ping-pong, como se lo llamaba en Uruguay. El temprano entrenamiento de Mario en este deporte contó con un compañero siempre dispuesto, su hermano Raúl. Éste recuerda que practicaban en una mesa muy pequeña, lo que aumentó su efectividad en condiciones normales. Con el tiempo, en Cuba, llegó a ser campeón en torneos de este deporte, muy popular entre los cubanos.

En 1933, el país todo y él en particular sufren un choque político y moral. El presidente del Consejo Nacional de Administración, parte del Poder Ejecutivo, Baltasar Brum, es depuesto por un golpe de Estado, instaurándose una dictadura que, aunque durará poco, será un sobresalto para el tranquilo país, «verde y con tranvías», como el poeta recordará más adelante esos tiempos. Pero lo más emocionante es que Brum decide suicidarse como gesto heroico, simbólico pero inútil, de resistencia y protesta. Fue un acto solitario que impresionó enormemente al adolescente sensible que contemplaba con admiración al personaje y, con vergüenza, la falta de reacción de la colectividad. Muchos

---

* *El mundo que respiro,* en *Inventario III,* p. 136.

años después, en 1960, escribe en su provocador ensayo político *El país de la cola de paja* un capítulo sobre la indiferencia y la cobardía social de sus compatriotas, a pesar de que con el tiempo se había suscitado alguna resistencia a la dictadura, trayendo a colación aquel lejano recuerdo. Esa mención sirve, asimismo, para fechar su ruptura con la Iglesia, según confiesa, «después de una ardua polémica de casi una hora con un cura confesor que se propuso denigrar a Brum»[*].

EL TRABAJO, NECESIDAD Y RESPONSABILIDAD

El joven Benedetti en esa época oscilaba entre la necesidad de atender a cuestiones materiales, ayudar al hogar siendo serio y responsable, y una cierta ansiedad de absoluto, de trascendencia espiritual, de vuelo adolescente. Para atender a lo primero, decide seguir el ejemplo austero de su padre y buscar un trabajo. Lo encuentra en Will L. Smith, S. A., una empresa de recambios para automóviles en la calle Uruguay, en el centro de la capital, donde también se vendían alfombras, linóleos, etcétera. Allí trabajará varios años, primero como ayudante, luego como encargado de ventas, por último, como secretario del gerente. El sentido de la disciplina, ya presente en su carácter para siempre, lo ayudará a soportar una vida laboral incómoda por la rigidez e impertinencia de sus jefes, y nada gratificante como perspectiva de futuro. Esa desagradable experiencia servirá de base autobiográfica para una de las partes del cuento «Puentes como liebres»[**].

Con la intención de mejorar en el futuro sus condiciones laborales, Mario estudia provechosamente taquigrafía con el método Martí, considerado por muchos como el más apropiado para la lengua española. Esos conocimientos le serán muy útiles en muchos de sus futuros trabajos y en ocasiones serán su única oportunidad para ganarse la vida con cierta comodidad, debido a lo solicitado que podía ser un buen taquí-

---

[*] *El país de la cola de paja*, Montevideo, Arca, 1960, p. 81.
[**] *Geografías*, en *Cuentos completos*, p. 446.

grafo para muchas actividades a esa altura del siglo XX. Uno de los lugares más apreciados para ejercer como tal en Uruguay fue durante muchos años el Poder Legislativo. En cuanto se sintió preparado se presentó a una prueba para ingresar a la Cámara de Diputados, pero perdió el cargo por medio punto. En esa ocasión, sin embargo, ganó una amistad que le duraría toda la vida, la de Mario Jaunarena, también taquígrafo, periodista, prestigioso socialista. Uno de los cuentos fantásticos de *El porvenir de mi pasado,* precisamente «Taquígrafo Martí», trae a un presente español la existencia de un taquígrafo uruguayo.

Sus inquietudes espirituales, habiendo abandonado casi sin haber entrado la Iglesia católica, serán colmadas con intensidad por un encuentro muy trascendente: Raumsol y la Escuela Logosófica. Era un momento de su vida colmado de sueños de futuro tanto desde el punto de vista material como espiritual, sin que hubiera hallado todavía un cauce seguro, y ello lo hacía vulnerable ante estructuras preparadas para dar respuestas.

Carlos Bernardo González Pecotche, autodenominado *Raumsol,* y nacido en 1901, había creado la Fundación Logosófica en la ciudad de Córdoba, Argentina, en 1930, y en 1932 la llevó a Montevideo. A partir de entonces, y hasta el presente, la organización se ha extendido por decenas de ciudades en Brasil, Argentina, Uruguay y otros países americanos y europeos. La logosofía se presentaba como «una nueva concepción del pensamiento humano frente a los problemas del mundo», y sus objetivos —vagos, positivos, esplendorosos, abarcadores— promueven, en resumen, la superación humana. Para conseguirlo, Raumsol había fundado escuelas para adultos y jóvenes. Ese foco de atracción había captado a Matilde y Brenno Benedetti, quienes comenzaron a frecuentar la escuela e indujeron a Mario a hacer lo mismo. Si bien este último era materia propicia para ser seducido por una retórica espiritual que llevaba a una energía positiva, renovadora, llama la atención que un científico como Brenno cayera en las redes de esa nueva teología que rápidamente extendía su negocio con escuelas, revistas y ediciones. Más aún, pronto Raumsol se fijó en la seriedad e inteligencia del joven Benedetti y le ofreció la oportunidad de ser su secretario en Buenos Aires, algo así como un discípulo especial.

La situación no dejaba de ser difícil. Por un lado era, o le parecía a la familia Benedetti, un orgullo y una ocasión digna de agradecimiento. Mario veía asimismo la oportunidad de abandonar Will L. Smith y sus escasas perspectivas. Pero la Escuela Logosófica también le había traído una presencia que ahora debería abandonar: la familia López Alegre, de la que sus padres se habían hecho amigos, incluía a una niña de trece años llamada Luz, que se había convertido en una presencia imprescindible para Mario. Y lo fue tanto que casi desde entonces serían compañeros inseparables. Pero el sentido del deber prevaleció, como siempre ha ocurrido en su vida, y Mario se fue a vivir a Buenos Aires.

LA LOGOSOFÍA EN SOLEDAD

Éste es un período cronológicamente oscuro pues no hay datos concretos de la partida del joven Benedetti y toda esta etapa de su vida ha quedado envuelta en la niebla de la decepción y de una posterior actitud, consciente o inconsciente, de borrar los detalles de esta experiencia. Sí sabemos que a principios de 1940 Mario ya se encontraba de regreso en Montevideo.

En Buenos Aires, el solitario joven lleva dos vidas paralelas y contradictorias. Por un lado, el ser persona de confianza de Raumsol no le dará ninguna satisfacción. Al contrario, vivirá muy precariamente y en estado de tensión permanente: el líder lo tendrá constantemente a su disposición y el joven empezará a desilusionarse acerca de las supuestas virtudes de la alta espiritualidad que habían provocado su adhesión. Las falsedades del Maestro, como gustaba que lo llamaran, la certeza del uso de la fachada espiritual para sus negocios, fueron abriendo los ojos de Mario sin separarlo del todo de la corriente logosófica. Trabajaba muy intensamente y muchas horas —ésa será una constante a lo largo de toda su vida—, pero en este caso sentirá que no se trata de una opción libre, más allá de aquella primera decisión de ir a Buenos Aires. La soledad, la falta de comunicación con quienes lo rodeaban, tanto en la infame pensión donde lo habían recluido como en el trabajo junto a Raumsol, la decepción al descubrir las mentiras del líder, que ocultaba sufrir de asma o pretendía conocer idiomas manifiestamente ignorados, empezaron a minar su determinación de continuar en la ciudad bonaerense.

Por otro lado, la lectura como forma de escape lo llevará a la escritura. El contacto con los libros de nuevos autores, especialmente el descubrimiento de la poesía de Baldomero Fernández Moreno en un mercadillo cercano a la plaza San Martín, lugar de sus lecturas dominicales, tendrá un carácter revelador. Muchas veces, con posterioridad, Benedetti hablará del deslumbramiento de empezar a creer en su destino como escritor. La poesía sencilla y transparente de Baldomero Fernández Moreno lo llevará más tarde a la más profunda pero igualmente carente de artificios de Antonio Machado, y en ese mundo poético reconocerá su camino como escritor. La influencia de Fernández Moreno fue primero una lección de vida: no sólo lo llevará a la poesía, sino a escribir, a lanzarse hacia una actividad creativa. Por eso, la hermosa y recoleta plaza San Martín ocupará un lugar preferente en su memoria mítica. Será la respuesta para la tópica pregunta de cómo empezó su carrera de escritor; también aparecerá en sus poemas[*], y será el entorno de su casa buscada y elegida en Buenos Aires, muchos años después.

Antes de que pasaran dos años de estancia en la capital argentina, y a pesar del chantaje emocional del «líder», que no quería perderlo, el futuro escritor decide abandonarlo y volver a Montevideo.

El secretario de Raumsol debía ocuparse de citas, correspondencia, ediciones logosóficas y, desde enero de 1941, también de la revista de Logosofía. Ésta será para nosotros una guía de su complicada relación con esa corriente espiritual que, a pesar de las decepciones, todavía lo tuvo retenido en sus in-

---

[*] «Plaza San Martín», *Preguntas al azar,* en *Inventario II,* p. 413.

mediaciones hasta 1944. Desde los primeros momentos Benedetti colabora en casi cada número con su firma. La mayor parte de las colaboraciones son poemas: «Estaciones», «Un buen vecino», «El hombre fuerte», «Nudo», «Identidad», etcétera. Tal vez eran algunos de los poemas que le enviaba a Luz en sus cartas proponiéndole un noviazgo que ella todavía no acogía explícitamente. Pero también hay algún artículo que, como varios de los primeros poemas, ostenta un innegable carácter pedagógico. Así, en el número 6, de junio de 1941, en «Utilidad práctica del conocimiento aplicado», el futuro autor de *La tregua* exalta la actitud logosófica en esta «época de desequilibrios», y propone una flexibilidad impensable en su pensamiento de diez o quince años después: «El hombre debe adaptarse al ambiente». La revista, además de una línea muy conservadora en cuanto a colaboradores —por ejemplo, el ministro de Defensa Nacional uruguayo— y temas tratados, presenta una buena sección de recomendaciones de libros, y un intermitente «Noticiario periodístico» que resulta interesante. Aunque no sabemos exactamente el grado de responsabilidad del escritor uruguayo en la confección global de la revista, vamos observando en sus propias colaboraciones una evolución positiva, tanto en la temática como en el manejo estilístico. El último poema con su nombre aparece en el número 41, de mayo de 1944, «Casi parábola», y todavía muestra una clara preocupación ética, bajo la dicotomía del bien y el mal. Así comprobamos que mucho tiempo después de separarse de Raumsol en Buenos Aires, Benedetti seguía ligado a esa colectividad en la que todavía permanecían sus padres, su novia y los padres de ésta. Su separación de la corriente logosófica traerá como consecuencia la del resto de personas de su entorno.

Con la perspectiva que dan los años, Raumsol será una figura execrada por Benedetti, posiblemente, y en mayor grado, por la importancia que llegó a tener para él durante cierto tiempo, lo cual le ha atraído las críticas de seguidores y familiares de aquel personaje, hoy todavía considerado por ellos como uno de «los grandes precursores de la humanidad». No mucho después, en «Como un ladrón», uno de los cuentos de *Esta mañana* (1947), podemos reconocer cierta inspiración autobiográfica cuando el protagonista se encuentra con Rosales, «una especie de filósofo casero». Buena revancha de un creador. El mismo personaje, también llamado Spatium, aparecerá en *Gracias por el fuego* (1965), encuadrado en una historia breve y lateral a la principal, que reproduce el esquema de la vida del autor varios años antes. También aparecen anécdotas de pequeños personajes en los que reconocemos rasgos de quienes lo habían rodeado en Buenos Aires. Así, como ocurrirá casi siempre, se introduce en las narraciones de Benedetti una célula de realidad que crece, se transforma y dispara la imaginación del autor.

A pesar de todo, la decepción no le produjo parálisis o depresión, al contrario, el amor y la intención de escribir se irán afianzando en el período siguiente, confirmando que los sueños pueden hacerse realidad de un modo u otro.

Él lo había dicho. Yo poseía un temperamento religioso. Un año atrás no lo hubiera creído, pero era así. Ya no podía imaginarme viviendo sin Dios. Hasta el momento de hablar con Rosales, eran para mí innegables el equilibrio y la justicia integral del universo. Por eso debía admitir la posibilidad de varias existencias para una sola alma. Las condiciones favorables o desfavorables en que nacía cada uno eran para mí el saldo acreedor o deudor de la última existencia. Sí, el hombre se heredaba a sí mismo, y se heredaba a sí mismo porque había justicia. Pero ¿y la cita del Apocalipsis? ¿Había justicia en que tuviéramos que reconocer a Dios entre ladrones? No era tan complicado, sin embargo. Si la palabra *ladrón* era allí una metáfora, una traslación de significados a través de una imagen («vendré a ti como *ladrón*», es decir, como viene un ladrón, subrepticiamente, sin que nadie lo advierta), entonces la emboscada de Rosales no tenía efecto. Él no venía *como ladrón* sino que era un ladrón, y yo lo hubiera podido matar sin violentar mis escrúpulos ni torturar mi conciencia religiosa. Se trataría simplemente de eliminar a un Anticristo. Personalmente, prefería esa interpretación. Pero estaba la otra: que el sentido no fuese metafórico sino literal, es decir, que Dios avisara realmente que vendría como ladrón. De ser así, mi concepto de justicia universal amenazaba derrumbarse sin remedio. Si Dios nos enfrentaba a todos los ladrones del mundo para que reconociéramos Quién era Él, dejaba de ser justo, dejaba de jugar con recursos leales; sencillamente, se convertía en un tramposo. Claro que este Dios no me interesaba ni merecía que le amase, y, por lo tanto, aunque Rosales fuese el mismo Dios, también podría matarlo.

Era necesario preguntarse qué remediaba uno con esto. Imposible decir a sus discípulos quién era Rosales. Nadie me hubiera creído. Además, su delito —el del robo, al menos— no podía demostrarse. El único documento que entregaba a cambio del dinero ajeno era su confianza, y ésta no servía como testimonio. Si yo decidía finalmente eliminarlo, lo rodearían de un prestigio de mártir. Pero acaso esto les ayudase a vivir. Por otra parte, él ya no estaría para destruirles la fe con su realidad inmunda, con ese golpe brutal y revelador que podía convertirlos repentinamente de cruzados del bien en miserias humanas.

Mientras tanto, yo había llegado a la Plaza, a sólo dos cuadras de la pensión. Recuerdo que me senté en un banco; apoyé la desguarnecida nuca en el respaldo y miré hacia el cielo, por primera vez en varios meses. Entonces me sentí aplastado, inocente, infeliz. Comprendí que estaba a punto de llorar, pero también que iba a ser un llanto vano, que nada me haría adelantar en la busca de una escapatoria. Estaba todo demasiado claro; no había excusa posible.

No quiero relatar cómo lo maté. Decididamente me repugna. Resultó en realidad más atroz que lo más atroz que yo había imaginado. Me esperaba para hablarme del futuro... Pero su futuro no existe ya. Lo he convertido en una cosa absurda.

Dicen que su gente creyó reconocer una última bendición en su boca milagrosamente muda, felizmente sellada por mi crimen. Cuando me interrogaron, no tuve inconveniente en confirmarlo. Entonces me pidieron que les transmitiera exactamente sus palabras finales. En realidad, sus palabras finales fueron tres veces «mierda», pero yo traduje: «Paz». Creo que estuve bien.

«Como un ladrón» (fragmento)
Esta mañana (1947)

Capítulo 3

«las esquinas del viento y del amor...»[*]

En Uruguay la década de 1940 empezaba con positivas esperanzas en lo local, pero con el desastre de la guerra al otro lado del Atlántico. Mientras la dictadura instaurada en 1933 se desvanecía por medio de componendas y realineamientos poco traumáticos, otro pronunciamiento —el «golpe bueno» de 1942— trajo la convocatoria de nuevas elecciones, y la población, en general, se mantenía en la misma apatía que tanto había impresionado a Mario Benedetti cuando se produjo el golpe de Estado de 1933. Eso no significa, como ya quedó dicho, que no hubiera habido resistencia a la dictadura, incluso con un conato de alzamiento armado, y la gran campaña de solidaridad con la amenazada República española a partir de 1936, que se hizo una con la demanda de democracia para el país. Con esos objetivos la movilización fue enorme y de esa manera se expresó el descontento de un modo real pero apacible. Por otra parte, un minoritario sector de la izquierda independiente, expresándose a través de la recién creada revista *Marcha,* que tan influyente llegaría a ser, protestó por la falta de ímpetu «refundador» de la República que debería haber habido en ese proceso democratizador. En cambio, la Segunda Guerra Mundial se vivió con inquietud, y en cierto modo la caída de París en 1940 fue considerada una verdadera tragedia por la mayoría de la población. Como señalan los historiadores Caetano y Rilla[**], la posición oficial de neutralidad del Gobierno uruguayo expresada a principios de 1939 rápidamente se escoró hacia la actitud popular de simpatía por los aliados.

---

[*] «Cosas a hallar», *Preguntas al azar,* en *Inventario II,* p. 297.
[**] Gerardo Caetano y José Rilla, *Historia contemporánea del Uruguay,* Montevideo, Fin de Siglo, 1994, pp. 160-167.

En ese marco, los Benedetti también tomaron partido y padre e hijo se presentaron voluntarios para luchar, participaron en manifestaciones multitudinarias, y Mario incluso se decidió a hacer instrucción militar. El gobierno había impulsado esta opción, y el joven entusiasta recibió en un cuartel algunas lecciones para el manejo de armas, sin más consecuencias. Nuevamente se ponía de manifiesto la falta de maduración política de este joven que todavía se movía por razones afectivas y, sin pensarlo demasiado, apoyaba unas posiciones que en América Latina sirvieron, más allá de la lucha contra el nazismo, para fortalecer la influencia de Estados Unidos en la zona, y que llegaron incluso a plantear la posibilidad de instalar bases militares en territorio uruguayo. Faltarían algunos años para que se concretara dicha maduración y Benedetti llegara a formar parte de la resistencia a esa pretensión norteamericana, que terminó por fracasar.

En lo estrictamente personal, el regreso a Montevideo significó para el recién estrenado poeta poder concretar el noviazgo con Luz, y ponerse a trabajar duramente. Por un tiempo tuvo tres empleos simultáneos, el antiguo de Will L. Smith, otro como taquígrafo y traductor en una agencia de importación y exportación propiedad de Otto Kubler, padre de su ex compañero del colegio, y también como taquígrafo de la Federación de Baloncesto del Interior, dos días a la semana. También vendió libros de puerta en puerta. Tal vez ese excesivo esfuerzo laboral le provocó un debilitamiento, lo cual favoreció que cayera seriamente enfermo de tifus. Cuando por fin lo pudo superar, le había quedado una secuela que lo ha afectado, a veces gravemente, a lo largo de toda su vida: el asma.

El carácter crónico de esa enfermedad ha tenido efectos contradictorios: por un lado ha condicionado su estilo de vida, el lugar de su residencia, su capacidad para enfrentarse a situaciones de tensión nerviosa. Por otra parte, el escritor siempre ha dicho que el asma enseña a sobreponerse. Tal vez sea una forma romántica de explicar un modo de vida siempre austero, sujeto a disciplinas autoimpuestas. Al ser consultado el doctor Ricardo Elena, su médico de toda la vida, considera, empero, que las situaciones de tensión le ocasionan una agudización del asma. Conociéndolo desde los catorce años, puesto que Luz era prima de un amigo suyo, ha estado a su lado en momentos decisivos, como fue su etapa de dirigente político, o durante su exilio en Cuba. Como amigo compartió muchas horas en la casa de la pareja en el barrio de Malvín, colaboró con Mario en sus tareas militantes, le presentó al que sería dirigente guerrillero tupamaro Raúl Sendic, en fin, colaboró en agudizar su estrés, y como neumólogo, intentó compensar los efectos que aquellas actividades causaban en el aparato respiratorio del escritor metido a líder político. Afortunadamente, durante buena parte de su vida han coincidido en una misma persona la condición de médico y la de amigo, porque se dice que Mario es bastante aprensivo como paciente y cree a pie juntillas aquello que le propone o aconseja el médico. De todos modos, dejando de lado sus alergias y el asma, la salud de Benedetti ha sido lo bastante buena como para soportar una vida agitada, llena de sobresaltos, angustias, viajes, compromisos diversos y un ritmo de trabajo muy exigente. Tal vez haya influido en esa buena relación con la enfermedad el buen humor con que la trata, por ejemplo en su famoso cuento «El fin de la disnea»*, que suscitó en alguna oportunidad la crédula indagación de ciertos lectores ansiosos de creer en remedios mágicos.

CONSECUENCIA DE LOS VEINTE AÑOS

Al salir del tifus, el joven Benedetti estaba muy pálido, muy delgado, se había dejado crecer el bigote y, por única vez, una leve perilla. Las fotos del momento corroboran una anécdota que relata divertido el propio escritor. El primer día en que salía a la calle fue a hacerse una foto con su nueva apariencia. El fotógrafo le pidió para poner esa fotografía en la vitrina de su negocio. Al preguntarle por la razón de esa curiosa pro-

---

* *La muerte y otras sorpresas*, en *Cuentos completos*, p. 228.

puesta, le respondió que sería una magnífica «foto de tuberculoso». Según ha señalado en numerosas oportunidades, la enfermedad también afianzó la relación con Luz, quien se mostró solidaria y enamorada en los peores momentos. La convalecencia fue breve, y muy pronto Mario ingresaba en la «cofradía» más nutrida de la República Oriental del Uruguay en aquella época: la de los empleados públicos. Del mismo modo que había hecho su padre, quien se trasladaría por ese tiempo de la Oficina de Impuestos Directos a ANCAP (Administración Nacional de Combustibles, Alcohol y Portland), Mario encontraba cierta seguridad bajo la protección del Estado. Ingresó a la función pública, en concreto a la Contaduría General de la Nación, dependiente del Ministerio de Hacienda, el 20 de junio de 1940, según consta en la ficha 101614 del Registro General de Funcionarios, y no en 1942, como se creía hasta ahora. La corrección tiene su importancia porque resalta la extrema juventud con la que accede a ciertas responsabilidades, y porque así se entiende la sucesión cronológica de los trabajos que desempeñará. A pesar de la apariencia de aridez de las funciones de contralor presupuestario del organismo, era un destino atractivo por las condiciones laborales, y son varios los intelectuales y artistas que pasaron por allí. Algunos fueron compañeros de trabajo de Benedetti, como el historiador Guillermo Vázquez Franco o el muy conocido Horacio *Pintín* Castellanos, campeón de saltos ornamentales en natación, pero muchísimo más popular como compositor de tangos y milongas; entre ellos, notoriamente, «La puñalada».

Como ocurrirá en muchas otras ocasiones, Mario Benedetti destaca enseguida por sus cualidades intelectuales y personales, y se convierte en secretario y hombre de confianza del máximo jerarca, el economista Raúl Previtali. El recuerdo de esa etapa aflora sesenta años después en el cuento «Amores de anteayer»[*]. La anécdota inicial del relato coincide con aquella experiencia a medias entre el trabajo y el entretenimiento.

---

[*] *El porvenir de mi pasado,* Madrid, Alfaguara, 2003.

Previtali era, además de contador general de la nación, presidente de la Comisión Nacional de Educación Física y había creado un plan de difusión del deporte en el que creía firmemente. Mario estaba encargado de redactar sus discursos y ambos hacían giras por todo el país acompañados de un grupo de muchachas gimnastas. La fugaz relación con una de ellas da pie al desarrollo del cuento, esa parte sí totalmente imaginaria, según el escritor.

Al contrario de lo que haría la mayoría de los uruguayos que consiguieron hacer realidad el sueño del empleo público, fuente principal de trabajo de esa sociedad mesocrática de mediados del siglo xx, Benedetti no durará mucho allí, sólo cinco años. Mientras tanto, seguía escribiendo y en 1945 publicó, pagado por él, como ocurrió con cada uno de sus primeros siete libros, un poemario titulado *La víspera indeleble*. Se trata de una edición sencilla pero elegante, con un romántico dibujo en la portada, un perfil femenino y una flor, ejecutado por Luz López Alegre, entonces ya su prometida. El libro es prácticamente imposible de encontrar porque su autor muy pronto renegó de él y se ha opuesto terminantemente a incluirlo en las recopilaciones de poemas posteriores, o a reeditarlo. Sus composiciones, metafísicas o amorosas («Poema hacia ti», «El amén de la tarde», «Monólogo del hereje», «Dice el diablo», «Dice el ángel», entre veintiséis poemas), ciertamente se diferencian con claridad de las recogidas pocos años después en *Sólo mientras tanto* (1950), y muchísimo más de sus conocidos *Poemas de la oficina* (1956). También empieza a escribir cuentos, uno de los cuales será publicado en el *Almanaque del Banco de Seguros del Estado,* publicación oficial que todavía existe, que incluía un compendio de notas literarias, históricas, de interés general, y que guarda como sorpresa algunas colaboraciones de escritores uruguayos luego muy reconocidos.

En 1945 deja el empleo de la Contaduría y entra en una empresa privada que le trae reminiscencias familiares: la Industrial Francisco Piria, S. A., la misma que más de treinta años antes había traído desde Italia a su abuelo paterno. Esa empresa, con intereses en diversos lugares del país y oficinas en la Ciudad Vieja de Montevideo, lo contrató primero como auxiliar de contabilidad, luego lo ascendería a jefe de contaduría y por último lo nombraría gerente. Este periplo le llevará quince años, pues recién en 1960 se sentirá suficientemente seguro en su actividad de escritor como para abandonar ese fatigoso trabajo de oficina. En este momento, sin embargo, ese empleo le garantiza una tranquilidad económica que le permite pensar en casarse. Igualmente, Luz empieza a trabajar en la Administración Nacional de Aduanas, en Montevideo, función que conservará hasta que la dictadura haga imposible su continuidad.

A esta temprana altura de su vida, el asma y las responsabilidades laborales lo han retirado del deporte activo, pero siempre le quedará el fútbol como espectador. A lo largo de decenios será un seguidor del Club Nacional de Fútbol, y era habitual verlo en el Estadio Centenario de Montevideo los domingos. La poetisa Gladys Castelvecchi, que acompañaba en esas tardes a su marido, el notable narrador Mario Arregui, todavía recuerda la figura menuda, el bigote casi pelirrojo, de Mario. Pero lo que le llamaba más la atención era verlo siempre con un libro, que leía en el descanso del partido, estampa sin duda peculiar. Mostraba tal grado de fanatismo que durante mucho tiempo me costó confesarle que yo era del Peñarol, el otro equipo tradicional. Podía recordar su disgusto cuando en México se les ocurrió usar los colores amarillo y negro en la portada de uno de sus libros, colores que para cualquier uruguayo que se precie, aunque los encuentre en un cuadro de Mondrian, siempre aludirán al Peñarol y, por lo tanto, serán razón de admiración o rechazo, según su hemisferio futbolístico. En cada país que toque en su periplo de exilios, el escritor se interesará por los avatares de campeonatos y ligas, y frecuentemente encontrará buenos pretextos para aludir al fútbol en sus narraciones, y en algunos casos producirá joyas de la cuentística, como el ya mencionado «Puntero izquierdo», de *Montevideanos*. Es sintomático de la atmósfera que se respiraba en la época el que ese cuento esté dedicado a Carlos Real de Azúa, uno de los críticos y ensayistas uruguayos más refinados del siglo, un hombre de impresionante cultura, y que coincidía con el fervor futbolístico de Mario.

Curiosamente, Benedetti estuvo muy tempranamente relacionado con las artes plásticas y la música, casi contemporáneamente a la literatura. El padre de Luz era un pintor muy estimable, y varios de sus cuadros cuelgan hoy en las paredes de la casa de la pareja en Montevideo. Tenía un taller de pintura en el Palacio Díaz, un edificio modernista muy conocido en el centro de la ciudad. Sin embargo, la atracción que sintió el joven Mario como cultor de ese arte fue efímera. Resulta sorprendente la anécdota: hizo un cuadro al pastel que, al parecer, fue acogido muy positivamente puesto que se exhibió en un concurso de la Asociación Cristiana de Jóvenes (YMCA) en la capital. La exposición tuvo lugar del 29 de noviembre al 10 de diciembre de 1943, y en ella participaron pintores uruguayos que luego alcanzarían renombre como Alfredo de Simone, Antonio Frasconi o Julio Verdié entre otros que también llegaron a ser amigos del futuro escritor.

Mario asegura que fue su única obra y de ella no tenemos más que la mención impresa en el catálogo correspondiente: al volver a casa con el cuadro —que no había sido sometido al proceso de fijación debido— se le cayó al suelo y sólo quedó... polvo. En adelante, su relación con las artes plásticas quedará circunscrita al gusto por los buenos cuadros que adornan o han adornado las casas, pequeñas pero cómodas, de Montevideo, Buenos Aires y Madrid, y a la estrecha amistad con sus autores: Portocarrero, Frasconi, Gamarra, Vicente Martín, Mariano Rodríguez. De la acumulación de objetos que lo rodean en sus casas, sobresale sin duda esa colección de pinturas que me va mostrando con amor; perdura incluso el recuerdo de aquellos que tuvo que vender en la época del acoso de la dictadura. Son los gallos de Mariano Rodríguez, un maravilloso Portocarrero, uno de los dos que tenía antes de 1974, otro de Amelia Peláez, los tres cubanos, y también uruguayos como Gamarra, Vicente Martín, Ounanián, lo mismo que un grabado de Alberti dedicado. Mención aparte merece la colección de caricaturas propias que atesora, fruto de años de atención por parte de dibujantes de distintos países: al parecer su nariz, su bigote o su figura son preciados estímulos para la caricatura. Y no podemos dejar de lado el único dibujo de su autoría: cuatro trazos para el jopo o tupé, una nariz importante, un bigote con el hoyito de la barbilla debajo, una corbata y dos zapatos, he ahí un autorretrato producto de su buen humor que salió publicado en el número 919 de *Marcha,* el 11 de julio de 1958.

TU ESPEJO ES UN SAGAZ

Tu espejo es un sagaz
te sabe poro a poro
te desarruga el ceño
te bienquiere

te pule las mejillas
te despeina los años
o te mira a los ojos
te bienquiere

te depura los gestos
te pone la sonrisa
te trasmite confianza
te bienquiere

hasta que sin aviso
sin pensarlo dos veces
se descuelga del clavo
te destroza

Preguntas al azar
Inventario II, p. 366

Capítulo 4

«abro el expediente de mi optimismo...»[*]

La Segunda Guerra Mundial había traído bienestar económico a los países de América Latina exportadores de materias primas, como Uruguay, con su carne, cuero y lana. Y la finalización del conflicto bélico permitió el disfrute de la bonanza sin mala conciencia. En Montevideo tenía lugar una eclosión cultural llamativa si tenemos en cuenta el tamaño de la plaza. Se manifestaba principalmente en la aparición de revistas literarias, en la abundancia de tertulias, en el auge de las artes plásticas alrededor de Joaquín Torres García y su taller, luego de que el pintor hubiera regresado de su larga experiencia europea, y sobre todo en la actividad teatral que se fortalecía con la presencia de exiliados españoles, como Margarita Xirgú.

El principal antecedente de este movimiento que se concretaría en la llamada generación del 45, en lo que tiene que ver con la literatura, contaba ya con algunos años de existencia: la revista *Marcha,* fundada el 23 de enero de 1939, y que atravesaría el siglo creciendo en influencia intelectual hasta que fue clausurada por la dictadura en 1974. Esa revista semanal, dirigida durante toda su vida por Carlos Quijano, había nacido independiente de toda influencia partidaria, con vocación internacional (en ella colaborarían firmas extranjeras del mayor relieve), pero con una mirada muy latinoamericana, especialmente en temas económicos y políticos. Más tarde, la dinámica sección de Cultura también giraría en esa dirección, especialmente cuando la dirigieron el crítico Ángel Rama y el mismo Mario Benedetti.

---

[*] «Salutación del optimista», *Poemas de otros,* en *Inventario I,* p. 331.

Pero no nos adelantemos. Por ahora, el poeta recién estrenado editorialmente era un autodidacta volcado hacia la lectura y el estudio de las literaturas extranjeras, principalmente. Trabajaba demasiadas horas para frecuentar las tertulias, pero ya conocía a muchos de los que colaboraban en la veterana revista *Alfar* (1923-1955) cuyo director, Julio J. Casal, había trasladado de su Galicia natal a Montevideo; también los de la temprana *Escritura,* la juvenil *Apex,* etcétera. Algunos de los jóvenes escritores que formaban parte de otra revista, *Clinamen* —Manuel Claps, Ángel Rama, Ida Vitale, Emir Rodríguez Monegal— serían sus compañeros en otras aventuras literarias, principalmente en la revista *Número,* pocos años después, con la excepción de Rama, con quien, sin embargo, se encontraría en otros ámbitos de colaboración.

El ambiente entusiasta y su fuerza juvenil impulsan al futuro autor de *Poemas de la oficina* hacia una actividad frenética en los empleos que lo sostienen económicamente, pero de forma más acusada en los trabajos vocacionales de crítica literaria, de poesía y, pronto se sabrá, también de narrativa.

Para completar el cuadro positivo, Luz y Mario deciden llegar al matrimonio en 1946. Su sed de trascendencia, que pronto se desvanecería, los lleva a querer casarse en una ceremonia religiosa. Pero la Iglesia católica les exige un certificado de bautismo que no consiguen fácilmente. Y ante la posibilidad de aplazar la boda, deciden acudir a la Iglesia metodista. En su sede central, en la céntrica calle Constituyente de Montevideo, el 23 de marzo, los casará el pastor Emilio Castro, al que mucho más tarde volverán a encontrar en el terreno común de la lucha contra la dictadura.

La breve luna de miel será en Colonia Suiza, una pintoresca localidad a unos ciento veinte quilómetros de la capital, donde encuentran de vacaciones a un conocido intelectual uruguayo, Juan Carlos Sábat Pebet, con sus hijos, uno de los cuales, Hermenegildo *Menchi* Sábat, llegaría a ser un popular dibujante, caricaturista y pintor con el que luego Mario mantendría amistad a su paso por *Marcha,* a principios de los cincuenta. La casa donde residirá la pareja será la de los padres de ella, un chalet antiguo en el barrio de Malvín, calles Belsen y Santiago de Anca. La comodidad del lugar, la cercanía de la playa y el cansancio de tantas mudanzas durante su vida anterior influirán para que vivan allí por más de veintisiete años. En esa casa, durante mucho tiempo, los acompañará su perro *Wimpi,* otro de los animales que se han quedado en la memoria del escritor. En el piso superior tenía Mario su estudio en el que aparecían rastros de la mano de Luz, como unos simpáticos muñequitos diseminados por la mesa. Pero la distancia que separaba el hogar del lugar de trabajo, en la Ciudad Vieja, haría que en muchas ocasiones el acto de la escritura tuviera los escenarios más variados: oficinas, cafés, etcétera.

En ese mismo año, Luz, Mario y los padres de ella se embarcaban hacia Europa. Si bien la intención era descender en Vigo, la dictadura franquista le negó el visado a Mario, considerando que *Marcha,* donde él ya colaboraba, era un órgano «comunista». La incómoda travesía —los suegros viajaban en segunda clase, pero la pareja recién casada lo hacía en tercera— se alargó sólo para los jóvenes hasta Cherburgo, y de allí, en tren hacia París. El hotelito de la *rive gauche,* en la Rue Cujas, 19, el Saint Michel, tenía una larga tradición para los escritores uruguayos que habían viajado a París desde varios lustros atrás. Madame Selvage, su mítica dueña, los recibió de un modo extrañamente familiar: enseguida se enteraron por ella de que el querido Rodrigo López, el padre de Luz, no había soportado la emoción del regreso a su tierra y había muerto repentinamente en Vigo. El visado español, que se le había negado en Uruguay, le es entregado con facilidad en París, y la pareja se dirige en tren hacia Galicia —vía Madrid— en un viaje de pesadilla que dura veinticuatro horas. Llegan a tiempo, sin embargo, para asistir al entierro de aquel sensible artista que, además de ser su suegro, había ejercido una influencia muy positiva en el joven Mario, casi desde la niñez.

El viaje continuará por España, Italia, Alemania, Francia y Austria bajo el signo de la pesadumbre para los tres, pero también lleno de atractivos y sorpresas.

El regreso de Europa lanza a Benedetti de lleno en el mundillo del periodismo y la literatura. No le resultará fácil. Se trata de un autodidacta, que no proviene de una familia de intelectuales conocidos en el medio y que, además, ha decidido tener su principal forma de ganarse la vida fuera de ese ambiente. Pasarán muchos años antes de que pueda mantenerse de lo que escriba y, si bien luego será el principal *best seller* uruguayo, su vida como escritor parecerá desarrollarse siempre en contra de la corriente predominante. Sus virtudes principales, aquellas que le fueron abriendo puertas, provienen de su excepcional voluntad, esa fuerza que lo ha sostenido a lo largo de toda su difícil vida, su enorme concentración para el trabajo, su tenacidad y seriedad ante cualquier emprendimiento, y la solidez de sus juicios y textos, que surgen de una preparación solitaria pero concienzuda. Todo eso servirá de complemento imprescindible de su talento literario y de su gran capacidad de empatía, que lo llevará a conectar con un público cada vez más grande.

En el panorama periodístico montevideano, como dijimos, sobresalía la revista *Marcha,* que cada viernes proponía una visión original y crítica sobre temas políticos, económicos e internacionales, pero que todavía no presentaba una línea clara en lo cultural. Aunque ya en esta época ocupaba la dirección de las páginas literarias el que luego fuera reconocido —y controvertido— crítico literario, Emir Rodríguez Monegal, había momentos en que sorprendían sus iniciativas[*]. En 1947, *Marcha* convoca un concurso llamado «Un soneto a don Quijote», que, si bien contaba con un jurado de prestigio —el mismo Rodríguez Monegal y los escritores Domingo L. Bordoli y Roberto Ibáñez—, sonó demasiado clásico para muchos. Hubo

---

[*] En ésta, como en otras referencias a la relación de M. B. con *Marcha,* me he guiado parcialmente por el excelente estudio de Pablo Rocca, *35 años en Marcha. Escritura y ambiente literario en Marcha y en el Uruguay, 1939-1974*, Montevideo, División Cultura de la Intendencia Municipal de Montevideo, 1992.

tres premios y varias menciones, y entre estas últimas figuraron los tres sonetos que presentó Mario Benedetti. Será la primera distinción pública que obtendrá el poeta quien, a pesar de que luego sería conocido sobre todo por el verso libre de su lírica conversacional, volverá una y otra vez al soneto como forma áurea. En muchas ocasiones ha destacado que el soneto le supone un desafío al que gusta de enfrentarse, y siempre resulta clara su voluntad heterodoxa de introducir contenidos originales en esa forma tan clásica.

El concurso le sirve para medirse con otros escritores y para integrarse en grupos que le resultaban ajenos. Si bien desde 1945 conocía a Hugo Alfaro, quien luego llegaría a ser secretario de redacción del semanario *Marcha,* y desde entonces habían profundizado una amistad a prueba de problemas y distancias, sus relaciones con el director, Carlos Quijano, fueron primero distantes, y luego difíciles. Y con el resto de los integrantes del grupo fundador, inexistentes. Más allá de sus preferencias inmediatas, su camino como escritor pasaba necesariamente por *Marcha,* como referente de una posición independiente, de un periodismo nuevo. Pero no era ése el único núcleo de activismo intelectual en Montevideo.

En 1945 se había concretado un proyecto que venía desde muy atrás, la creación de la Facultad de Humanidades y Ciencias dentro de la Universidad de la República, y al año siguiente ya se habían inscrito 2.649 estudiantes[*]. Su primer decano fue el filósofo Carlos Vaz Ferreira, maestro de generaciones de pensadores latinoamericanos. Bajo su sombra protectora se desarrollarán durante las décadas siguientes muchas actividades vinculadas con el mundo literario uruguayo. Por sus carencias académicas, Benedetti vivió desde lejos esa ebullición que incluía a muchos de sus compañeros de generación, pero también supo impulsar iniciativas que vinculaban los sectores universitarios a grupos más bohemios y menos estructurados.

---

[*] Véase M. Blanca París de Oddone, *Historia y Memoria. Medio siglo de la Facultad de Humanidades y Ciencias de la Educación,* Montevideo, Departamento de Publicaciones, 1995.

Una de esas iniciativas fue la revista *Marginalia,* que vino a acompañar a la antes citada *Clinamen,* una revista estudiantil nacida en 1947, y a *Escritura,* donde ya publicaban algunos de los que luego conocería como compañeros de generación: Idea Vilariño, Ángel Rama, Carlos Maggi. Eran, sin embargo, ambientes un poco extraños para Benedetti. Y un buen ejemplo de lo dicho es que el aclamado arribo a Montevideo del escritor español José Bergamín, una presencia muy fermental, según testimonios del citado Rama, José Pedro Díaz, Amanda Berenguer o María Inés Silva Vila, todos escritores aproximadamente de su edad, pasara inadvertido para el entonces poeta oficinista. Bergamín inició su tercer exilio en 1947 en la capital uruguaya, donde residió dando clases en la universidad y agitando el ambiente intelectual con su reconocida heterodoxia, hasta 1954. Sin embargo, Benedetti ni siquiera se cruzó con él, y solamente intercambiaron algunas palabras ya en París, muchos años después. Sin embargo, conocía su obra y de él dijo certeramente que era «un ser apasionado hasta la inteligencia».

Marginalia, que debe su nombre al ensayo homónimo de Poe, también alude a cierta situación vital e intelectual por esa época. No sólo estaban lejos de la cultura oficial, sino también del foco principal de la cultura alternativa. Su creación se debe al impulso de un grupo de jóvenes de procedencia muy diferente: por un lado, su director, Mario Benedetti, Salvador Miquel y Mario Delgado Robaina, que se conocieron como empleados de la Contaduría General de la Nación, y por otro, Jorge Medina Vidal y Luis Bausero, que venían del ambiente universitario. Pero, asimismo, sin que sus impulsores lo supieran entonces, *Marginalia* fue un germen de la concepción de la cultura que tendrían los integrantes de la llamada generación del 45.

Si bien desde el principio la revista ofrecía sus páginas a los autores uruguayos que, por la debilidad del panorama editorial, no podían publicar sus libros, muy pronto mostró una gran inclinación por la literatura extranjera, por la publicación de sus textos y por la crítica de sus autores. Así, son referencia notable la traducción que hizo Benedetti de una selección de *Parábolas* de Franz Kafka, su interés por Goethe, o por Faulkner. El conocimiento de idiomas, la mayoría, el francés, algunos, el inglés, Benedetti, el alemán, provocó una mirada interesada y lúcida por lo que ocurría más allá de las fronteras. Fue el comienzo de una polémica, que se ahondaría con el tiempo, entre dos concepciones de la literatura, entre dos focos de interés, lo que luego se llamaría de un modo un tanto esquemático «lúcidos» y «entrañavivistas». La polémica deberá seguir en otros medios porque al año siguiente, después de seis números, *Marginalia* va a desaparecer por falta de recursos económicos.

En ese mismo año de 1948, Benedetti publicará un nuevo libro, *Peripecia y novela,* una colección de ensayos que merecerá un premio del Ministerio de Instrucción Pública. También en este año se revelará como cuentista cuando en las páginas culturales de *Marcha,* dirigidas brevemente por Carlos Ramela, aparezca el cuento «Esta mañana». Poco antes ya se había estrenado en ellas con el ensayo «Regreso a la intimidad».

EL COMIENZO DE LA ABUNDANCIA

Peripecia y novela, como antes *La víspera indeleble,* y luego *Esta mañana,* debe su existencia a la generosidad de un amigo que le concedía crédito, el dueño de la imprenta Prometeo, el sello que cierra esos tres primeros libros. Es, por tanto, una obstinada voluntad literaria la que lo mueve desde tan temprano por los campos de la poesía, el ensayo literario y el cuento. Benedetti no pierde oportunidad de escribir y publicar, de arriesgar y, a pesar de su timidez, de exponerse al juicio de los demás. La conocida anécdota con el poeta Juan Cunha, en 1945, había sido un hito fundacional para su carrera literaria. Aquel año, al salir *La víspera indeleble,* le había enviado un ejemplar al ya entonces prestigioso Cunha. Curiosamente, el ocupadísimo Mario no había relacionado ese nombre con el del tímido pero conocido intermediario para los anuncios publicitarios de *Marcha,* con quien se veía de vez en cuando. Puesto que eran una misma persona, la primera vez que se vieron luego de la aparición del libro, fue Cunha el que abordó el tema del poemario enviado. Y su juicio, breve y duro, significó, paradójicamente, un estímulo que lo acompañó durante muchos años: «Es un mal libro de un buen poeta».

Tal vez el recuerdo de la importancia que tuvo esa lectura acogedora para un joven lleno de entusiasmos y dudas fue lo que motivó que Mario Benedetti haya sido luego, cuando su nombre era un referente literario, un extraordinario lector de los jóvenes que se asomaban al primer libro, un atento consejero, un cálido introductor. Ése es, al menos, el testimonio reconocido de muchos escritores de generaciones posteriores al recordar sus primeros contactos con el escritor ya consagrado.

1949 es un año pródigo de novedades. Publica la primera edición de *Esta mañana,* colección de cuentos, en su mayoría urbanos, que en su reedición de dieciocho años más tarde perderá tres de ellos; otro, «El presupuesto», saltará a otra colección más acorde con su tema, *Montevideanos.* También ganará un concurso de ensayos organizado por el Centro de Estudiantes de Derecho con un trabajo llamado «Arraigo y evasión en la literatura hispanoamericana contemporánea», que dos años más tarde recogerá en su libro *Marcel Proust y otros ensayos.* Como señala Óscar Brando*, en ese texto el escritor uruguayo se centra en «la respuesta que la literatura debía dar a una realidad latinoamericana que la exigía urgentemente». Tal vez ésta sea la primera alusión de Benedetti a la noción de compromiso del escritor. Y si rescatamos unas frases conclusivas del ensayo, tenemos la primera pista de una conducta coherente hasta el día de hoy: «Cuando el arraigo cede lugar a la evasión nuestra literatura se vuelve ensueño. Cuando la evasión cede lugar al arraigo, nuestra literatura se vuelve rebeldía».

No se trataba solamente de la lectura cuidadosa de Sartre, sobre el que poco después escribiría en *Marcha,* sino de una incomodidad ético-estética que iría creciendo en los años si-

---

* «Mario Benedetti y la responsabilidad social del escritor», en *Actas de las jornadas de homenaje a Mario Benedetti,* Montevideo, Facultad de Humanidades y Ciencias de la Educación, 1997, p. 134.

guientes hasta convertirse en una crítica lindante con lo socio-lógico, y abiertamente política sólo una década después.

Julio de 1949 es el momento en que toma la jefatura de las páginas literarias de *Marcha;* y si bien será por poco tiempo —hasta octubre de ese mismo año—, significará el comienzo de una intervención intermitente pero continuada en el semanario. Ese período está bien rastreado por Pablo Rocca[*], quien señala sus tendencias estéticas en aquel momento, su visión más bien conservadora de la poesía que lo lleva a criticar por primera y única vez —años después aceptará su error— los versos auda-ces e innovadores de Idea Vilariño. En el libro citado este crítico aventura una contradicción entre lecturas y poética, pero, con-trariamente a lo que expone, el escritor uruguayo ya había bebi-do de la claridad de Baldomero Fernández Moreno años atrás, y, aunque no está documentada su lectura de Nicanor Parra por ese entonces, no pasará mucho tiempo antes de que publique el poema del chileno, «Manifiesto», en *Número.* Por ello cabe de-ducir que esta visión estrecha más bien debe atribuirse a cierto envaramiento o timidez que muy pronto abandonará, no sólo como crítico, sino como el autor de *Poemas de la oficina.*

Los últimos meses del año traen, como ya se señaló, la desaparición de *Marginalia* y el nacimiento de la nueva revista, *Número.* Sobre la calidad de los materiales de esta revista se pro-nuncia con entusiasmo Benedetti, y en el número de fin de año aparecerá allí publicado su cuento «El presupuesto». Así, su fer-vor y su optimismo recogían los frutos de ver su trabajo literario en el centro de la excelencia intelectual de la época en su país.

---

[*] Obra citada.

Conocí personalmente a Carlos Quijano en 1945, cuando empecé a escribir en el semanario, y desde entonces seguí colaborando hasta que fue clausurado por la dictadura, en 1974. A esa altura, lo que le resultaba insoportable al Gobierno era que, pese al aluvión de amenazas, sanciones y censuras, Quijano y su equipo continuaran publicando su verdad y su denuncia. Todo el país esperaba ansiosamente el viernes, porque *Marcha* era algo así como el termómetro social, el diagnóstico comunitario, y siempre lo había sido. A pesar de la gastada tipografía, de la pobre calidad del papel, de la escasez de avisadores, de su incorregible talante polémico, el semanario era una tribuna insoslayable y su repercusión excedía en mucho el ámbito nacional. Para varias promociones de periodistas y escritores fue una escuela insustituible.

Como señaló alguna vez Ángel Rama, «Quijano enseñó a pensar con claridad». Una de las consecuencias de esa lección fue que los colaboradores estables de *Marcha* discutíamos mucho con Quijano y frecuentemente entrábamos en contradicción con sus enfoques sobre el país o sobre política internacional. Pero ése era precisamente el gran atractivo de escribir allí: que fuera un hervidero cultural y político. ¿Quién de nosotros podrá olvidar esos jueves casi folklóricos, en que concurríamos a los vetustos, destartalados talleres de la imprenta Treinta y Tres a corregir nuestras galeradas y a armar y compaginar las secciones a nuestro cargo, a veces en medio de duras polémicas internas, siempre aderezadas por el humor y la confraternidad? Ahí Quijano era el centro natural, con sus comentarios agudos, el austero despliegue de su erudición y su inteligencia, y en ocasiones una inflexibilidad que no sabíamos si era firmeza o tozudez. Su anecdotario era infinito. Se había formado en París: allí fue donde compartió un intenso período estudiantil con Miguel Ángel Asturias y Haya de la Torre, de quienes sabía vida y milagros. Abogado, y posteriormente catedrático de Economía en la Universidad de la República, su verdadera vocación fue, sin embargo, el periodismo, pero un periodismo que movía y conmovía ideas y profundizaba en la realidad nacional y latinoamericana. Independiente hasta la exageración, a pesar de su profesión de fe socialista en 1958, mantuvo hasta el final una empecinada libertad de juicio, algo que le trajo no pocos problemas con diversos sectores de la izquierda tradicional, que, sin embargo, siempre reconocieron su indeclinable honestidad, su coraje cívico, la transparencia de sus intenciones.

«Réquiem por Carlos Quijano» (fragmento)
Articulario, p. 127

Capítulo 5

«A ras de sueño»[*]

Es la época en que conoce a los amigos de toda la vida: a Manuel Claps e Idea Vilariño por mediación de Rodríguez Monegal; un poco después, a Juan Carlos Onetti, al abogado novelista Carlos Martínez Moreno, a Carlos Maggi. Pero también es el comienzo de una etapa de escritura febril y estos amigos aúnan afectos y trabajo. Idea Vilariño me aclaró, al rememorar aquella época, que al principio sintió una gran prevención por la incorporación de Benedetti a la revista *Número,* creada poco antes por un pequeño grupo de amigos. A ella no le había gustado *Marginalia* y veía esta llegada como una ocurrencia del siempre protagónico Rodríguez Monegal. Pero desde entonces ha confesado con frecuencia que en un breve lapso se rindió ante el carácter afable y la eficacia en el trabajo del nuevo compañero. A partir de aquella época, Idea y Mario han estado muy cercanos en ideas y trabajo, y han mantenido una amistad que soportó los largos años de separación del exilio.

Aquella división que mencionamos entre «lúcidos» y «entrañavivistas» respondía en líneas generales a la pertenencia de estos últimos a la revista *Asir,* y la de los primeros a la revista *Número* y a *Marcha,* aunque también hubo «asirios» —como los llamaban sus oponentes— que colaboraron en el semanario. Pero asimismo había diferencias temáticas y de enfoque: mientras en *Asir* se centraban en el terruño, en temas campesinos, gauchescos, la poesía o la narrativa de *Número* presentaba una inserción urbana y una preocupación por lo que trascendía las fronteras. Y eso se veía también en las lecturas, en el interés de estos últimos por la literatura europea o norteamericana. Ésta es

---

[*] *A ras de sueño,* en *Inventario I,* p. 423.

la época en que Benedetti se interesa por Hemingway, por Scott Fitzgerald —*Montevideanos* tiene un epígrafe de este autor—, y al mismo tiempo escribe uno de sus ensayos más conocidos: «William Faulkner, novelista de la fatalidad», que más tarde aparecerá en las sucesivas ediciones de *El ejercicio del criterio*.

El autor de *La tregua* siempre ha reconocido influencias anglosajonas en su narrativa, Hemingway, Thomas Wolfe, Joyce, aunque también admira para el cuento el culto por los finales de Maupassant o del uruguayo Horacio Quiroga y las atmósferas de Chejov. Y no pasará mucho tiempo antes de que reflexione sobre esas influencias aplicadas a la distinción entre cuento, *nouvelle* y novela en su ensayo «Tres géneros narrativos» (1953). Con variaciones, ése era el ambiente en que se movían sus compañeros de generación, una actitud rigurosa, exigente con los demás —y decían que también con ellos mismos—, un afán de excelencia, una intransigencia crítica, un esfuerzo permanente por encontrarse con el mundo.

Y si bien el clima intrageneracional era estricto pero leal, había algunas coincidencias unánimes hacia afuera, por ejemplo, en la admiración por la obra de su compatriota Juan Carlos Onetti. En 1950, Onetti acababa de publicar *La vida breve,* texto clave para definir su obra como fundacional dentro de la literatura urbana uruguaya. Ya se conocían de él su labor de crítico inmisericorde en *Marcha,* con su columna «La piedra en el charco», varios de sus cuentos y sus novelas *El pozo, Tierra de nadie* y *Para esta noche.* No era —no lo ha sido nunca— un escritor popular, pero los autores jóvenes ya lo reconocían como un maestro. En ese año Benedetti, que no frecuentaba las tertulias de café, conoce a Onetti, según él recuerda cuarenta años después, en una cervecería montevideana. Idea Vilariño, entonces ya vinculada a Onetti, concreta el lugar, el Rodelú de Malvín, lugar simbólico, sin duda, por el ambiente informal ya anunciado por el nombre, que era el apócope festivo de República Oriental del Uruguay. En un artículo de 1989 titulado «El alma de los hechos»[*], Bene-

---

[*] «Tres lecturas de Onetti», *La realidad y la palabra,* Barcelona, Destino, 1990.

detti recuerda aquel encuentro como un instante mítico: junto con la cantidad de cerveza ingerida por el *Maestro,* aparece «la absoluta falta de afectación con que decía cosas originales, certeras, reveladoras, casi como pidiendo excusas por ser inteligente». Esa entrega a la admiración por el talento, por la obra sensible e inteligente, será una constante de la actitud como crítico de Mario Benedetti. Y ése será el motivo de ciertos reparos que se ponen a sus artículos, alguna vez tildados de complacientes: generalmente en su obra de exégesis literaria el escritor uruguayo prefiere seleccionar aquellos autores cuya obra conoce, a quienes admira y que, por lo tanto, merecen una actitud positiva de su parte, de indagación, de exaltación de sus valores, y no de crítica destructora. Él, como lector, disfruta eligiendo aquellos objetos de su predilección y dándolos a conocer o resaltando sus virtudes. Así ha ocurrido con sus maestros consagrados —Rodó, Darío, Vallejo, Machado—, también con sus compañeros de generación, en quienes reconoció la excelencia literaria más allá de la amistad —Cortázar, Nicanor Parra, Claribel Alegría, Ernesto Cardenal, Álvaro Mutis—, y, de un modo muy generoso, fue asimismo introductor de los más jóvenes, y en muchos casos su valedor y amigo. De su crítica ha dicho Carlos Maggi que es excelente porque «Mario siempre está a favor del mundo», frase que, según él, serviría para explicar también su intervención en política. Esta posición crítica en lo estético que desarrolla el placer de la admiración se contrapone al ejercicio del periodismo, cuando en sus artículos frecuentemente se explaya sobre temas, situaciones y conductas con juicio implacable. Incluso cuando se aparta de esta línea, por ejemplo en su temprano ensayo muy negativo sobre el escritor uruguayo Carlos Reyles[*], con el tiempo parece no tenerle aprecio puesto que no lo incorporará a su colección más amplia e importante de ensayos, *El ejercicio del criterio.*

En 1950, Benedetti había publicado, en la editorial de *Número, Sólo mientras tanto,* el primer poemario que reconoce como presentable mucho más tarde, en el momento de hacer

---

[*] «Para una revisión de Carlos Reyles» (1950), *Literatura uruguaya siglo XX,* Montevideo, Arca, 1988.

sus recopilaciones de poemas, sus *Inventarios*. Pero al año siguiente aparecen *Marcel Proust y otros ensayos,* que consiguió el Premio del Ministerio de Instrucción Pública, y *El último viaje y otros cuentos,* y también prologa en *Número* el libro de Juan Carlos Onetti *Un sueño realizado.* Hasta el momento, las suyas son ediciones de quinientos o mil ejemplares, que muchas veces quedaban mayoritariamente en manos del autor. Y seguramente la compra de su primer automóvil, un Volkswagen Escarabajo, se debió más a su aburrido empleo de oficina que a sus ingresos literarios. No podía imaginar, ni él ni nadie, que algunos años más tarde se convertiría en el primer *best seller* uruguayo.

LAS CERTEZAS DE LOS TREINTA AÑOS

Es, precisamente, hacia mediados de 1951 cuando comienza una muy interesante correspondencia entre Benedetti y Onetti, de cuya primera parte podemos disfrutar gracias al cuidado de Pablo Rocca, a quien el primero hizo entrega de las series escritas por él y los correspondientes originales de Onetti, en su calidad de responsable del Programa de Documentación en Literaturas Uruguaya y Latinoamericana de la Facultad de Humanidades y Ciencias de la Educación*, en Montevideo. Ese intercambio epistolar, que se extiende en esta primera etapa hasta 1955, comienza cuando, teniendo el autor de *La vida breve* residencia en Buenos Aires, Benedetti le envía su recién aparecido libro de crítica, *Marcel Proust y otros ensayos.* A partir de esa publicación, que Onetti celebra con entusiasmo, se abre un diálogo sobre temas literarios propios y ajenos que da cuenta de muchas novedades del ambiente literario montevideano, y de la obra de ambos. Sabemos por ese testimonio de Benedetti que dejó la dirección de las páginas literarias de *Marcha* por «un antiguo lío con Quijano», pero también tenemos constancia de que *Los adioses,* que publicaría Onetti en 1954, ya estaba escrita

---

* Pablo Rocca, introducción y notas, *Los archivos de la literatura uruguaya,* en *Revista Posdata,* Montevideo, 3 de noviembre de 2000.

y terminada en esos últimos días de 1951. Mientras Onetti es directo al decirle que no le gusta *Esta mañana*, augurándole éxitos, en cambio, como ensayista, Benedetti, en un tono de respeto y confianza, parece seguro de sus intenciones: «Me gusta hacer crítica, pero más, mucho más, me gusta hacer cuentos. No sé si me importa demasiado si haré algún ensayo definitivo de trescientas páginas [alude a un augurio previo de Onetti], pero sí me importaría hacer un cuento definitivo de cinco, diez o cualquier número de páginas».

De esa época el autor de *El pozo* solía recordar un hábito curioso de su amigo más joven: todos los lunes Benedetti solía hacer dieta casi total. Y al parecer no era el mejor día para la relación social.

Esta época de fervor creador, de trabajo incesante, de expansión de amistades y proyectos por parte de Benedetti coincide con un período de bonanza económica del país y de entusiasmo de sus gentes. La posguerra había traído la oportunidad de un nuevo impulso reformista que se concretó en la primera presidencia (1947-1951) de Luis Batlle Berres, sobrino del que fuera fundador del Uruguay moderno a principios del siglo XX, José Batlle y Ordóñez. Fueron años de euforia, con un avance espectacular de la industrialización del país, que luego se reveló falta de firmes cimientos, con la consolidación de un Uruguay urbano y mesocrático, a pesar de que siguiera dependiendo de las exportaciones de materias primas, y que aspiraba a hacer avanzar, muy por delante de los países del entorno, las políticas sociales y el desarrollo educativo y cultural. En el marco internacional, el esquema bipolar emanado de la Segunda Guerra Mundial marcaba un alineamiento del país con Estados Unidos, ya claramente hegemónicos en el área.

Sin embargo, no todas las voces eran de complacencia por aquel «Uruguay feliz». Cierto pesimismo o inconformismo situó a un núcleo de intelectuales en la difícil situación de «agoreros», como se los llamó, pero que sólo un decenio después, a comienzos de los sesenta, se revelaron como lúcidos visionarios de un Uruguay que se precipitaba hacia una crisis económica, social, de valores, en la que se concretaría una inédita violencia que culminaría con el golpe de Estado de 1973. Pero en este año de 1952, sólo apuntaban movilizaciones sectoriales y un problema concreto que provocó la protesta de una minúscula izquierda y de los intelectuales: el Tratado Militar con Estados Unidos.

Esta circunstancia impulsó a Mario Benedetti a tomar una actitud militante. El primer acto público de protesta fue su primer acto político, y con posterioridad llegó a ser secretario del Movimiento Democrático de Resistencia al Tratado Militar con Estados Unidos. El profesor Rubén Rámila lo recuerda, e Idea Vilariño guarda un viejo papel amarillento que me regaló con el proyecto de Manifiesto en cuya redacción participó Mario. En ese Manifiesto se rechaza la supeditación de la política exterior de Uruguay a la de Estados Unidos, y la asunción de obligaciones que hacían irrisoria la pretendida reciprocidad entre ambos países, tan dispares. Pero hay, además, una protesta que la historia demostró clarividente: «El tratado impone un desvío de la política tradicional del país de contener la injerencia de un poder militar creciente, que fatalmente incidiría en el poder civil». La protesta tuvo poca fuerza, fue marginal a la corriente principal de opinión y las acciones de difusión —como la distribución de panfletos en el principal campo de fútbol de Montevideo, el Estadio Centenario, en la que participó Mario— fueron un fracaso. Más incidencia popular tuvieron la agitación estudiantil encuadrada en la FEUU (Federación de Estudiantes Universitarios del Uruguay) y las protestas de un grupo de sindicatos de filiación anarcosindicalista, aunque en definitiva el tratado se aprobó, pero al menos la primera idea de las bases militares había quedado archivada. La actitud del escritor siguió una línea de coherencia a lo largo de los años que le ha ganado la admiración de muchos. Desde entonces nunca ha renunciado a la utopía de un mundo mejor para su «próximo prójimo», como ha llamado a sus semejantes, pero sin por ello despegarse de la realidad que los circunda. Es, verdaderamente, un vivir «a ras de sueño», como ha titulado uno de sus poemas, sin dejar de atender a su principal necesidad, la de escribir. Resulta clarividente el comentario de Onetti a *Esta ma-*

ñana en una carta de enero de 1952: «La totalidad de los cuentos está chorreando exasperación y un poco de odio». A lo que asiente de inmediato Benedetti: «Acerca de la exasperación y del odio, ya hablaremos. Pero no son inventados. Hay mucho de la vida prójima que huele mal y no puedo evitar que la nariz literaria se me frunza».

En 1953 publica *Quién de nosotros,* su primera novela, que no provoca respuesta alguna hasta que en febrero del año siguiente Carlos Martínez Moreno, abogado y escritor, deduce de su lectura de la novela que Benedetti «es el escritor más prometedor que nuestra literatura de ficción haya producido en 1953». Signo de las incertidumbres del primerizo es el comentario que le hace a Onetti a finales de junio de 1953: «La *nouvelle* que NO estaba terminando hace dos años [se refiere a una alusión en ese sentido en carta previa] se llama *Quién de nosotros* y ahora está pronta. Unas setenta páginas a aparecer no se sabe cuándo». Y salió en *Número* antes de terminar el año.

Si bien la novela será, después del teatro, el género menos frecuentado por Benedetti, poco después empezará a proporcionarle popularidad y atención de la crítica. Y la luz del enorme éxito de *La tregua,* en 1960, éxito que no dejará de crecer a lo largo de las décadas, alcanzará a *Quién de nosotros* para relecturas provechosas.

EL AUTOR —Aún no sé exactamente cómo va a terminar, pero ya los tengo. No son los que suele llamarse una pareja típica. Ustedes y yo sabemos que la pareja típica no existe. Nadie nace para ser promedio. Pero de todos modos, los tengo. Una verdadera suerte. Siempre me ha reventado tener ganas de escribir y no saber por qué. Ahora tengo una historia: un poco en los papeles pero sobre todo aquí, en la cabeza. Claro que mientras no la cuento me parece una idea en borrador; tengo que decirla en voz alta, tengo que asistir a mis propias imágenes, tengo que saber si a ustedes les gustan y, muy particularmente, si me gustan a mí. De modo que quisiera mostrarles el material humano de que dispongo, y escuchar después esos inevitables consejos que ustedes siempre saben fabricar, esas recomendaciones que todo buen espectador tiene ganas de alcanzar al autor nacional. Después veremos, ustedes y yo, si esto sirve para una comedia.

Primer parlamento de El Autor en *Ida y vuelta*

Capítulo 6

«El futuro es un campo / de batalla...»[*]

1955 es un año agitado para el escritor uruguayo. Por indicios que conocemos con posterioridad sabemos que en ese período está escribiendo al mismo tiempo los textos de *Poemas de la oficina*, los cuentos de *Montevideanos*, hace crítica activamente en diversos medios, descubre a Rulfo y escribe su conocido ensayo «Juan Rulfo y su purgatorio a ras del suelo», en un momento en que el escritor mexicano era prácticamente un desconocido. Su necesidad de pronunciarse, de mantener el «ejercicio del criterio», como posteriormente llamó, siguiendo a Martí, a su recopilación de ensayos literarios, lo llevan a regresar a *Marcha*, y será director de sus páginas literarias en tres períodos desde 1955 hasta 1960. Vista con perspectiva, es una época asombrosa de la narrativa latinoamericana. Como ha señalado Hugo Achugar[**] con notable simplicidad, entre 1953 y 1956 se publican *Los adioses* (Onetti), *Pedro Páramo* (Rulfo), *Los pasos perdidos* (Carpentier), *Final del juego* (Cortázar), *Grande Sertão: Veredas* (Guimarães Rosa), *Los jefes* (Vargas Llosa) y *La hojarasca* (García Márquez).

Pronto su conocimiento libresco de la literatura latinoamericana, especialmente de su poesía, se profundiza con el trato personal con poetas y narradores. Así, los autores de una importante antología literaria, *New Voices of Hispanic America*, la salvadoreña Claribel Alegría y su esposo norteamericano, Darwin *Bud* Flakoll, viajan desde Chile para conocer a Benedetti, quien los asesora proporcionándoles textos apropiados

---

[*] «El futuro», *El mundo que respiro*, en *Inventario III*, p. 82.
[**] Citado en Miriam Volpe: *Geografías de exilio*, Montevideo, Ediciones de la Gotera, 2004.

para el proyecto. Y desde entonces mantienen una amistad estrecha que los ha unido a través de las peripecias vitales de cada uno. Fueron también compañeros en la ideología de resistencia al poder establecido, que luego se concretó en su lucha contra la dictadura de Nicaragua, donde Claribel ha vivido buena parte de su vida, y también contra la que luego asolaría Uruguay.

En este momento temprano de su biografía, un buen ejemplo de esa rebeldía, firme pero sin estridencias, que ha cultivado Benedetti es su renuncia, junto a más de cincuenta escritores, a cualquier premio oficial de carácter nacional mientras no se reconociera su derecho a tener un representante en los jurados, y a que éstos fueran integrados por críticos o especialistas en cada género. Y esa acción será el germen de la iniciativa de organizar una instancia colectiva independiente para los escritores, en oposición a la ya existente, AUDE, que había suscitado protestas y descalificaciones como «oficialista». Muy pronto el autor de *Quién de nosotros* participará en la creación de la Sociedad de Escritores de Uruguay (SEU), y será uno de sus directivos.

El 18 de abril de 1955 Benedetti le confiesa a Juan Carlos Onetti en una de sus cartas que ya tiene prácticamente terminado un volumen de cuentos, «bajo el título y tema común de *Montevideanos*». Sin embargo, deberán pasar casi cuatro años antes de que consiguiera un editor que le dé la posibilidad de no tener que hacerse cargo de los gastos de publicación: «Llevo siete libros publicados y humildemente debo confesar que estoy podrido de costear mis ediciones», se duele ante el autor de *El pozo*.

ELEGÍA POR UNA ESPERANZA

En ese mismo año, según consta en el poema «Dactilógrafo», el 15 de noviembre de 1955, tiene terminados los poemas del libro que publicará al año siguiente, *Poemas de la oficina*. Fue sin duda el primer ejemplo de la sintonía que Benedetti mantendrá siempre con los montevideanos en particular y los uruguayos en general. La primera edición se agotó en dos semanas y fue un referente tanto para la crítica especializada como para la charla o el comentario informal. Significó una transformación radical que se inscribió en lo mejor de la poesía latinoamericana, y todavía hoy muchos críticos consideran que esa obra es la más importante del autor.

El libro, breve, sencillo, hace ingresar en la poesía el mundo cotidiano de la mediocridad de la oficina, de la decepción y el hastío. Se trata de la concreción de un estado de espíritu de inquietud ante la realidad del estado-oficina, ante el clientelismo con que los partidos tradicionales sustituyeron la participación ciudadana debido a la pasiva aceptación del paternalismo estatal. La oficina es experiencia y símbolo, el ámbito del contraste entre la esperanza, que es como «una patria nueva», la imagen de la infancia («Montevideo era verde en mi infancia / absolutamente verde y con tranvías») y la burocracia, la mansedumbre, la incomunicación.

Su experiencia laboral como oficinista, tanto en el ámbito privado como en el de la administración pública, nutre sin duda esta primera y provocadora aproximación al tema. Es sugestivo que sea la poesía la primera expresión de un estado de ánimo lleno de decepción y rebeldía ante la situación de su país, que luego llamaría «la única oficina del mundo que ha alcanzado la categoría de república»*. Ese yo lírico del poemario, con el que el autor no puede identificarse, lucha entre la esperanza, «tengo los ojos llenos / de sueños», aunque sea «aquella esperanza que cabía en un dedal», y la resignación, que siempre sale ganando: «y me iré caminando por Dieciocho / silbando un tango amargo / como otro distraído».

También en ese año de 1955 desaparece por razones económicas la revista *Número*, pero el escritor ya está metido en el mundo del periodismo. Y al año siguiente empieza a hacer crítica de cine en el periódico *La Mañana*, mientras se expresa más creativamente en sus crónicas de humor, firmadas por Damocles, que se empiezan a publicar en *Marcha*. Estas crónicas son, asimismo, la expresión de su juicio crítico sobre la reali-

---

* *El país de la cola de paja,* Montevideo, Asir, 1960.

dad, y son síntoma, además, de una actitud vital. Como señalara Ángel Rama, éste es su Mister Hyde-Damocles. A lo largo de toda su obra, aun en los momentos de mayor pesadumbre, afloran rasgos de ironía, apuntes jocosos, juegos humorísticos, como un modo de expresión muy personal. Pero estas crónicas, además, representan verdaderos retratos costumbristas llenos de agudeza y vertidos con una carga de sátira y comicidad que provocaron a la par fervorosos adictos y resquemores diversos entre quienes se veían retratados. Damocles se encaraba tanto con los prejuicios provincianos, los sagrados hábitos nacionales, como con el esperpento internacional y los vaivenes políticos. Pero todo ello a través de piezas literarias que no descargaban en el impacto humorístico solamente la responsabilidad de la comunicación con el público. Por eso las sucesivas recopilaciones que se publicaron con el nombre de *Mejor es meneallo* tuvieron tanto éxito. En 1965 saldrá otra antología, y por fin en 1967 se hará una selección de los dos libros. La primera edición, editada por Alfa en 1961, reunió las crónicas publicadas en *Marcha* entre 1956 y ese año, y llevaba una ilustración de portada realizada por una gran amiga de Mario, Yenia Dumnova, esposa rusa de su colega taquígrafo Mario Jaunarena. En esos dibujos se aludía con gracia, en consonancia con el contenido del libro, a las tres partes en que éste está dividido: «Crónicas de entrecasa» (1956-1957), «Crónicas de viaje» (1957), enviadas desde las diversas etapas de un largo viaje por Europa durante ese año, y «Últimas crónicas» (1960-1961).

Curiosamente, un texto que aparece en este volumen y que data de 1956, «Niñoquepiensa», fue recuperado por el autor para el volumen de cuentos, todos inéditos salvo el mencionado, que con el título de *El porvenir de mi pasado* fue publicado en 2003. Las veinte variantes detectadas en la segunda publicación respecto de la de 1956 nos revelan la amplificación del panorama vital y profesional del escritor en estas décadas. Casi todas ellas sirven para anular localismos rioplatenses o datos que fijaban el texto en época y espacio determinados («mirar la telenovela» por «escuchar el episodio», los nombres de ciertos jugadores de fútbol de los años cincuenta, etcétera). Aquel escritor de menos de cuarenta años de edad estaba inmerso en su medio, en su paisaje político y social, pero los avatares de las décadas posteriores ampliaron aquel horizonte y situaron la obra de Benedetti en el centro de la edición en lengua española, además de transformarlo en un referente literario y humano para muchos lectores de otras lenguas. Por ello, no es de extrañar que este texto durante casi cincuenta años haya sido presentado, como señala la introducción de *El porvenir de mi pasado,* como un monólogo «en una versión desopilante por el actor Alberto Sobrino». Y que el mismo autor decidiera esos pequeños cambios para hacerlo más comprensible al público no uruguayo.

No fue su única incursión en el humor en esos años. Aunque no tuvo la repercusión de Damocles, hubo por lo menos otro seudónimo en los diarios montevideanos que ocultaba el nombre de Benedetti: Orlando Fino. Tal vez la brevedad de su aparición y las versiones contradictorias del propio escritor han causado cierta confusión en torno a este nombre. Contrariamente a lo que el escritor ha declarado en varias entrevistas, incluso a mí misma, Orlando Fino no se dedicó a hacer crónicas humorísticas sobre deportes. En la *Historia de la literatura uruguaya* (Tomo II, p. 308) aparece la mención de que eran crónicas sobre partidos de fútbol, y también que serían sobre teatro (Tomo I, p. 159). Según la invalorable colaboración del investigador Luis Volonté, la columna titulada «Cada comarca en la tierra», firmada por Orlando Fino, aparece por primera vez en el diario *La Mañana* el 23 de abril de 1956 y se publica de modo irregular durante ese mismo año. Se trata, en realidad, de notas breves y artículos humorísticos sobre temas de actualidad, o anécdotas triviales, del tipo de «Diez consejos para el automovilista montevideano», o «El rincón de Cupido». Son más bien retruécanos, juegos verbales, misceláneas. Si bien el escritor ha señalado el origen del seudónimo en la expresión «hilando fino», los textos de «Cada comarca en la tierra» distan bastante de los textos ocurrentes pero estructurados, penetrantes, literarios, de «Mejor es meneallo». A pesar de ser contemporáneos, Damocles parece más libre, más rico, mucho más incisivo que Orlando. Y no parece descabellado pensar que el medio donde aparecieron los textos tiene mucho que ver en la diferencia. Mientras Damocles se siente libre en *Marcha,* seguramente Orlando Fino no encuentra un ambiente propicio en el matutino conservador. Una cosa es hacer crítica de cine o teatro, y algo muy diferente hacer el comentario irónico de la realidad, esa realidad que ya decantaba posiciones distantes, hipercríticas, unas y otras.

No descarto que alguno de los seudónimos que aparecen en *La Mañana* por esa época para comentar temas futbolísticos correspondiera a Benedetti, y que de ese modo surgiera el equívoco mencionado. ¿Por qué no Diógenes?

LAS VENTANAS AL MUNDO

Después de la literatura, para Benedetti ha habido dos grandes ventanas hacia otros pueblos y otras culturas: el cine y los viajes. Y 1957 es un año en el que se zambulle en ambos mundos. Por un lado, dedicará muchas horas de su tiempo a ver cine y hacer crítica para *La Mañana,* y luego, en los primeros meses del año, decide viajar a Europa, donde permanecerá ocho meses. Visita trece países, los escandinavos, Inglaterra, los centroeuropeos Hungría, Checoslovaquia, Rumanía, y también algunos que ya había conocido antes, como España, Italia, Alemania, Francia, Holanda y Austria. Se mantiene como corresponsal para *Marcha* y para *El Diario,* en Montevideo. En una entrevista con Carmen Alemany* Benedetti recuerda la división de tareas que se impuso entonces: las notas más culturales iban para *Marcha:* una entrevista a Arturo Barea, otra a Gérard Philipe, quien estaba rodando una vida de Modigliani; y luego redactaba notas más periodísticas para *El Diario,* sobre países que resultaban peculiares, como los escandinavos, o una entrevista al presidente del Comité Olímpico, justo en vísperas de las primeras Olimpiadas en Roma. De ese modo, no sólo daba rienda suelta a sus gustos o intere-

---

* Aparecida en *Poética coloquial hispanoamericana,* Alicante, Universidad de Alicante, 1997.

ses, sino que también se procuraba los ingresos que lo mantenían en el viaje.

En una carta fechada en Londres el 12 de octubre, dirigida al escritor uruguayo Enrique Amorim, y a punto de regresar, ya que menciona que el día 22 de ese mes Luz y él se embarcan hacia Montevideo, Mario Benedetti hace una especie de resumen de sus impresiones o más bien de sus sentimientos. Mientras declara su admiración por las librerías londinenses o por los museos parisinos, se muestra sensible a lo que interpreta como una actitud despectiva que los habitantes de París demuestran hacia los extranjeros, y proclama que las ciudades en las que le gustaría vivir son Viena y Heidelberg, demostrando una vez más cierta germanofilia. Pero de inmediato se retracta, porque dice: «Creo que jamás podría dejar de ser un montevideano (nacido en Paso de los Toros, claro). Ahora mismo, a casi ocho meses de este trajín, ya estoy deseando estar otra vez con mi gente, mis amigos, mis libros, mi 142 repleto, mi jueves de la imprenta». Estos dos últimos detalles de la cita reflejan el arraigo del escritor a su vida montevideana, la mención del bus 142 que lo lleva desde su barrio de Malvín al centro de la ciudad, y esa especie de rito que significó tanto para muchos intelectuales uruguayos, el cierre de las páginas de *Marcha* los jueves de cada semana.

Cuando llega a su país también retorna a esas costumbres añoradas, especialmente porque vuelve a la dirección de las páginas literarias de *Marcha*. El 15 de noviembre de 1957 menciona su reciente viaje en una carta a Emir Rodríguez Monegal, con quien se había cruzado, y que ahora ocupa el mismo *basement room* londinense donde él había escrito a Amorim. No siente ninguna nostalgia del paisaje europeo que acaba de abandonar y ya está totalmente inmerso en su vida dual, el escritor y crítico conocido, que en esa calidad le pide a Rodríguez Monegal una colaboración para *Marcha,* y el oficinista anónimo, que menciona un leve ascenso como empleado: de tenedor de libros a síndico en Mar Azul, una empresa subsidiaria de Piria.

En julio de 1958 abandona la dirección de las páginas literarias de *Marcha,* por una vez sin que mediara conflicto alguno, sólo para concentrarse en la creación literaria.

Es el momento de iniciar una nueva aventura literaria que tal vez sea el único punto en que él mismo y muchos de sus críticos coinciden en que ha sido un camino fallido, el teatro. Y todo a pesar del éxito de público. Había escrito su primera obra teatral, *Ustedes por ejemplo,* en 1953 con escasa difusión crítica, pero representada de inmediato en una sala céntrica, la Verdi. Ahora, en 1958, la editorial de *Marcha* publica su segunda obra, *El reportaje,* que obtendrá un premio del Ministerio de Instrucción Pública. Y por último, *Ida y vuelta,* que es unánimemente considerada como la más lograda, y que obtuvo el tercer premio de las Jornadas de Teatro Nacional organizadas por la Comisión de Teatros Municipales. Aunque escrita en 1955, será publicada recién en 1963. En ellas se mantiene una línea que reaparece en cada uno de sus libros. Según destaca Luis Paredes[*]: «La actitud del autor (narrador épico) rebasa su mundo individual cerrado para desplegarse al mundo abierto de la sociedad flagelándolo por medio de una ligera crítica social empapada de humor irónico».

El teatro le dará muchas satisfacciones por la inmediatez de la buena acogida del público, por la vivacidad del contacto con los intérpretes, por el ambiente, que en esa mitad del siglo xx era de una enorme riqueza. No podemos olvidar que a partir de los años cuarenta el teatro uruguayo despegó de un modo excepcional, gracias en parte al impulso de individualidades, como por ejemplo la ya mencionada actriz española Margarita Xirgú, quien, exiliada debido a la guerra civil, fue convocada, en 1947, para fundar el teatro público uruguayo, la Comedia Nacional. Asimismo, grupos independientes, como El Galpón o El Circular, más tarde, aportaron inquietud, entrega y calidad a la escena. Ese crisol cultural tuvo que atraer fuertemente a Benedetti, pero nunca se creyó realmente autor teatral, a pesar de haber reincidido años más tarde con *Pedro y el Capitán.* El ya citado Carlos Maggi, importante dramaturgo uruguayo, nos ha relatado una anécdota que describe algunas

---

[*] Luis Paredes, *Mario Benedetti. Literatura e ideología,* Montevideo, Arca, 1988, p. 80.

características esenciales de la personalidad del autor que nos ocupa. Cuenta Maggi que más o menos a finales de la década de los cincuenta, un crítico mexicano se propuso hacer una antología de textos teatrales latinoamericanos, para lo que se puso en contacto con autores de muchos países. El renombre de Benedetti por el éxito que habían tenido especialmente *El reportaje* e *Ida y vuelta* llevó a ese crítico a pedirle al uruguayo permiso para reproducir en su antología un fragmento de una de esas obras. Y la respuesta de Benedetti fue negativa: «Yo no escribo buen teatro, el uruguayo que debe estar en esa antología es Carlos Maggi». Lucidez, nobleza, honestidad.

ORACIÓN

Déjame este zumbido de verano
y la ausencia bendita de la siesta
déjame este lápiz
este block
esta máquina
este impecable atraso de dos meses
este mensaje del tabulador
déjame solo con mi sueldo
con mis deudas y mi patrón
déjame
pero
no me dejes
después de las siete
menos diez
Señor
cuando esta niebla de ficción
se esfume
y quedes Tú
si quedo Yo.

Poemas de la oficina
Inventario I, p. 572

Capítulo 7

«... el epitafio de los mansos»[*]

La crisis económica que irrumpió a mediados de los años cincuenta en Uruguay provocó importantísimos cambios sociales, políticos y, por supuesto, culturales. Ese choque en el aparentemente sereno estanque de la «Suiza de América», de la «Atenas del Río de la Plata», de la «excepción americana», desencadenó la crisis social y política que tiempo después cristalizó en una dictadura de doce años de duración que transformó todo, pero especialmente las vidas de tantas personas, también la de Mario Benedetti.

Lo que era un modelo económico inviable, dadas las condiciones del país y de su entorno en esos tiempos de transformación, propició malestar, protestas, fallidos intentos de soluciones. Después de noventa y tres años de gobiernos de un solo partido, el Colorado, ganó las elecciones el otro partido tradicional, el Nacional o Blanco; se ensayó una modificación de las políticas económicas; en pocos años se produjeron dos reformas de la Constitución, hubo nuevas alternancias de ambos partidos en el gobierno. Fueron todos cambios superestructurales que fracasaron, mientras la gente veía deteriorarse su nivel de vida, los sindicatos protestaban, y las fuerzas políticas de izquierda no lograban la unidad y no encontraban un discurso ni un proyecto comunes. Entretanto, los intelectuales críticos, agrupados mayoritariamente en torno al semanario *Marcha*, señalaban los errores y proponían, difusamente, el fin de la pasividad. En política internacional proponían lo que entonces se llamaba «la tercera posición» o «el tercerismo». Por oposición, en esa época la izquierda tradicional, con su corrien-

---

[*] «Stazione Termini», *El mundo que respiro*, en *Inventario III*, p. 134.

te principal en el Partido Comunista, mantenía una línea ortodoxa en la movilización sindical, en política exterior, y miraba
con desconfianza a los intelectuales no encuadrados en «el partido», o era claramente crítica con ellos. Un buen ejemplo de
esto fue la obra de teatro de Benedetti *Ida y vuelta,* que publicó
Marcha en 1958 con una ilustración del pintor Anhelo Hernández. Según recuerda el dramaturgo Mauricio Rosencof,
quien tendría más tarde un papel político protagónico como
dirigente del movimiento guerrillero tupamaro, esa obra fue
muy criticada por la opinión de izquierdas por «no dar soluciones». El autor que planteaba un conflicto y no mostraba el camino para resolverlo era considerado un burgués. Rosencof tenía
razones para saberlo, puesto que sus orígenes políticos estuvie-
ron en el Partido Comunista. Y así Benedetti, a pesar de su éxito
popular, fue considerado por la *intelligentsia* comunista como
un representante de la literatura burguesa.

Sin embargo, a nivel personal mantenía relaciones cor-
diales con la mayoría de tales intelectuales. Uno de ellos era el ya
mencionado Enrique Amorim, un personaje verdaderamente
singular. Hombre de considerable fortuna personal, era militante del Partido Comunista y también un notorio agitador cultural
en ambas orillas del Río de la Plata, además de un narrador muy
apreciable. Afortunadamente, en el archivo donado por su viuda, Esther Haedo, a la Biblioteca Nacional en Montevideo, se
conservan varias cartas de Benedetti a Amorim, desde la del 12
de octubre de 1957 ya mencionada hasta una del 29 de mayo de
1959. En todas ellas se trasluce una gran confianza, sentido del
humor y aprecio mutuo, incluso en la discrepancia. El 3 de septiembre de 1958, Benedetti le habla del éxito de *Ida y vuelta,* récord de recaudación para la compañía, récord de autor nacional
para la sala, y comenta: «Para haber tenido toda la crítica en contra, no está mal, ¿verdad? La única crítica verdaderamente inteligente (aunque tal vez la más desfavorable) fue la del leguleyo C.
M. M.*, en *Marcha,* y la única verdaderamente chistosa fue la de

---

* Carlos Martínez Moreno, abogado y escritor.

tus cofrades de *El Popular**, quienes la encontraron "injuriosa para los obreros portuarios"». Esa crítica negativa de un amigo, Carlos Martínez Moreno, ha sido señalada frecuentemente por el mismo Benedetti, y por otros, como ejemplo del rigor crítico de su generación, en oposición al por ellos denostado amiguismo de la generación anterior.

Durante el mes de mayo de ese año, la correspondencia entre ambos escritores se centra en un proyecto que a la larga no tendrá futuro, pero que los mantiene unidos en un trabajo que les interesa mucho: Mario escribe el guión para una película sobre una narración de Amorim, que podría ser *Eva Burgos,* publicada en 1960. Es su primera experiencia como guionista, y no repetirá el intento hasta bastante más tarde, en los años setenta y sobre sus propias narraciones.

Su nuevo período al frente de las páginas literarias de *Marcha* fue breve (enero de 1958-marzo de 1959), pero marcaría una importante alternativa a la poderosa impronta que había dejado en el cargo la personalidad de Emir Rodríguez Monegal. Según la investigación de Pablo Rocca**, en su etapa se produjo el regreso de Ángel Rama, enfrentado a Rodríguez Monegal, un cierto reequilibrio de tendencias al dar paso a escritores del grupo Asir, y la entrada de colaboraciones —sobre todo de obras— de jóvenes poetas y narradores como Sylvia Lago, Circe Maia, Washington Benavides, etcétera. De acuerdo a un perfil que luego consolidaría en cada instancia de trabajo colectivo, la dirección de Benedetti fue, según Rocca, «mesurada y poco personalista». Pero esa mesura nunca ha significado en la trayectoria del escritor debilidad u obediencia, y a principios de 1959 la discrepancia con el director de *Marcha* acerca de la conveniencia de abrir un debate político-cultural***

---

* Periódico que expresaba la línea del Partido Comunista Uruguayo, clausurado por la dictadura en 1973.

** Obra citada, pp. 65-69.

*** Se trataba del imparable ascenso político de un líder populista, Benito Nardone, *Chicotazo,* quien con un mensaje demagógico radical dirigido a los pequeños productores rurales logró crear un movimiento que ayudó a cambiar el panorama político nacional. Llegó a ser presidente del Consejo Nacional de Gobierno en 1960.

lo aleja de su cargo; un tiempo después deja de escribir en el semanario por un extenso período. Más allá de las dificultades de relación que tuvo con Carlos Quijano, que veremos más adelante, y que por otra parte no serían exclusivamente suyas, el autor de *Montevideanos* vivirá siempre en una aparente contradicción: su tono suave, su cordialidad y esa apertura inicial ante cualquier propuesta hacen a menudo inesperado para su interlocutor el encontrarse luego con decisiones firmes, cortantes, de fría determinación, llegando incluso a la intransigencia, y por momentos, al maniqueísmo, cuando él cree que se afecta a sus principios. Esa tensión entre calidez y dureza, entre acogimiento y distancia será una constante en la conducta pública de Benedetti, si bien la impresión predominante sea ampliamente positiva, de perspicaz curiosidad, de cálida humanidad en los contactos.

EL 59 DECISIVO

En muchas ocasiones Mario Benedetti ha señalado la importancia del año 1959 en su biografía. Creo que debemos considerar esa afirmación, sin embargo, como giróscopo poético: él ha tomado dos hechos biográficos como señales, como referentes simbólicos de un cambio que se gestaba, como todas las transformaciones, desde tiempo atrás, y que tardaría en consolidarse. Esos momentos iniciáticos, esos quiebros de la vida fueron su viaje a Estados Unidos y la Revolución cubana.

El 14 y el 18 de marzo de 1958 el diario *La Mañana* había publicado un fulgurante reportaje de uno de los mejores periodistas que ha tenido Uruguay, a la vez poeta y narrador. Carlos María Gutiérrez había estado en el mes de febrero en la Sierra Maestra y por primera vez en español se daba cuenta de una entrevista con Fidel Castro en lo más recóndito de la sierra, y de la situación del Movimiento 26 de Julio en toda Cuba. Era un testimonio estremecedor de la cruel dictadura de Batista, de las torturas y ejecuciones diarias de las que él mismo pudo ser testigo, y un adelanto de las opciones de triunfo que tenía ese ejército salido de los más diversos estratos del pueblo cubano. De ahí en más, hasta el establecimiento del Gobierno revolucionario en La Habana, el proceso cubano fue visto por los uruguayos con admiración romántica, pero con cierta lejanía política. Ninguno de los partidos políticos de izquierdas se identificaba a priori con el movimiento cubano, y, aparte de la simpatía que podía despertar la caída de una dictadura tan sangrienta, no había otra relación con la situación en aquella isla lejana. Así lo atestiguan dos protagonistas de la historia reciente uruguaya, el general Líber Seregni, ex presidente del Frente Amplio, que encabezó la resistencia política a la dictadura y pagó por ello con cárcel, y Mauricio Rosencof, ya citado como escritor y dirigente del Movimiento de Liberación Nacional-Tupamaros[*]. Ambos están de acuerdo en que el impacto de la Revolución cubana fue lento en la sociedad uruguaya, que las reacciones de la izquierda ante la crisis política y económica nacional buscaron sus raíces en la historia propia antes que en el ejemplo extranjero. A pesar de esto, la sensibilidad existirá y el compromiso moral también, y por eso en Montevideo funcionará un Comité de Intelectuales de Apoyo a la Revolución cubana del cual Benedetti fue fundador, junto a escritores, artistas y políticos como Jesualdo, Carlos Martínez Moreno, Alba Roballo, Paco Espínola, Carlos María Gutiérrez, etcétera. La visita a Uruguay de Fidel Castro en mayo de 1959 impulsará el movimiento de solidaridad. Pero ya avanzada la década de los sesenta, el influjo revolucionario, en especial la teoría guevarista del «foco», llegó con fuerza y produjo cambios ideológicos profundos. Ello nos reafirma en la impresión de que ese hecho histórico fue sólo el detonante, el comienzo de un cambio de sensibilidad hacia lo latinoamericano por parte de nuestro escritor. Esto no significa que la transformación personal e intelectual de Benedetti no haya sido honda. Al contrario, el alejamiento de su generación de artistas y escritores, y del país todo, con respecto a lo latinoamericano es cuestionado severamente, y de la autocrítica re-

---

[*] *Seregni-Rosencof. Mano a mano,* Montevideo, Aguilar, 2002, pp. 296-298.

sultante emergerá un activismo latinoamericanista en todos los ámbitos, especialmente en el cultural y luego también en el político. Pero habrá que esperar: en *Poemas del hoyporhoy,* libro que abarca de 1958 a 1961, no hay ningún poema sobre Cuba y su Revolución, excepto vagas alusiones en «Cumpleaños en Manhattan». Sí, en cambio, aparece el otro hecho importante que ocurrió en 1959, el viaje a Estados Unidos, especialmente en el poema mencionado.

Una de tantas invitaciones del American Council of Education a un intelectual latinoamericano para dar conferencias en universidades norteamericanas y así «estrechar relaciones», se convertirá en una ocasión especial para todo lo contrario: «Allí me hice antiimperialista», ha dicho Benedetti en múltiples ocasiones. En Chapel Hill, Carolina del Norte, debía hablar sobre «Teatro uruguayo de hoy», y en Stanford, California, sobre «Situación social, política y cultural del Uruguay». Pero también estuvo en Nueva York y en San Francisco. Así lo recuerda la profesora Mercedes Rein, con quien luego trabajaría en la Universidad de la República: ordenado y generoso, la proveyó de nombres y direcciones de escritores *beatniks* a quienes ella podría ver en San Francisco. Pasaron la noche de fin de año en la casa de un crítico y funcionario internacional uruguayo, Arturo Despouey, junto al actor Alberto Candeau y al joven escritor Mario Trajtenberg, cuatro generaciones de uruguayos pendientes del clima norteamericano ya agresivo con respecto a Cuba. ¿Qué podemos hacer si hay invasión?, se preguntaban. Los museos, las compras, quedan en el olvido ante estas inquietudes, pero especialmente ante la visión del desprecio *wasp* por hispanos y negros, de los prejuicios y el control. Primero fue la famosa pregunta para obtener el visado sobre si tenía la intención de asesinar al presidente, a lo que el escritor respondió que los norteamericanos siempre se habían bastado solos para tal fin. Pero a lo largo del viaje seguramente hubo más sensación de vigilancia, porque en una postal enviada a su amigo Manuel Claps se queja de «la manaza exigente y protectora del State Department» sobre su hombro.

En *Poemas del hoyporhoy* su «Cumpleaños en Manhattan» es una dolorosa apropiación exclusivamente poética de esa atmósfera tan ajena, tan mecánica, tan injusta. En ese Manhattan frío aparecen las notas discordantes de la Latinoamérica maltratada: «las queridas / de los innumerables ex-sargentos / del ex-sargentísimo Batista», el «jugo de fruta / con gusto a Guatemala», «los becarios colombianos / y los taximetristas andaluces / y los napolitanos que venden pizza y cantan / y el mexicano que aprendió a mascar chicles / y el brasileño de insolente fotómetro / y la chilena con su amante gringo / y los puertorriqueños que pasean / su belicoso miedo colectivo». Podemos así estar de acuerdo en que éste será su primer poema de aliento político. También esta experiencia alimentará el cuento «El resto es selva», fechado en 1961, en el que un escritor uruguayo llamado Orlando —diáfana autorreferencia— se desenvuelve en un ambiente norteamericano ininteligible.

UN PADRENUESTRO LATINOAMERICANO

Padre nuestro que estás en los cielos
con las golondrinas y los misiles
quiero que vuelvas antes de que olvides
cómo se llega al sur de Río Grande

Padre nuestro que estás en el exilio
casi nunca te acuerdas de los míos
de todos modos dondequiera que estés
santificado sea tu nombre
no quienes santifican en tu nombre
cerrando un ojo para no ver las uñas
sucias de la miseria

en agosto de mil novecientos sesenta
ya no sirve pedirte
venga a nos el tu reino
porque tu reino también está aquí abajo
metido en los rencores y en el miedo
en las vacilaciones y en la mugre
en la desilusión y en la modorra
en esta ansia de verte pese a todo

cuando hablaste del rico
la aguja y el camello
 y te votamos todos
por unanimidad para la Gloria
también alzó su mano el indio silencioso

que te respetaba pero se resistía
a pensar hágase tu voluntad

sin embargo una vez cada tanto
tu voluntad se mezcla con la mía
la domina
la enciende
la duplica
más arduo es conocer cuál es mi voluntad
cuándo creo de veras lo que digo creer
así en tu omnipresencia como en mi soledad
así en la tierra como en el cielo
siempre
estaré más seguro de la tierra que piso
que del cielo intratable que me ignora
[...]

Poemas del hoyporhoy
Inventario I, p. 543 (fragmento)

Capítulo 8

«Próximo prójimo»[*]

Se impone, pues, una certidumbre: 1959 fue ese año crisol en el que confluyen la madurez del narrador —publica *Montevideanos* y escribe *La tregua*— y el despertar del hombre político.

Resulta curioso que en el momento en que llega al punto culminante su literatura «del uruguayo medio», que está representada por esa especie de trilogía multigenérica —*Poemas de la oficina, Montevideanos* y *La tregua*— complementada por el ensayo posterior, *El país de la cola de paja,* en ese mismo momento, el escritor trasciende su medio, va más allá de su entorno, aunque siempre casi exclusivamente preocupado por lo humano, por el prójimo. Desde entonces se podría decir que la obra de Benedetti ha sido un intento coherente y obstinado de romper con la soledad, con las soledades, de comunicarse con los demás. Llevando a un extremo esa inmediatez comunicativa el escritor uruguayo dijo en una entrevista con Ernesto González Bermejo: «No escribo para el lector que vendrá, sino para el que está aquí, poco menos que leyendo el texto por sobre mi hombro». Ese lector no es sólo destinatario, sino objeto de su interés, de su preocupación. Y su obra se va modulando a partir de la relación, de un esencial concepto de la otredad que va definiendo su propio ser. Los otros son, pues, sus prójimos cercanos —«próximo prójimo» es la definición recurrente y el título de un poema y de un libro sólo un poco posterior a este período—, a quienes conoce y ama. Son los montevideanos que le proporcionan el material literario que una vez elaborado, en esos textos primeros, les es devuelto, ofrecido como un revulsi-

---

[*] *Próximo prójimo,* en *Inventario I,* p. 490.

vo, como un espejo de la frustración y el fracaso. Pero la mirada es lúcida y llena de amor, es provocadora y desafiante, lleva necesariamente hacia el cambio.

Si bien *Montevideanos* se publica en 1959, y en ese año gana el Premio Municipal de Literatura, recién en la edición de 1962 alcanzará su perfil definitivo con la incorporación de ocho cuentos. En esta colección aparecen algunos de los cuentos clásicos del autor, desde «Los pocillos», «Familia Iriarte», «Retrato de Elisa», «Puntero izquierdo», hasta «Corazonada» o «Aquí se respira bien». La mayoría podrían servir de ejemplos para sus posteriores reflexiones teóricas acerca de la naturaleza del cuento, de las razones de su admiración por Chejov o Maupassant o Quiroga. Aunque no ha escrito sobre Hemingway, él mismo ha recordado su admiración por la obra del norteamericano, por su difícil uso del diálogo. Y el cuento «Tan amigos» está bastante cercano a ciertos relatos de aquel escritor, como «Colinas como elefantes blancos». En casi todo *Montevideanos* los personajes son aquellos seres opacos o mediocres, alienados, engañados o desengañados. También aparece el humor, un poco amargo. Probablemente estaría de acuerdo con Escarpit en que el humor puede ser utilizado «como un modo de exorcizar las angustias del hombre social moderno». Y, como siempre, surgirá el amor, a veces traicionado, o desgastado. En definitiva, están todos los elementos que luego confluyen, estilizados, armónicos, dramáticamente extractados en *La tregua*.

Si *Poemas de la oficina* había agotado milagrosamente su primera edición en dos semanas, *Montevideanos* provoca el inicio de una relación cercana y afectiva del autor con sus lectores. Esa facilidad de comunicación ha sido señalada por el escritor como un factor esencial para un cambio en su propio carácter. Con treinta años, por fin se siente cómodo dentro de su piel, experimenta llaneza y calidez en sus relaciones sociales. En muchas entrevistas* el escritor ha confesado que su adolescencia y juventud,

---

* Ver «La trinchera permanente», con Jorge Ruffinelli, en Serie Valoración Múltiple, *Casa de las Américas*, La Habana, 1967, y «A ras de sueño», con Hortensia Campanella, en *Mario Benedetti: literatura y creación social de la realidad*, revista *Anthropos*, n.º 132, mayo de 1992.

y mucho más su infancia, no fueron para nada felices. Cree que se sentía viejo, que estaba lleno de inhibiciones y hasta de prejuicios, y que sólo llegada la madurez se fue liberando. Y en ello influyó decisivamente el contacto con sus lectores. Sin duda tiene que ver en ello un rasgo que me señalaba la escritora uruguaya Cristina Peri Rossi, perteneciente a una generación posterior, que es válido a lo largo de toda su vida: su capacidad de comunicación es siempre a través del sentimiento, de la emoción.

Mientras él escribía este tipo de literatura pegada a la realidad, se publicaba una obra sobresaliente dentro de la narrativa uruguaya, pero de índole muy diferente: *La casa inundada,* de Felisberto Hernández, narración en que la campea la imaginación y el descubrimiento de extrañas relaciones entre los objetos. Poco tiempo después, dentro de su faceta de crítico literario, Benedetti se ocupará con admiración y sutileza de la literatura de este «raro».

LA TREGUA. UN CASO MUY ESPECIAL

Sabemos que durante los primeros meses de 1959 Benedetti dedicó todos sus mediodías a escribir a mano, en una mesa del tradicional café Sorocabana de la calle Veinticinco de Mayo, una novela que luego llamó *La tregua.* La razón del lugar elegido es muy clara: las oficinas de Piria, en las que trabajaba el resto del día como contable, quedaban muy cerca, en la esquina de las calles Sarandí y Treinta y Tres, todo en la Ciudad Vieja de Montevideo. Y casi podemos fechar el final de la escritura, puesto que en una carta a Enrique Amorim del 29 de mayo de 1959 dice: «... puse punto final a la novela, que hoy envié por mandadero pago, a Buenos Aires... Algún día, si Dios o Losada quieren, la leerás». No fue Losada, sino Alfa, en Montevideo, la editorial que lo hizo posible, el 8 de diciembre de 1960, con ilustración de portada de Agustín Alamán, un conocido pintor de su generación. En esa misma carta describe el tema como «romántico-montevideano», y desde ese mismo momento esa pequeña novela —52.000 palabras que le costó esfuerzo pasar en su Olivetti, pero que resulta breve en su género— inició una extraordinaria trayectoria, no sólo dentro de la posteriormente exitosa carrera del autor, sino para cualquier ejemplo que se busque dentro de la novelística latinoamericana. Con los años, *La tregua* ha alcanzado más de doscientas ediciones, se ha traducido a decenas de idiomas, incluido el braille, ha sido objeto de adaptaciones para cine, televisión, radio, teatro, también en diferentes países y ámbitos lingüísticos. Ha obtenido todo tipo de premios, pero especialmente ha gozado de una acogida completamente excepcional por parte de los lectores.

El punto de partida fue autobiográfico: uno de sus compañeros de oficina fue el modelo para Santomé, el protagonista, y la anécdota inspiradora —hombre mayor enamorado de una joven que finalmente muere— había tenido lugar en 1957. A partir de ahí, ya empieza la creación literaria. En esa época habían vuelto a Montevideo sus amigos Claribel Alegría y Bud Flakoll, éste con un puesto en la Embajada de Estados Unidos. Y ellos fueron los primeros oyentes de esa novela que había crecido con rapidez.

Posiblemente el éxito allende fronteras, y tras el paso de tantos años, se deba a la perfección de esa historia de amor frustrada por el destino, que se comunica con cálida inmediatez a través del recurso al diario íntimo. Pero en Montevideo, además, hubo otros elementos de proximidad. La década de 1960 fue, desde el punto de vista narrativo, el momento más explícito de la toma de conciencia del estancamiento social y de la crisis moral del Uruguay. El enfoque certero de un mundo decadente por parte de Benedetti fue confirmado magistralmente por Juan Carlos Onetti, *El astillero,* en 1961, por Carlos Martínez Moreno, *Con las primeras luces,* en 1966, y por José Pedro Díaz, *Partes de naufragio,* en 1969.

El diario de *La tregua,* aunque aparentemente simple, es un mecanismo que permite la creación de un mundo en todas sus dimensiones. Sabemos de la infancia y adolescencia del protagonista, de la corrupción política, de los prejuicios sociales, de todo lo que lo rodea, de un modo fragmentario pero suficiente. Esa narración confesional otorga una tensión a la secuencia tedio-esperanza-fracaso que aleja a la novela del melodrama, la sitúa en un balance de vida, en un cierre sin esperanzas individuales en el que reside, tal vez, la verdadera carga de pesimismo del relato. Sin embargo, la descripción de la mediocridad y el vacío presenta una variación considerable con respecto a precedentes propios y ajenos: el personaje tiene conciencia de ello, aunque esa lucidez lo lleve a la frustración definitiva. Dice Martín Santomé: «Lo más trágico no es ser mediocre pero inconsciente de esa mediocridad; lo más trágico es ser mediocre y saber que se es así y no conformarse con ese destino que, por otra parte, es de estricta justicia». Ése es el cambio: no se conforma. Aunque fracase, existe una fuerza en su interior, lúcidamente expresada: «Es como si me dividiera en dos entes dispares [...] uno que está seguro de donde pisa, y otro soñador y febril, frustradamente apasionado, un tipo triste que, sin embargo, tuvo, tiene y tendrá vocación de alegría». Si aislamos esta última definición del resto de las características del personaje, podemos pensar que se ajusta perfectamente a un retrato del autor, esa mezcla de ensimismamiento y vitalidad que observamos siempre en él.

Mientras que en personajes anteriores había diagnosticado el desamor como causa del hastío y la inanidad, en *La tregua* surge el amor en primer lugar como aventura individual, como les ocurre a la mayoría de los seres humanos, lo cual hace avizorar una esperanza en medio de una atmósfera depresiva. Pero esa esperanza fracasa, y además debido a una fuerza fatal ajena a la voluntad y poder del individuo, y así, de nuevo, se corta la reconciliación con la vida. Habrá que esperar a otra novela, *El cumpleaños de Juan Ángel,* en 1971, para ver a un personaje de Benedetti asumir el amor a los otros como motor de vida y de cambio social, en franca consonancia con la voz del escritor que dirá por entonces «la política es una forma del amor».

Con *La tregua,* Benedetti ganó otro Premio Municipal de Literatura en Uruguay, pero, como hemos visto, lo más significativo fue el enorme eco despertado por todo el mundo, que provocó una especie de gran apropiación de la obra por parte de muy diversos públicos, llegando a extremos casi cómicos como el de una de las adaptaciones para televisión que se hizo en Colombia, donde aparecían narcotraficantes dentro de la trama que supuestamente surgía de la novela. Esa identificación se ha mantenido a lo largo de las décadas, y tiene su razón de ser en un curioso extracto narrativo: en ese breve texto aparecen los temas y sentimientos que preocupan y exaltan a cualquier ser humano de la época contemporánea: la soledad y la incomunicación, el amor y la sexualidad, la felicidad y la muerte, el conflicto generacional, la ética, los problemas políticos. Y, como él mismo dijo, «*La tregua* se mueve por el filo entre la emoción legítima y la cursilería». Que esto tenga lugar en un pequeño país, Uruguay, desconocido para los lectores búlgaros o griegos o daneses, que esto lo haya escrito «el montevideano por antonomasia», como lo describió Emir Rodríguez Monegal, no altera la corriente de comunicación profunda que se ha establecido.

EL ESCRITOR Y SU PAÍS

Con estas palabras simples titulaba Ángel Rama un artículo sobre *El país de la cola de paja* el 16 de diciembre de 1960, en *Marcha*. En junio de ese año había aparecido ese libro peculiar de Mario Benedetti, sintomáticamente publicado por Asir, del grupo intelectual «competidor», como vimos antes. Era diferente de lo que había escrito hasta el momento, y era diferente de lo que se esperaba en los medios intelectuales uruguayos; así fue recibido, con molestia, y hasta con indignación por sectores ideológicos contrapuestos. Rama dice de él que es un libro «fervoroso, escrito con íntimo dolor y rebeldía, con un afán sano, con ingenuidad y superficialidad también».

Como frecuentemente ocurre, nadie hizo caso de las aclaraciones que plasmaba el autor en su prólogo, y fue atacado por no hacer lo que él no quería hacer. El escritor decía: «Si bien conozco mis limitaciones y me sé incapaz de abarcar toda la compleja significación del problema, no quiero que esas mismas limitaciones me lleven a sentirme cómplice del gran silencio que rodea la presente crisis moral, sin duda la más grande de nuestra breve historia como nación».

Sin duda, el paso de la inquietud social a la inquietud política lo llevó a arriesgarse a un análisis que contaba con poco respaldo teórico, dada la escasa formación política existente en su bagaje intelectual. Rama destaca como «un buen ejemplo de coraje y picardía» la reivindicación de los lugares comunes que se oyen en la calle pasados al estatus de representación literaria por parte del autor, por más que señale las limitaciones del corpus de origen, la clase media urbana, y de la falta de propuestas concretas. Pero la intuición ética del autor lo llevó por el buen camino de la repercusión popular a pesar de la incomprensión general de los críticos e intelectuales, y gracias a la recepción entusiasta de los lectores que consumieron tres ediciones en un año.

A pesar de que siempre defendió que no se trataba de un tratado de sociología, sino, sobre todo, «testimonio y preocupación personales», y que el libro le sirvió para definir una posición política, su publicación le ocasionó rupturas personales. Tal vez la más dolorosa fue la causada por la incomprensión de Hugo Alfaro y Carlos Quijano, redactor jefe y director respectivamente de *Marcha*, y que ocasionó su alejamiento por varios años de la revista.

Benedetti partía de la realidad del oficinista aburrido para llegar al empleado corrupto; se basaba en los tópicos declamativos acerca de la democracia uruguaya para desenmascarar la aceptación sin crítica de sus limitaciones, falencias o disparates. Desarrolla su posición, es cierto, sin una metodología científica, alternando amargura y humor, y desnuda la hipocresía, la corrupción, el servilismo de los medios de comunicación, la indiferencia hacia América Latina, la decadencia moral de la clase media. Es ese ciudadano que tiene «cola de paja», o sea, sentimiento de culpabilidad, conciencia del error o la falta de compromiso, sin consecuencias ulteriores. Y lo que pide el escritor, lo que exige al conciudadano y a sí mismo es, precisamente, «asumir la actitud que dicte la conciencia, y, luego de aclarada, de reconocida, comprometerse con ella». Como colofón, señala severamente una actitud generalizada de «crítica prescindente» cuyo máximo ejemplo lo encuentra ni más ni menos que en su misma generación, la «generación de *Marcha*», simbolizando en la revista más prestigiosa de Uruguay la, a su juicio, mala costumbre de «mirar desde arriba». Hace, pues, autocrítica, en especial, por «falta de pasión».

El libro está dedicado a tres amigos muy diferentes: Carlos Martínez Moreno, amigo desde la literatura, Carlos María Gutiérrez, amigo desde el periodismo, hombre de *Marcha,* crítico de esa «crítica del desdén», y Salvador Miquel, amigo desde la época de la Contaduría, de *Marginalia* y otras aventuras intelectuales. Como dijo casi más de veinte años después uno de los involucrados de entonces, Hugo Alfaro[*], con *El país de la cola de paja* Benedetti «quedó mal con medio mundo, y espléndido con el otro medio». Se sucedieron nueve ediciones —a partir de la cuarta, en 1963, con nuevos agregados complementarios—, pero para el propio escritor ése fue «un libro con fecha», el país, el autor, el objeto de la crítica cambiaron mucho a lo largo de las décadas siguientes, y no ha habido autorización para nuevas ediciones.

El agitado año 1960 se cierra con una nueva experiencia, la grabación en su propia voz de *Poemas de la oficina.* Desde entonces ha reiterado en múltiples ocasiones la lectura de, especialmente, sus poemas, con enorme éxito, tanto en persona como a través de grabaciones. No es sólo que el ritmo de su poesía se preste a la lectura en voz alta, sino que la voz del autor ha sido considerada por editores y público como el vehículo ideal para oír esos textos.

Es el momento, asimismo, de un golpe, por lo menos transitorio, a la cultura uruguaya: desaparece la revista *Número* por causas económicas. Al mismo tiempo, uno de sus animadores, Emir Rodríguez Monegal, acepta el encargo de dirigir una revista de carácter internacional propiciada por el sospechoso Congreso por la Libertad de la Cultura. Esa revista, que primero iba a ser la misma *Número,* se llamará por fin *Mundo Nuevo.* Rodríguez Monegal le ofrece a Benedetti el cargo de secretario de redacción, pero éste, con buena intuición política, luego ampliamente ratificada, lo rechaza[**]. Más allá de las serias

---

[*] Hugo Alfaro: *Mario Benedetti. Detrás de un vidrio claro,* Montevideo, Ediciones Trilce, 1986.

[**] Para una excelente descripción de la significación de la revista *Mundo Nuevo* y sus comprobadas vinculaciones con la CIA, véase Jean Franco, *Decadencia y caída de la ciudad letrada,* Barcelona, Debate, 2003.

Forest Lawn Library
Self Checkout
September.08,2017 16:24

39065106076736   9/29/2017
Mario Benedetti : un mito discretisimo
: biografia

39065146294275   9/29/2017
The golden son : a novel

Total   2 item(s)

You have 0 item(s) ready for pickup

To check your card and renew items

go to www.calgarylibrary.ca

or call 403-262-2928

denuncias posteriores acerca de la financiación de la revista por parte de la CIA, su trayectoria avala la afirmación de Jean Franco[*]: «*Mundo Nuevo* se creó como respuesta al interés despertado por la Revolución cubana en la imaginación de los escritores jóvenes, y a la influencia de la revista cubana *Casa de las Américas...*», la cual «representaba una nueva geografía cultural, cuyo centro se había apartado drásticamente de Europa». Si bien gente tan bienintencionada como Carlos Fuentes, Augusto Roa Bastos o José Donoso colaboraron al principio, resultaba muy difícil de creer que Benedetti se dejara engañar.

[*] Ibídem.

El verdadero valiente no es el que siempre está lleno de coraje, sino el que se sobrepone a su legítimo miedo. El miedo individual no es, en sí mismo, un rasgo despreciable; frecuentemente, es harto más despreciable la circunstancia externa que lo provoca. Pero si el miedo es, por lo común, algo inevitable y espontáneo, un argumento más primitivo y por eso mismo más poderoso que todos los argumentos de la encumbrada, infalible razón, no pasa lo mismo con la cobardía. Naturalmente, la cobardía tiene algunos de los ingredientes del miedo; pero en tanto que éste no pasa de ser un estado de ánimo, aquélla en cambio es una actitud. En la cobardía, pues, el grado de responsabilidad es mucho mayor que en el miedo, ya que a su miedo natural y congénito, el cobarde suma la grave decisión de *no* afrontar algo, de *no* dar la cara. La cobardía, por el mero hecho de esa decisión, transforma al miedo en una culpa.

Ahora bien, el especial estado de ánimo que la jerga popular ha dado en llamar *cola de paja,* es precisamente una antesala de la cobardía. No es la cobardía en sí, pero es la disposición de ánimo que va a caracterizar el decisivo minuto que la precede. Si tener *cola de paja* es sentirse culpable, esa culpabilidad tiene una determinada dirección: la de una actitud que es urgente asumir, y no se asume.

El país de la cola de paja, p. 17

109

Capítulo 9

«... cómo vivir en este socavón sin escape.»[*]

Una biografía va ordenando actos y emociones, descubre el sentido de lo que un ser humano va, simplemente, viviendo. El núcleo de la investigación biográfica no es sólo recoger datos, sino ponerlos en relación, establecer el sentido de la vida estudiada, ya sea por sus objetivos explícitos, o, más frecuentemente, por el resultado de las sucesivas elecciones que implica el vivir. Y todo ello, teniendo en cuenta la complejidad del entramado de una vida examinada a distancia, de un medio que interrelaciona por azar o por determinismo social las diversas lecturas que unos mismos signos pueden producir[**].

Pero qué diferente es situarse en el exacto momento de la elección, en aquellos años sesenta, en los que al mismo tiempo había que seguir atendiendo a la vocación, a las pulsiones vitales, a las necesidades prácticas, a los principios éticos y políticos que lo guían, mientras el escritor siente que lo que lo rodea va hundiéndose.

En 1961, como se apuntó antes, se publica *Mejor es meneallo*, la colección de artículos humorísticos que habían aparecido en *Marcha* entre 1956 y 1961. La relación con *El país de la cola de paja* es obvia: serán los mismos temas, las mismas preocupaciones, con tratamiento diferente. En 1969[***] Roberto Fernández Retamar daba una definición de esas preocupaciones: «Esa multiplicidad de géneros literarios de Benedetti esconde una unidad de preo-

---

[*] «Hasta entonces», *Contra los puentes levadizos*, en *Inventario I*, p. 453.

[**] Sobre estos aspectos teóricos, véase Daniel Madelénat, *La biographie littéraire aujourd'hui*, en *Biografías literarias (1975-1997)*, José Romera Castillo y Francisco Gutiérrez Carbajo (eds.), Madrid, Visor Libros, 1998.

[***] Roberto Fernández Retamar, «La obra novelística de Mario Benedetti», en MB. Valoración Múltiple, ya citada.

cupación extraordinariamente coherente. Yo diría que esa unidad se fundamenta en que Benedetti es un moralista preocupado por la conducta de sus conciudadanos y de su país. [...] Benedetti arrancó como un escritor de preocupaciones éticas, y es en nuestros días un escritor, sobre todo, de preocupaciones políticas».

Si la comparamos con la vorágine futura, su presente vida, a pesar del entorno conflictivo, es muy serena. Y extraordinariamente productiva. Su necesidad de ampliar colaboraciones periodísticas, especialmente ahora que está distanciado de *Marcha,* lo lleva a volver al diario *La Mañana,* primero como cronista de conferencias y más tarde como crítico literario. Para atender a la síntesis de conferencias o declaraciones le fue muy útil su antigua formación en taquigrafía. Consta la anécdota de un encuentro con el presidente de ANCAP (Administración Nacional de Combustibles, Alcohol y Portland), que estaba presentando un nuevo whisky. La cata fue tan abundante que al salir entró en el cine Plaza, cercano a la sede del organismo público, y se quedó dormido. Al despertar, no recordaba nada. Pero en su libreta aparecía la transcripción taquigráfica...

A pesar de que *La Mañana* es un periódico muy conservador, todavía podrá colaborar sin demasiados reparos. Por otro lado, va creciendo su admiración por el proceso cubano. En 1961, Estados Unidos lanza, en una reunión de la OEA (Organización de los Estados Americanos) en suelo uruguayo, un proyecto llamado Alianza para el Progreso que es visto por muchos como un instrumento de control sobre los países latinoamericanos. A esa reunión en la localidad de Punta del Este asiste, como representante cubano, Ernesto *Che* Guevara, quien denuncia esta y otras estrategias de intervención norteamericanas. El calor popular ante su presencia en el país es enorme y hasta el Gobierno conservador, a través del presidente del Consejo Nacional de Gobierno, Eduardo Víctor Haedo, lo acoge con cordialidad y facilita su traslado a Montevideo. Benedetti, como miles de compatriotas, asiste, el 17 de agosto, a la conferencia que el ya líder continental pronuncia en el paraninfo de la universidad. En ese momento, en medio de la multitud, se produce un atentado que culmina con el asesinato de Arbelio

Ramírez, un profesor que asistía al acto. Será uno de los primeros hechos violentos de una serie que irá incrementándose con el paso de los años y la aparición de mayores tensiones públicas. Al producirse la desbandada del público mientras se oyen los tiros, y aun antes de saber las consecuencias, Mario es uno de los que corren y encuentra amparo solidario en un autobús que estaba fuera de servicio. Se había roto la mediocracia aburrida, había irrumpido la violencia, desconocida hasta el momento, en aquel país que el ensayista uruguayo Arturo Despouey había llamado tan certeramente «la utopía en bandeja».

Al año siguiente, como muchos de sus compatriotas, sentirá vergüenza cuando la OEA se reúna en el mismo lujoso balneario uruguayo de Punta del Este para escenificar la expulsión de Cuba de la organización interamericana. Vergüenza, rabia, pero también ganas de seguir adelante. Como había dicho su amado César Vallejo: «Hoy me gusta la vida mucho menos, / pero siempre me gusta vivir...». Esos versos abren *Poemas del hoyporhoy,* y es bueno recordar el cuidado con que Benedetti elige las citas introductorias para sus libros.

EL CAMBIO DE VOZ

El compromiso político local de Benedetti tomó la forma de colaboración con el Partido Socialista en las elecciones nacionales de 1962, incluso aceptando dar su nombre como candidato en los últimos lugares de la lista. Pero el fracaso de la izquierda y la victoria del partido más conservador, el Blanco, provocan en él una necesidad de autocrítica que lleva a cabo en una conferencia pronunciada en la sede del Partido Socialista el 10 de mayo de 1963, y que luego incluirá en una nueva edición de *El país de la cola de paja.* En ella critica la atomización de las fuerzas de izquierda, los mensajes de campaña ajenos totalmente a la realidad del uruguayo medio y a su idiosincrasia, y defiende con ahínco sus planteamientos morales y psicológicos, que tanto habían sido criticados al ser expuestos en ediciones anteriores del libro aludido. Decepcionado ante el juego político de las elecciones, parece insinuar una predilección por «crear las condiciones para una auténtica Revolución». Pero no se pronuncia claramente. De lo que se muestra seguro es de la necesidad, en cualquier caso, de «formar una conciencia política en el pueblo». Ética, imaginación, unidad, son los reclamos de este militante peculiar para poder rescatar a ese país «aparentemente sin estímulo, sin futuro y sin salida».

En el campo literario, su actividad se hace incesante. En 1962 había reaparecido la revista *Número* financiada por el editor español Benito Milla. Éste había fundado en Montevideo la editorial Alfa, crucial tanto para la generación del 45 como para la siguiente, la llamada generación del 60. También escribe un largo trabajo sobre el ensayista más influyente que había tenido el país, José Enrique Rodó, que recién se publicará en 1966. *Genio y figura de José Enrique Rodó* es un manual de uso práctico, con una antología de textos que en su primera edición aparece dedicado a Emir Rodríguez Monegal, extrañamente, «en octubre de 1962». Y cuando lo incorpora a *Literatura uruguaya siglo XX,* no le parece suficiente la atribución de la dedicatoria a una época pretérita, y la hace desaparecer. Es evidente que las relaciones con el crítico, antes amigo, se habían enfriado hasta la congelación en esos años. En esta época, junto a estos nuevos trabajos, se hacen más frecuentes las traducciones de sus poemas y cuentos.

También en 1962, en enero, viaja al Encuentro de Escritores Latinoamericanos en Concepción, Chile, donde conoció a Neruda. Al año siguiente, en un artículo sobre Nicanor Parra[*], rememora: «Cuando escuché en Concepción a Pablo Neruda diciendo sus poemas, al aire libre y con voz de letanía, frente a un hipnotizado millar de devotos, me pareció sentir que, para todo chileno, Neruda es el Poeta». En ese encuentro el escritor oriental participó con una ponencia de gran repercusión posterior: «La literatura uruguaya cambia de voz». En ella hacía un repaso muy crítico de las diversas etapas de la literatu-

[*] «Nicanor Parra descubre y mortifica», *El ejercicio del criterio,* p. 250.

ra uruguaya a lo largo de la primera mitad del siglo xx. De arraigos y evasiones, de hipocresías y demagogias, de sobresaltos y esperanzas habla Benedetti en ese texto, que fue recogido al año siguiente en *Literatura uruguaya siglo xx.* Y llega a un diagnóstico ya recogido en el título, el del cambio: «La actual literatura uruguaya no es todavía dinámica, poderosa, vital; es, quizá, esperanzada, pero también melancólica; tiene convicciones bastante firmes, pero aún no se ha desprendido de sus viejas y prescriptas nostalgias». Ese libro, en sus diversas ediciones que llegan hasta los años ochenta, le servirá para incorporar, junto a clásicos, voces jóvenes uruguayas, como fue siempre su curiosidad y elección, como la de Cristina Peri Rossi, quien lo había impresionado con *Los museos abandonados.*

También está cambiando de voz el propio escritor. 1963 es el año en que publica *Noción de patria,* que ya es el poemario de la solidaridad y de la intransigencia anunciadas en *Poemas del hoyporhoy* («no saben que la paz dependía de un ángel / y ese ángel tiene ahora / un dedo en el gatillo*»). Son textos sobre el *aquí y ahora,* una frase que hizo tal fortuna que el mismo Benedetti posteriormente la criticó por pobre y mezquina, pero que es muy ilustrativa de sus preocupaciones. Desde la conclusión del poema homónimo del libro: «Quizá mi única noción de patria / sea esta urgencia de decir Nosotros», hasta «Pesadilla», divertida alegoría del peligro del uso del inglés, pasando por algunos de los poemas de amor más conocidos, releídos y cantados del autor uruguayo: «Corazón coraza» y «Entre estatuas», que se transformará luego en la famosa canción «No te salves».

En este libro aparece uno de los poemas más extraños que haya escrito y publicado Benedetti, «Obituario con hurras». Se trata de un texto feroz porque, como lo indica el título, alude a la muerte de alguien que le provoca una explosión de alegría. Es el festejo descarnado por la desaparición de alguien que es insultado directamente en el texto, que culmina: «vamos a festejarlo / a no volvernos flojos / a no olvidar que éste /

---

* «El ángel», *Poemas del hoyporhoy,* en *Inventario I,* p. 549.

es un muerto de mierda». El tono es absolutamente inusual en el escritor uruguayo, y aunque más adelante se refiera a los peores asesinos, siempre utilizará términos duros, pero sin esta macabra alegría. No sabemos quién es el aludido, aunque hay varios candidatos. Sin embargo, la posible atribución choca contra la cronología del libro. Éste aparece como publicado en 1963, por lo que un político despreciado por corrupto y culpable de muchas desgracias del país para Benedetti, Benito Nardone, *Chicotazo,* queda fuera de fecha, pues murió en 1964. En 1961 había muerto asesinado Rafael Leónidas Trujillo, sanguinario dictador dominicano, aunque no parece que reúna las características de cercanía implícitas en el poema. Por fin, una figura que parece acercarse más a la indignación del escritor, muerto en abril de 1963, es Carlos González Pecotche, *Raumsol,* aquel personaje que había llenado la adolescencia de Mario, primero como una luz, luego como un traidor a las creencias de tantos. Pero no tenemos pruebas ni testimonios para hacer una atribución certera.

Con este cuarto poemario se llega a la recopilación llamada *Inventario,* que empieza a publicarse este año de 1963, el 5 de diciembre, y que a lo largo de los años irá consiguiendo nuevas ediciones, prácticamente con cada nuevo libro que publique el escritor, y así crecerá en tamaño hasta tener tres gruesos tomos. En esta primera edición, con portada de una foto de Testoni, el fotógrafo más reconocido del país en esa época, la editorial recuerda las características que lo han identificado a lo largo de su vida: «El autor que más produce y el más leído en Uruguay». Los poemarios siempre están dedicados a Luz, su esposa, y la Introducción del autor termina siempre del mismo modo: «Al igual que en las anteriores ediciones, cada volumen se abre con la producción más reciente y concluye con la más antigua, quizá con la secreta esperanza de que el lector, al tener acceso a esta obra por la puerta más nueva y más cercana, se vea luego tentado a ir abriendo otras puertas, "a beneficio de inventario"».

También en 1963 escribe la primera novela de la rebeldía, *Gracias por el fuego,* se la da a leer a Emir Rodríguez Moncgal y, según la muy conocida anécdota, éste le aconsejó: «Quemala». Afortunadamente, su reacción fue presentarla a un concurso en el extranjero, y así resulta finalista del Premio Biblioteca Breve.

El premio, convocado por la editorial española Seix Barral, ya era prestigioso a pesar de haber nacido en 1958. El poeta y editor Carlos Barral era su principal impulsor y se proponía premiar aquella obra «que demostrara una auténtica vocación renovadora» y que se adscribiera «a la problemática literaria y humana estrictamente de nuestro tiempo» como aparecía en la convocatoria. En ese año de 1963 el primer premio fue para *Los albañiles,* del mexicano Vicente Leñero, confirmando un notable interés por lo latinoamericano, ya iniciado el año anterior al premiar *La ciudad y los perros,* del entonces joven Mario Vargas Llosa. En el jurado, además de representantes de la editorial, se encontraban nombres muy significativos del mundo literario de la Barcelona del momento, como Josep Maria Castellet y José María Valverde.

Pero lo que para los españoles era un trance acostumbrado, la censura, para Benedetti fue un choque inesperado. Ese «servicio» dependía por esa época del Ministerio de Información y Turismo y estaba hipócritamente cubierto por el nombre primero de Servicio de Orientación Bibliográfica, y luego de Inspección de Libros. Carlos Barral recuerda en sus memorias[*] los avatares, cómicos pero humillantes, que debían sufrir autores y editores. La publicación de *Gracias por el fuego* fue prohibida, al igual que, posteriormente, la finalista de 1965, *La traición de Rita Hayworth,* de Manuel Puig, y la ganadora de 1967, *Cambio de piel,* de Carlos Fuentes, latinoamericanos los tres y poco proclives a controlarse como lo exigen las dictaduras.

En parte debido a estos hechos, el autor entabla correspondencia con Carlos Barral, que le hace ciertas observaciones

---

[*] Carlos Barral, *Los años sin excusa,* Madrid, Alianza, 1977.

acerca de algunos capítulos dudosos y, especialmente, sobre el final. Quienes han sido primeros lectores de sus manuscritos, como el que será a lo largo de décadas editor, agente y amigo, Guillermo Schavelzon, o su editor de poesía, Chus Visor, aseguran que el escritor acepta con frecuencia las opiniones sobre sus libros a punto de ser publicados. Éste será un buen ejemplo: el novelista transforma el último capítulo de la novela y suprime los tres que habían sido cuestionados por el editor catalán.

Gracias por el fuego se editará en Montevideo en 1965, pero España deberá esperar a 1974 para lograr la publicación, ya en la editorial Laia.

Antes de esa aparición, motivada por el declive y ablandamiento del régimen franquista, el 12 de febrero de 1965 Benedetti le escribe una carta a Carlos Robles Piquer, entonces director general de Información. En ella le agradece el envío de unas publicaciones y, con sutileza de esgrimista, lo pone ante una evidencia: «Para aquilatar la amplitud cultural de ese Ministerio dispongo de dos elementos a cuál más importante. Por un lado, la *Memoria sobre Festivales de España* y otras publicaciones no menos interesantes. Por otro, la prohibición total que la Censura Española [...] acaba de decretar acerca de mi novela *Gracias por el fuego...*». La respuesta de Robles Piquer es una disquisición extensa y minuciosa acerca de los numerosos autores uruguayos cuyas obras circulan en España y de la necesidad de la censura «para la defensa de una serie de valores espirituales y morales que se consideran patrimonio del bien común...». Y aunque le anuncia la promulgación de una Ley General de Prensa e Imprenta por la que la prohibición de una obra sería dictada por los tribunales ordinarios, no duda en dictaminar que la novela en cuestión era «una impugnación demoledora de conceptos tales como el honor, la familia o la Patria...».

Ciertamente, el censor había leído bien, aunque no tuviera derecho a prohibición alguna. El novelista intentaba mostrar la mentira del pretendido honor, sea patriótico o individual; desnudar la corrupción del padre autoritario, la debilidad del hijo que se le enfrenta, la falsedad de las relaciones humanas que componen esa familia; y también impugnar la idea de patria de la clase dominante, denunciar la crisis moral y política de su país. La narración mantiene un paralelismo con el tiempo real del autor, y también con su estado de ánimo. El conflicto no se soluciona: quien es lúcido no es fuerte, quien es fuerte no tiene razón, pero hay valores positivos que se expresan en personajes secundarios, especialmente femeninos, Dolly, Gloria. Si bien *Gracias por el fuego* constituye un avance con respecto a *La tregua* desde un punto de vista ideológico, éste es todavía indeciso, poco estructurado. Pero hay algo claro que señaló en su momento Ángel Rama* y es la superación de una posición común a buena parte de su generación, el «tercerismo». Con esa ruptura Benedetti señala un camino para el intelectual y para su país, aunque todavía no proponga respuestas claras.

Ese año de 1963, asimismo, ve la primera edición de *Literatura uruguaya siglo XX*, libro que se convertirá en obra de referencia y que irá creciendo con sucesivos ensayos sobre autores y temas nacionales; contará con una segunda edición en 1970 y otra en 1988. Con ella también obtendrá el Premio Municipal de Ensayo. Y el Premio de la Cámara del Libro será para *Quién de nosotros,* diez años después de su publicación.

En el teatro, dos espectáculos le atañen directamente: la puesta en escena de *Ida y vuelta* en la Sala Verdi, con gran éxito de público, y la versión teatral de *La tregua,* bajo dirección de César Campodónico, por parte de la compañía El Galpón, elenco que frecuentará su obra en lo sucesivo.

La nueva etapa de la revista *Número,* que se cerrará definitivamente al año siguiente, tiene a Benedetti en el consejo directivo junto con Manuel Claps y Carlos Martínez Moreno. Pero un golpe de suerte le hará descuidar momentáneamente la revista. Gana un concurso de notas periodísticas organizado por la compañía aérea SAS y viaja a los países escandinavos, a Praga y París. Desde esta ciudad envía una divertida carta a Ángel Rama, fechada el 1 de mayo y llena de anécdotas del hotel

---

* Ángel Rama, «La situación del uruguayo medio» en Jorge Ruffinelli, *Variaciones críticas.*

favorito de los uruguayos, especialmente de los escritores con pocos recursos, el Saint Michel, en la Rue Cujas, y en el que, como hemos mencionado, había estado en su primer viaje a Europa. En la carta también hay constancia de sus dificultades económicas, ya que se queja de haberse encontrado sin francos y ansioso de cobrar un giro que le enviaba su interlocutor.

A pesar del éxito inusual de sus libros en el mercado montevideano, su situación económica continuaba siendo ajustada, ya que con sus ingresos y los de Luz debían ayudar a los respectivos padres. Sin embargo, poco tiempo antes habían decidido una compra importante: en el mismo edificio donde vivían los padres de Mario, sobre Dieciocho de Julio, principal avenida de Montevideo, se habían comprado un pequeño apartamento que usaba como estudio, como sustituto de la mesa en el café Sorocabana, donde había nacido *La tregua*.

Este apartamento jugó un papel en la definición de su compromiso político. Tiempo atrás, su médico y amigo el doctor Elena le había presentado a un procurador que estaba ganando prestigio en ciertos círculos —y rencor en otros— por dedicarse a defender y organizar a un sector de trabajadores muy marginado en la sociedad uruguaya, el de los cañeros del departamento de Artigas, limítrofe con Brasil. Su situación de casi esclavitud y sus firmes demandas sorprendieron a la opinión pública. Esa misma situación radicalizó el pensamiento y la actuación de Raúl Sendic, quien era ese hombre de leyes, que luego pasaría a la acción y sería líder de la guerrilla tupamara. Mario sintió de inmediato amistad y admiración por ese dirigente que había elegido un lugar de sacrificio en el panorama social y político uruguayo.

El 31 de julio de 1963 se había producido lo que luego se reconocería como la primera acción de los Tupamaros: el asalto al Club de Tiro Suizo, en Nueva Helvecia, a unos cien quilómetros de Montevideo, donde aquellos noveles guerrilleros consiguieron sus primeras armas. Y cuando en el mes de septiembre Sendic deba pasar a la clandestinidad por primera vez, encontrará refugio provisional en aquel apartamento de Dieciocho de Julio, muy cerca, por otra parte, de la Jefatura de Policía. Le vendrá bien que su protector sea un intelectual no maleado por afanes conspirativos, porque cuando después de unas semanas deba cambiar de escondite, el sano consejo de Mario de salir al mediodía, con toda naturalidad —y con una chaqueta suya, además—, será bien acogido.

En un ambiente más cotidiano ese apartamento también servirá para las reuniones de *Número,* y fue escenario de disputas entre los miembros de la redacción, al extremo de que un día Manuel Claps le tiró un libro a Rodríguez Monegal, y éste salió para esperarlo abajo «para no romperle la casa a Mario».

En 1964 tiene su primer contacto con un país de la esfera socialista. Viaja a Rumanía para participar en el Encuentro Internacional de Escritores de Bucarest, con motivo del 75.º aniversario de la muerte de Mihail Eminescu, poeta nacional rumano. Es el momento de la traducción a ese idioma de su poema «Barco Viejo», pero también al hebreo de su cuento «Familia Iriarte». Asimismo, como consecuencia de ese viaje publicará como compilador *Narradores rumanos,* al año siguiente.

Su alejamiento de *Marcha* le había impedido proseguir especialmente con sus crónicas humorísticas, ya que sus textos de crítica literaria aparecían en otros medios. Pero Damocles sobrevivirá debido a la amistad de su álter ego, Benedetti, con el conocido humorista Julio Suárez, *Peloduro.* De ese modo, la segunda etapa de sus comentarios de la realidad en clave de humor (1964-1965) aparecerá en la revista llamada también *Peloduro.*

Es el momento de la muerte definitiva de la revista *Número,* pero su actividad de crítico sigue en el diario *La Mañana,* donde codirige una sección, «Al pie de las letras» (1964-1966), junto con José Carlos Álvarez Olloniego, a quien siempre recordaría con afecto y respeto.

Su actividad de crítico se amplía en 1965 al teatro en el mismo medio, y al cine en *La Tribuna Popular.* Este periódico estaba dirigido por Carlos Quijano, quien, a pesar de la ruptura de Benedetti con *Marcha,* lo había llamado para sustituir al crítico de teatro, pero como éste no se marchaba volvió a escribir sobre cine. Será un mundo que lo fascine siempre y así lo encontraremos en el futuro formando parte de numerosos jurados en festivales de cine; también escribirá guiones, asesorará a quienes quieran llevar sus obras a la pantalla, y hasta consentirá en actuar en la película del director argentino Eliseo Subiela, *El lado oscuro del corazón*. Sus mitos cinematográficos también aparecerán en sus textos de ficción, algunos, como Margaret Sullavan, centralmente en el cuento «Los viudos de Margaret Sullavan», o como detalle desencadenante, en «Sábado de Gloria».

A pesar de su actividad claramente comprometida con el pensamiento de izquierdas, o tal vez por eso mismo, recibe el ofrecimiento de una Beca Guggenheim a través de un amigo que ya la estaba disfrutando, el artista plástico Frasconi. La rechaza.

CURRÍCULUM

Usted sufre
reclama por comida
y por costumbre
por obligación
llora limpio de culpas
extenuado
hasta que el sueño lo descalifica

usted ama
se transfigura y ama
por una eternidad tan provisoria
que hasta el orgullo se le vuelve tierno
y el corazón profético
se convierte en escombros

usted aprende
y usa lo aprendido
para volverse lentamente sabio
para saber que al fin el mundo es esto
en su mejor momento una nostalgia
en su peor momento un desamparo
y siempre siempre
un lío

entonces
usted muere.

Próximo prójimo
Inventario I, p. 473

Capítulo 10

«miro en la tarde inerme /
y grito una fe oscura...»[*]

La Ciudad Vieja de Montevideo, una zona escasamente rica en monumentos históricos de relieve y restos coloniales, si se la compara con otras ciudades americanas, pero con una arquitectura elegante, reúne en poco espacio las librerías tradicionales del momento, algunas de las sedes periodísticas, incluida *Marcha*, oficinas, bancos. Y por sus calles estrechas se cruzan los escritores y se reúnen en los viejos cafés. Benedetti no es de tertulias ni «barras» de café, pero el mejor lugar para encontrarlo en esa época era la librería Salamanca, cuyo dueño, Quartino, le guardaba las novedades, o la enorme Monteverde, especializada en libros latinoamericanos, o la de Castellanos, en la calle Sarandí. Incluso, muy cerca estaba la imprenta Prometeo, de donde habían salido sus primeros libros. El escritor Omar Prego, que había trabajado en la librería Salamanca y que luego se había incorporado a Linardi, recuerda que en esos espacios llenos de libros se reunían todos los escritores, con sus buenas o malas relaciones, era «tierra de paz». Y allí Mario hablaba sólo de literatura, a lo sumo tomaba un café después de salir de su cercano trabajo de oficina. A esas librerías llegaron en esos años los *Cien sonetos de amor,* de Neruda, *Hijo de hombre,* de Roa Bastos, los primeros títulos de Cortázar, las traducciones argentinas de los norteamericanos, y también las novedades locales: las principales creaciones de Felisberto Hernández, que desconcertaban a muchos, pero que deslumbraron de inmediato a Benedetti, *El astillero* del admirado Onetti, etcétera. Mucho de ese material de lectura era objeto de su trabajo crítico, pero sobre todo le servía para su solaz y crecimiento intelectual. Porque el autor de

---

[*] «El eco», *Próximo prójimo*, en *Inventario I*, p. 476.

La tregua siempre ha sido un escritor lector, necesitado del cotejo y de la admiración por los otros. Pero, además, estos años, los primeros sesenta, son una época de lecturas especiales, de búsqueda de información y ejemplo. No debemos olvidar que su despertar ideológico lo había encontrado casi huérfano de lecturas sociopolíticas, de formación marxista, de conocimientos sobre economía. Y en esto, como en tantas otras cosas, todo dependía de su esfuerzo, de su ahínco autodidacta.

Es un momento en el que empieza a formularse las preocupaciones del escritor comprometido. Aunque más adelante hará exposiciones teóricas acerca de la función del intelectual, en este momento adopta una posición sencilla a la que volverá después de la pasión política: el compromiso es primero del ciudadano: el ser humano, propone, debe sentirse aludido por el devenir sociopolítico, y si el ciudadano es un escritor, la preocupación política puede aflorar en su obra, sin que sea su objetivo principal. En el Uruguay de 1962, mientras Juan Carlos Onetti publica *El infierno tan temido,* enclaustrado drama existencial, Carlos Martínez Moreno dará a conocer poco después *El paredón,* que, como su título anuncia, se abre a los acontecimientos cubanos.

Los dados estaban echados: Estados Unidos había roto relaciones diplomáticas con Cuba, había fracasado la invasión de Playa Girón, y en varios países de América Latina habían aparecido movimientos guerrilleros. Causa o consecuencia de ellos, en Perú, Ecuador, Argentina, Guatemala, República Dominicana, Bolivia, El Salvador y Brasil se sucedían los gobiernos militares. Y la agudización de la guerra fría, los movimientos de independencia africanos, con la Revolución argelina en primer lugar, alimentaban los conflictos locales.

Esa preocupación no ensombrece en absoluto su dedicación a la tarea puramente literaria. En 1963, al dar cuenta de los Premios de Literatura de 1962 en Uruguay, otorgados por el Ministerio de Instrucción Pública, el escritor en su función de crítico, minucioso, agudo, acepta que en los últimos años no ha habido fallos disparatados y que se ha conseguido «un nivel bastante digno en la lista de recompensas a la labor literaria». Y, en medio de un cuidadoso análisis de los libros premiados en las distintas categorías, destaca el mencionado relato de Onetti como «el mejor cuento publicado hasta ahora por el autor», se sorprende de que *Poemas de amor,* de Idea Vilariño, sólo haya conseguido la tercera posición en poesía siendo una «pieza fundamental en la obra de esta escritora», y no objeta en absoluto el Premio de Ensayo a *Narradores de esta América,* de Emir Rodríguez Monegal, señalando que es frente a la narrativa «donde más útil y esclarecedora resulta su entrenada, aguda visión».

En 1965, Mario Benedetti publica *Próximo prójimo,* cuyo poema homónimo lleva una incluible cita de Antonio Machado: «En caso de vida o muerte, se debe / estar siempre con el más prójimo». Ese sentido de fraternidad, de preocupación por el igual, por el ser humano cercano, aparecerá prácticamente a lo largo de toda su obra y en especial es visible en sus poemas. En esta breve colección aparecen varios textos significativos, como «Currículum»: «... saber que al fin el mundo es esto / en su mejor momento una nostalgia / en su peor momento un desamparo / y siempre siempre / un lío». O «Parpadeo»: «... mi huracán suplente ni siquiera / sirve para barrer mis odios secos». «Todos conspiramos» está dedicado con admiración y afecto a Raúl Sendic, en esa época ya en el linde de la legalidad, entrando y saliendo de un sistema que pronto lo tendrá enfrentado: «Estarás como siempre en alguna frontera / jugándote en tu sueño lindo y desvencijado». Las fuerzas contrapuestas de melancolía y duda y de esperanza y fuerza aparecen en todos estos libros de Benedetti como signo de su sensibilidad no maniquea. A pesar de ello, en un comentario casi contemporáneo, Mercedes Rein[*] veía un paso más hacia la certidumbre: «En *Próximo prójimo* la esperanza encuentra el justo equilibrio en los atisbos de duda reflexiva o contención irónica, que no es limitación, sino apertura y afirmación tenaz, más allá de toda duda».

Poco a poco sus elecciones lo alejan de unos y lo acercan a otros. Por eso, en 1965, como hemos visto, colabora en

---

[*] Mercedes Rein, «Balance provisorio», en Jorge Ruffinelli, *Variaciones críticas.*

La Tribuna Popular, publicación dirigida por Carlos Quijano, y en 1966 abandona *La Mañana,* que ya se había convertido en símbolo de la oligarquía dominante y en centro de adiestramiento ideológico, en el que mal se podía sentir cómodo el admirador de Sendic.

CINCO SEMANAS PARA APELAR A LA ESPERANZA

Más de seis años después del triunfo de la Revolución cubana, Mario Benedetti viaja por primera vez a la isla. Fue invitado a formar parte del jurado del Premio Casa de las Américas de Novela. El marco ya estaba diseñado, el bloqueo norteamericano se consolidaba, y la opinión pública latinoamericana, con sus intelectuales mayoritariamente a la cabeza, afirmaba su solidaridad con Cuba.

Casa de las Américas se estaba convirtiendo en un centro de efervescencia cultural latinoamericana y lugar de encuentro, especialmente de escritores. Era también un momento de prestigio para los recientes premios. Y así Mario se encuentra con un panorama difícil, pero fascinante. «Habanera», poema dedicado al poeta cubano Roberto Fernández Retamar, revela, en sus 136 versos cargados de sentido, la experiencia compleja de quien llega con sus ideas, prejuicios y expectativas, que dan un paso atrás o simplemente se desmoronan ante un mundo tan vital, tan lleno de coraje, tan vertiginoso. Empieza también, junto a la relación con tantos que serán sus amigos a lo largo de su vida, una muy especial con la ciudad de La Habana, que el poeta avizora: «sin embargo alimento la rara certidumbre / de que en algún probable futuro sin angustia / esta ciudad y yo quizás nos entendamos». No se trata de un poema del entusiasmo, sino de la esperanza, y por eso la despedida se hará «con el adiós más arduo / y el corazón más nuevo».

El libro que lo contiene, *Contra los puentes levadizos,* ostenta dos citas previas enormemente significativas. Las dos aluden a la complejidad de las percepciones sociales y éticas, que por entonces se iba ahondando. La experiencia vital del escritor le mostraba la agudización del doble discurso público, y lo incitaba a tomar partido. Una cita es del poeta y narrador cubano Pablo Armando Fernández, a quien acababa de conocer: «Pero ¿cómo sería tu amor / sin tus rencores?». Y la otra es del argentino Juan Gelman, quien ya entonces, pregunta tras pregunta, osaba llegar a esas deslumbrantes conclusiones que nos ayudan a vivir: «hurrah! por fin ninguno / es inocente».

En el poema que da nombre al libro, Benedetti se asoma a las diversas clases de soledades, abomina de los cercos y las fronteras, propugna que los puentes se queden bajos, y llega a una definición solidaria: «pero me consta y sé / nunca lo olvido / que mi destino fértil voluntario / es convertirme en ojos boca manos / para otras manos bocas y miradas». Y generaliza esa vocación artística para elevarla a «Arte poética», título de otro breve y expresivo poema en el que el poeta es el destinatario: «que golpee y golpee / hasta que el poeta / sepa / o por lo menos crea / que es a él / a quien llaman». Las cinco semanas daban sustento a una conducta.

Poco antes había publicado un breve texto, «Ideas y actitudes en circulación», en el que vinculaba la palabra del artista a la exigencia del público. «El escritor latinoamericano sabe ahora que si sus ensayos o sus ficciones o sus poemas sirven para que la gente abra los ojos, esos ojos abiertos lo mirarán a él en primer término.» De ahí que expusiera como garantía «la forma más segura de que las ideas que [el escritor] pone en circulación no queden desamparadas frente al malentendido, sea poner al mismo tiempo en circulación sus actitudes».

En 1966 un joven argentino, Guillermo Schavelzon, desde entonces para Mario y para casi todo el mundo, Willie, trabaja en una antología de cuentos para la editorial Jorge Álvarez, de Buenos Aires, que se llamará *Los diez mandamientos*. Le pide un cuento y un breve texto autobiográfico. Con el suyo irían cuentos de Silvina Bullrich, Gabriel García Márquez, Marta Lynch, Manuel Mujica Lainez, Pedro Orgambide, Dalmiro Sáenz, Augusto Roa Bastos, David Viñas y Rodolfo Walsh. Estaría en compañía de amigos, muchos ya prestigiosos escritores. Envió el cuento, pero con él una carta explicando por qué no haría ese texto autobiográfico solicitado. Al final, con su autorización, Schavelzon publica la carta como autobiografía, y fue un éxito.

En ese mismo año publica por fin un libro que aguardaba desde 1962, *Genio y figura de José Enrique Rodó*, que recuerda una cita muy interesante de Juan Ramón Jiménez sobre el ensayista uruguayo: «El hombre tiene tres caras bellas: la del amor, la de la oración y la de la poesía, Rodó quiso unir en una estas tres caras».

Poco después Benedetti decide alejarse del país. Eran todavía tiempos de titubeos y polarizaciones, y su marcha provocó cierto alboroto. Incluso un amigo, el periodista Carlos María Gutiérrez, escribe una carta pública titulada «Carta a un uruguayo que se va». Por fin, en abril viaja a París donde trabajará como traductor y taquígrafo para mantenerse.

PARÍS NO ERA UNA FIESTA

La conexión entre el pequeño Uruguay y el escenario de la guerra fría era literaria. Como hemos dicho, Emir Rodríguez Monegal había aceptado dirigir *Mundo Nuevo*, revista surgida del Congreso por la Libertad de la Cultura. Y es justamente en este año de 1966 cuando el *New York Times* hace pública una denuncia que ya había circulado como sospecha en los ambientes intelectuales latinoamericanos: ese congreso era financiado por la CIA. La noticia cayó estrepitosamente aplastando las esperanzas del conocido crítico de conseguir el apoyo y las colaboraciones de prestigiosos escritores quienes por el efecto «llamada» parecían dispuestos a participar en la revista sin hacerse más preguntas, pero a los que el escándalo periodístico abriría los ojos.

De esta época existen varias cartas llenas de confianza y humor dirigidas a Ángel Rama, que se conservan en el archivo de este último, en Montevideo[*].

---

[*] He podido consultar estas cartas, custodiadas por la hija del escritor, Amparo, gracias a la gentileza del profesor Juan Flo.

El 9 de mayo de 1966, Benedetti escribe tres folios a máquina desde el hotel Paris-Home. Primero despacha algunos detalles prácticos de la participación de ambos, y de algún otro escritor uruguayo, como José Pedro Díaz, en el ambiente cultural cubano («eres casi tan popular como el Che Guevara», bromea), y en especial en la Casa de las Américas. La mayor parte de la carta está dedicada a los avatares de *Mundo Nuevo* provocados por las denuncias que hemos comentado, y en ella queda claro que tanto Mario como Ángel hacía tiempo que tenían asumida una posición clara, aunque no parecen muy acompañados. Como bromea el autor de *Montevideanos* en otra carta contemporánea, ésta dirigida a Manuel Claps: «Los escritores latinoamericanos se dividirán entre los que colaboran con *Mundo Nuevo* y Mario Benedetti». El resto del texto nos proporciona buena información sobre su vida en París. Por una especial combinación de circunstancias su principal sustento se lo da un trabajo en Radio Francia, que es una suplencia de Mario Vargas Llosa, mientras éste volvía a Perú y recorría varios países de América Latina. El uruguayo aprovecha esta tranquilidad económica para viajar, dar conferencias y cursos por Hungría y Checoslovaquia, y también se encuentra con viejos amigos, con Claribel Alegría y su marido Bud, con Germán, hermano de Ángel, etcétera.

En sucesivas cartas seguirá aflorando el tema de *Mundo Nuevo,* que tenía su sede en París, por lo cual Mario se encontraba en inmejorables condiciones para enterarse de los avatares de colaboraciones o retiradas de diferentes escritores, noticias que ofrecía condimentadas con sus comentarios a Rama, entonces al frente de las páginas literarias de *Marcha* y muy involucrado en los vaivenes literario-políticos, sin olvidar su terminante enemistad con el director de la revista en cuestión. El 28 de septiembre acuerdan que se verán en enero en Cuba con motivo de los premios de Casa de las Américas, posiblemente junto a Cortázar y también a Vargas Llosa, con quien mantenía una relación muy estrecha.

Resulta interesante observar los pasos de acercamiento a la Revolución cubana que el autor de *La tregua* va dando, con seguridad, pero con su característica mesura expresiva. Dice en su carta: «Me deja muy contento la posibilidad de visitar nuevamente Cuba, ya que mi estada allí en el último enero me resultó estimulante, esclarecedora, muy positiva en fin». En paralelo, resulta patente su colaboración con Casa de las Américas consiguiendo artículos o impulsando la difusión de sus actividades.

A partir de este momento se harán aún más frecuentes las traducciones de sus textos, especialmente cuentos y poemas, y sin duda las relaciones creadas por hallarse en sitios tan estratégicos colaborarán para una mayor internacionalización de su obra. Sin embargo, su proyecto personal está muy en duda, aspira a ejercer de traductor, y está en conversaciones con Carlos Barral para traducir *El hombre sin atributos,* de Musil, para lo que proyecta un viaje a España, pero su futuro más allá del viaje a Cuba está en una nebulosa. A finales del año concursará y obtendrá un cargo de taquígrafo en la Unesco que le solucionará el resto de su estancia parisina. Mientras tanto, seguirá trabajando duro, hay momentos, según afirma, en que escribe un cuento por semana, seguramente parte del futuro *La muerte y otras sorpresas.*

En la carta del 17 de octubre a Ángel Rama, al mismo tiempo que rastreamos un temprano uso del término «paisito» que luego popularizaría para nombrar a Uruguay, obtenemos dos interesantes datos. Por un lado, unos comentarios políticos motivados por las cercanas elecciones nacionales y por enfrentamientos entre obreros y policías, que lo muestran francamente pesimista, «el panorama de la izquierda es sencillamente desolador. La derecha no tiene mayores problemas (reales) de luchas intestinas o ideológicas, ya que la unidad se da allí en la cuenta corriente». Por otra parte, debido a los planes de Ángel, como responsable de la editorial Arca, de hacer una nueva edición de *El país de la cola de paja,* Benedetti recuerda la cantidad de ejemplares de las primeras cuatro ediciones, que llega a la inusitada cifra de 8.200.

De esa época también se conserva en el Archivo Literario de la Biblioteca Nacional de Uruguay una carta dirigida a Clara Silva, escritora y esposa del conocido crítico Alberto Zum Felde. El 2 de noviembre de 1966 le escribe desde el sexto piso de la Unesco, y comenta, con una alusión jocosa al seguro disgusto de los conservadores uruguayos, que puede ver la bandera uruguaya ubicada al lado de la de la URSS, por razones de orden alfabético. Entre las noticias que le da de sus trabajos, fecha muy recientemente la terminación de su poemario *Contra los puentes levadizos*. Y, aparte de su curiosidad por los trabajos literarios de la escritora, lo que más le interesa es la marcha de la SEU. La Sociedad de Escritores del Uruguay era un empeño suyo y de un grupo grande de escritores, y la ausencia de noticias «le da que sospechar». Buen olfato del escritor viajero, pero pendiente de lo que pasa en su tierra.

París, 17 de mayo de 1966

Querido Willie:

Me alegro de que no hayas encontrado inconveniente en conseguir la autorización de Benito Milla para la inclusión de «Tan amigos» en el volumen decamandamiental.

En cuanto a la media carilla que empiece: «Yo soy Mario Benedetti...», lamento tener que decirte que no la voy a hacer.

Siempre he sido un pésimo promotor de mis relaciones públicas, y esta negativa mía tal vez te lo confirme. Tenés además mi visto bueno para pensar que soy medio tarado, pero la verdad es que no me siento capaz de pergeñar un curriculum coloquial que deba empezar necesariamente con esas cuatro palabras, tan cercanas al estilo de un teleintroito. Si lo hiciera, creo que el segundo paso sería enviarte una foto con mi sonrisa y una leyenda abajo que dijera: «Yo soy Kolynosista». Preséntale mis excusas a Piri Lugones, y, desde luego, si esa media carilla es condición sine qua non para entrar en el volumen, considerate desprendido de todo compromiso y conseguite otro pecador para el falso testimonio. En este último caso, claro, no me mandes el cheque.

Perdón otra vez por este NO. Esperando que comprendas una de las tantas manías de este oriental, y con saludos para Jorge,

recibe un abrazo de

Mario Benedetti

Nota de presentación del autor, incluida con el cuento
«Tan amigos» en *Los diez mandamientos*,
Buenos Aires, Jorge Álvarez, 1966

Capítulo 11

1967 es el año en que comienza el vértigo para Mario Benedetti. En su vida personal, el vuelco de vivir en Cuba; en su obra, la intensificación de sus publicaciones; en sus vivencias políticas, es el año de la muerte del Che y de la irrupción decidida del Movimiento de Liberación Nacional-Tupamaros en la escena pública de Uruguay, de la muerte del presidente constitucional, el general Gestido, y la asunción de su vicepresidente, Jorge Pacheco Areco, claro introductor de la dictadura que asolaría Uruguay pocos años después.

Si la razón primera de su decisión de ir a Cuba fue literaria, muy pronto se sintió viviendo una experiencia extrema; fue la inmersión en una atmósfera que influyó notablemente en su consideración de la postura del intelectual en relación con la sociedad, como veremos más adelante.

El 20 de enero leía en Varadero, en el Encuentro con Rubén Darío, su trabajo «Señor de los tristes», ampliado posteriormente y convertido en prólogo de una antología poética que publicaría siendo ya director del Centro de Investigaciones Literarias en la Casa de las Américas.

También en enero de 1967 forma parte del jurado de los Premios Casa de las Américas en la categoría de cuento, cuyo galardón va para un cubano, Antonio Benítez Rojo, con su libro *Tute de Reyes*.

Éste es asimismo el año del Primer Encuentro de Canción Protesta, en La Habana, iniciado el 29 de junio. Si recordamos el crisol de ideología, comunicación con las masas y poesía que significó la canción protesta en los años sesenta y se-

---

* «Como si fuéramos inmortales», *La vida ese paréntesis,* en *Inventario III,* p. 241.

tenta, entenderemos la importancia que tuvo este encuentro. Allí Benedetti coincidió con un Daniel Viglietti —en ese entonces más músico que cantautor— joven y deslumbrado por la vitalidad de la Revolución cubana, y a partir de entonces la amistad entre ambos se profundizó, convirtiéndose más tarde en estrecha colaboración artística.

El intercambio propiciado por el encuentro tuvo gran repercusión en las nuevas generaciones cubanas. Por esa época despuntaba un movimiento con el que el recién llegado va a tener mucha relación, la *Nueva Trova Cubana*. En un libro sobre la figura y la obra de Daniel Viglietti publicado años más tarde, el escritor uruguayo destaca esa conmoción recordando el testimonio de Pablo Milanés, quien afirmaba que él, junto con sus compañeros de generación, no conocía ese tipo de canción, y que enseguida empezarían a hacerlas, claro que adaptadas a la realidad cubana. Pero estos jóvenes no lo tendrían fácil. En un testimonio especial para este libro, Silvio Rodríguez recuerda que en aquella época decir *Nueva Trova* era en cierto sentido decir polémica, porque sus canciones eran críticas, porque la mezcla de amor y revolución causaba extrañeza, y algunos incluso los llegaron a considerar «como una corriente desafecta del proceso revolucionario». Una de las personas que los comprendió y, de alguna manera, los protegió e impulsó su creación fue la fundadora de la Casa de las Américas, Haydée Santamaría, y allí el grupo encontró su hogar artístico. Y allí conocieron a Mario Benedetti, quien en esa relación cotidiana los trataba «con fraternidad, sin ningún tipo de paternalismo, con simpatía».

Así irá profundizando en su conocimiento de la realidad cubana, especialmente de su cultura, fruto de lo cual aparecerán varias notas, poemas y reflexiones acerca de esos primeros dos años que, con posterioridad, serán reunidos en *Cuaderno Cubano*. Si en abril de 1967 escribía en La Habana «Señas del Che» —«desde un sitio cualquiera / montaña / o selva / o sótano / hay alguien que hace señas / agitando su vida»—, la muerte del líder argentino-cubano lo sorprende en Montevideo, donde escribe «Consternados, rabiosos», una elegía que ha sobresalido entre la inmensa cantidad de poemas escritos en tal ocasión: «eres nuestra conciencia acribillada».

Tras permanecer unos meses en Uruguay, donde se involucró en un proyecto de largo alcance al dirigir en su primera etapa el *Diccionario de la literatura uruguaya* para la editorial Arca, el escritor viajó a México con motivo del II Congreso Latinoamericano de Escritores.

LA REALIDAD ENTRA POR LA VENTANA

Ése es el descubrimiento de Mario Benedetti cuando está llegando a la madurez: el escritor latinoamericano «no puede cerrar las puertas a la realidad, y si ingenuamente procura cerrarlas, de poco le valdrá, ya que la realidad entrará por la ventana»[*].

Enseguida cambiaría su vida. En noviembre acepta una invitación para trabajar en Casa de las Américas y ésta será la primera estancia larga de Benedetti en Cuba, hasta marzo de 1969. Fue nombrado miembro de la dirección de la institución cultural cubana, y funda y dirige el Centro de Investigaciones Literarias (CIL), desde el 5 de diciembre de 1967. Este centro, encuadrado en Casa de las Américas, tuvo una gran responsabilidad en la política cultural de la Revolución cubana: se encargaba de promover la literatura latinoamericana mediante la organización de seminarios, cursos de posgrado, encuentros, colecciones editoriales, antologías, recopilaciones de textos críticos, el archivo de la palabra, etcétera.

Si bien la actividad era nueva para Benedetti, no lo era en absoluto su interés y profundo conocimiento acerca de obras y autores latinoamericanos, como lo demuestra la publicación ese mismo año de *Letras del continente mestizo*. Esa recopilación de notas y ensayos, fechados desde 1955, daba cuenta de un cuidadoso tratamiento crítico tanto de clásicos —Darío, Neruda o Vallejo— como de escritores casi de su generación, Carlos Fuentes,

---

[*] «Situación del escritor en América Latina», *Letras del continente mestizo*, Montevideo, Arca, 1974.

Julio Cortázar, José Donoso, Claribel Alegría, Ernesto Cardenal, etcétera. Son textos eminentemente literarios, junto a los que encontramos ensayos de índole más general sobre los intelectuales, su papel, su relación con la sociedad en la que viven, y otros temas.

El título del libro es sin duda un homenaje al chileno Ricardo Latchman, que había acuñado la denominación «continente mestizo» en relación con América Latina, y a quien había conocido personalmente en casa de Claribel Alegría, en Montevideo. Pero Benedetti aclara que, además, se debe a su propia «convicción de que el mestizaje cultural de nuestra América contribuye sin duda a la riqueza de sus temas, de sus enfoques, de sus estilos». El ensayo «Situación del escritor en América Latina» es un buen ejemplo de una temprana toma de posición que señala una línea de conducta coherente a lo largo de décadas de cambios, a veces brutales, en las coordenadas socio-político-culturales de América Latina. Hace casi cuarenta años Benedetti consideraba al escritor como «alguien que enfrenta una doble responsabilidad: la de su arte y la de su contorno». Defiende el talento, pero «el hecho de que reconozcamos que una obra es genial no exime de ningún modo a su autor de su responsabilidad como miembro de una comunidad, como integrante de una época». Y expresa la razón de esa responsabilidad de un modo muy hermoso: «La conciencia del ser humano está contaminada por la conciencia del prójimo». En una edición posterior, de 1970[*], incluye cuatro ensayos escritos en los años siguientes, entre ellos «El *boom* entre dos libertades». En él examina la situación de los escritores latinoamericanos en este momento de pleno *boom* narrativo, progresa en su concepción de la íntima relación del escritor y el ciudadano, mientras detalla las circunstancias que rodean a los grandes del *boom* y a los grandes que han quedado afuera. Y concluye: «A esta altura puede sacarse en limpio que entre los posibles ingredientes del *boom* figuran el talento y la calidad rentable, como elementos obligatorios, pero en algunos casos (por suerte no demasiado frecuentes)

---

[*] Ibídem.

también figura la tendencia a eludir el pronunciamiento de carácter político; la autoneutralización (tan ansiosamente buscada por la penetración imperialista); la exaltación del artista como individuo fuera de serie y por tanto voluntariamente marginado de toda riesgosa transformación política y social; la progresiva frivolización del quehacer artístico, destinada a convertirlo en elemento decorativo y a apartarlo de todo cateo en profundidad». En ningún caso lo menciona, pero, como señala Rosa Maria Grillo[*], aunque cronológicamente sean contemporáneos, la obra de Mario Benedetti queda al margen del *boom*, y las causas tienen mucho que ver con el razonamiento antes expuesto.

Su propia obra sigue diversificándose. Le proponen una antología que surja de su propio gusto y así nace *Antología Natural*. Sale su último poemario, un pequeño libro con diez poemas, *A ras de sueño,* hermoso título que en el futuro será víctima de errata con demasiada frecuencia, los dos libros en Alfa. El extenso poema homónimo da las pistas de esa irrupción del mundo en el espíritu de los artistas, quienes van «aprendiendo a aprender». Es cierto que se acumulan las interrogantes, pero al final asoma una esperanza por la que parece que vale la pena intentar arriesgarse: «¿Es tan distinto, / tan necio, tan ridículo, tan torpe, / tener un espacioso sueño propio / donde el hombre se muera pero actúe / como inmortal?».

Muy diferente es «Datos para el viudo», el relato publicado como librito en la editorial Galerna, creada poco antes en Buenos Aires por Guillermo Schavelzon, el escritor uruguayo José Pedro Díaz y los hermanos Ángel y Germán Rama, todos amigos entre ellos y con el autor. Se trata de un cuento que busca la creación de un clima, la tensión narrativa lleva al suspense, al misterio de las relaciones humanas. De alguna manera, prefigura una línea de sus narraciones que tendrá mucho éxito entre sus lectores y críticos y que se concretará al año siguiente con la publicación de *La muerte y otras sorpresas*.

---

[*] Rosa Maria Grillo, *Altre Parole. Dai margini dell'America Latina,* Cooperativa Editrice Sintesi, Salerno, 1980.

Su inserción en la vida cotidiana cubana es inmediata. A eso contribuye su natural sencillez, que lo lleva a compartir las dificultades de una Cuba ya sometida al bloqueo norteamericano. El escritor Senel Paz, entonces un joven estudiante, lo recuerda en los comedores universitarios cercanos a Casa de las Américas, en El Vedado. Vive en Alamar, una zona un poco alejada, donde las cooperativas de trabajadores que habían construido las viviendas habían hecho algunas de más para los exiliados latinoamericanos que llegaban a la isla. Eso implicaba largos desplazamientos y poca vida social. Se dedicó, entonces, de un modo febril al trabajo. Creó la colección La Honda, dedicada a la obra literaria de reciente creación, donde aparecerá un título de Felisberto Hernández, y enseguida, la serie Valoración Múltiple, textos críticos sobre autores, movimientos o tendencias. Escribió prólogos para libros de autores cubanos, como *La Odilea,* de Francisco Chofre, o latinoamericanos, como fue, al año siguiente, *Cien años de soledad,* de Gabriel García Márquez, o *El astillero,* de Juan Carlos Onetti.

La otra línea de actuaciones del CIL fue la organización de los premios literarios que llevan el nombre de la institución cubana. En esos primeros años, especialmente, los premios reunían, tanto por los jurados invitados como por los sucesivos galardonados, a lo más granado de la literatura continental, y así los meses de enero podían reunir en La Habana a latinoamericanos como Cortázar, Vargas Llosa, Ernesto Cardenal, Thiago de Mello, Roque Dalton, Jorge Edwards, José Revueltas, Antonio Cisneros, y también a españoles como José Agustín Goytisolo, Jorge Semprún, Max Aub, Félix Grande, o norteamericanas como Margaret Randall y Jean Franco. Su entusiasmo es enorme por el tipo de trabajo y por la repercusión que tienen sus iniciativas, como el primer curso que organizó, «Panorama de la actual literatura latinoamericana», con participantes como José María Arguedas, Jorge Edwards, Enrique Lihn, Josep Maria Castellet, Claude Couffon, Francisco Urondo y Rodolfo Walsh, y un público de trescientas personas. En carta a Ángel Rama del 26 de enero de 1968, dice: «Te confieso que me siento un poco extraño en esto de trabajar todo el día en algo que me gusta, y rodeado de gente civilizada y amiga y también un poco loca (lo cual es muy estimulante). Tengo mis serios temores de que todo esto sea un sueño alegre...».

Fue miembro del Comité de Colaboraciones de la revista *Casa de las Américas* desde el número 46, en ese mismo año, hasta el 64, en 1971. Y mantuvo su participación en la vida cultural, habanera especialmente, pero sin descuidar salidas a provincias como jurado de otros premios, como por ejemplo los de la UNEAC (Unión de Escritores y Artistas de Cuba), dando charlas y conferencias en las universidades, y otros sitios.

En enero de 1968 se realizó el Congreso Cultural de La Habana, en el que tuvo una notable participación. Su ponencia, «Sobre las relaciones entre el hombre de acción y el intelectual», que fue publicada de inmediato en la revista *Revolución y Cultura*, es la defensa de un diálogo respetuoso, de una complementación del hombre de acción y el intelectual. A partir de la superación de la desconfianza entre ambos, especialmente del primero sobre el segundo, Benedetti reivindica un papel importante del intelectual dentro de la Revolución: «el de ser algo así como su conciencia vigilante, su imaginativo intérprete, su crítico proveedor». En fechas tan cercanas a la muerte del Che, el escritor uruguayo acerca su ejemplo al debate: «Creo que la búsqueda de la verdad fue en el Che una pasión tan avasallante como la conquista de la justicia».

Apenas unos días después, en una entrevista en la revista *Cuba*, Benedetti aclaraba aún más lo que para él es una falsa disyuntiva: «Si el deber de todo revolucionario es hacer la revolución, el deber de todo escritor, en cuanto tal, es hacer literatura». De ese modo coincidirá con otro poeta de sólidas convicciones revolucionarias pero de gran nivel estético, el salvadoreño Roque Dalton. En una entrevista que le hará el escritor uruguayo al año siguiente, Dalton asegura que «la literatura, entre otras funciones, cumple la de ampliar los horizontes del hombre. En la medida en que el pueblo puede captar los significados, últimos o intermedios, de una gran literatura de ficción, estará más cerca de nuestra lucha, y más todavía si es capaz de analizar la enajenación que el enemigo le impone. Por eso no vemos razones para plantear la obligación de que el escritor militante se reduzca genérica o temáticamente a una línea muy estrecha». Si bien, como veremos más adelante, en medio del fragor de la lucha política esta línea argumental vacila y hasta parece retroceder, muy pronto volverá a ser la norma de conducta del uruguayo a lo largo de su vida.

Los críticos de sus posiciones políticas lo han acusado de incondicional y hasta obsecuente con la Revolución cubana. Otros lo han tildado de «funcionario» y los más insolentes, de «comisario». Son palabras insultantes que resultan extemporáneas al contrastarlas con las posiciones que aparecen documentalmente probadas. Y la principal es el uso de la crítica desde dentro, no sólo en privado, sino en declaraciones públicas, en textos que provocaron debate. Pero muy pocos de sus críticos han reconocido —tal vez no se hayan ocupado de enterarse— que Benedetti publicó en *Marcha* sendos artículos exponiendo sus críticas ante las invasiones soviéticas de Hungría y Checoslovaquia. Asimismo se pronunció contra la invasión de ese ejército en Afganistán desde las páginas de *El País* de Madrid. En el ensayo antes mencionado sobre intelectuales y hombres de acción, dice: «La indocilidad del intelectual cabe perfectamente dentro de la revolución; más aún, la enriquece, la hace más viva, más sensible, más creadora». Silvio Rodríguez recuerda los encuentros de jóvenes creadores con Benedetti y sus conversaciones acerca de que el compromiso no tenía que significar siempre aplauso, que una forma de defender, de cuidar la Revolución, también podía ser la crítica.

URUGUAY, TAN CERCA Y TAN LEJOS

En esa época Mario Benedetti trabajaba entre latinoamericanos casi todo el tiempo; los cubanos que colaboraban más estrechamente con él se llamaban Trini Pérez y Pedro Simón; jugaba al ping-pong con éxito y así recordaba las lejanas partidas con su hermano Raúl. También se asomaba a situaciones completamente ajenas a su pasado, por ejemplo al participar en tareas en el campo. Así aparece en el poema «El surco», fechado en 1968, arrancando hierbas y sintiendo que ese trabajo es «embrutecedor, aleccionante, saludable», como le escribe a Manuel Claps en uno de los textos de una serie de cartas, notas y tarjetas custodiadas en la Sección de Archivo y Documentación del Instituto de Letras (SADIL) Facultad de Humanidades y Ciencias de la Educación, Universidad de la República*. Resultan especialmente interesantes las escritas desde Cuba porque sintetizan perfectamente sus preocupaciones. Pasa constantemente de temas uruguayos —la marcha de los trabajos del *Diccionario de la literatura uruguaya*, su opinión contra la exclusión de los comunistas en alternativas políticas de izquierda— a temas cubanos —la organización interna del CIL, la avidez de los habaneros por los Diarios del Che recién publicados, de los que se habían agotado 250.000 ejemplares—, o alude a puntos de contacto entre ambas realidades, como esa publicación de Felisberto Hernández en la colección La Honda, o de un poema de Idea Vilariño en *Bohemia*.

Sus nuevas responsabilidades no podían hacerle ignorar los momentos difíciles en los que se internaba su país. De las elecciones de 1966 había surgido la figura presidencial de un general del ejército retirado con fama de honradez, Óscar Gestido, quien, cuando apenas había empezado su gestión en medio de grandes dificultades por la crisis económica y las protestas consiguientes, falleció inesperadamente, dejando el cargo a su vicepresidente, Jorge Pacheco Areco, un oscuro político casi desconocido. La situación de conflictividad entre Gobierno, sindicatos y, especialmente, estudiantes, fue empeorada por la gestión autoritaria del nuevo presidente. Ilegalizó formaciones políticas de izquierda, cerró periódicos opositores, reprimió duramente la rebelión estudiantil y dio cauce a una progresiva militarización de la sociedad. Con un trágico simbolismo captado

---

* Como todos los documentos de este Departamento que hemos consultado, ello ha sido posible gracias a la intervención de su director, Pablo Rocca, y en este caso, también de Silvia Campodónico de Claps.

por todos, el primer estudiante asesinado en las calles por las fuerzas policiales, en 1968, se llamaba Líber Arce y su nombre se convirtió rápidamente en grito callejero: Liberarse. El Uruguay tradicional se desmoronaba: por un lado, la violencia de la gestión económica injusta para amplios sectores de la población desencadenaba protestas y mayor represión, por otro, la guerrilla tupamara intensificaba su accionar mediante asaltos, secuestros y enfrentamientos con las fuerzas de seguridad, y al mismo tiempo nacían organizaciones de ultraderecha y grupos paramilitares. La polarización de la sociedad y la involución autoritaria del poder iban en paralelo mientras huelgas, protestas, atentados, arrestos masivos, torturas, eran sus manifestaciones caóticas que, sin embargo, estaban amparadas por una cáscara de legalidad continuamente violada.

El final de la década de 1960 en Uruguay asiste a un proceso aparentemente contradictorio. La oposición a ese Gobierno autoritario apenas está en un Parlamento que ofrece algunas voces alarmadas y firmes, pero que como cuerpo frecuentemente hace dejación de sus responsabilidades por debilidad, miedo o complicidad. La oposición está en la universidad, en los sindicatos, en parte de los movimientos cristianos de base. Y sin embargo, o tal vez precisamente por esta percepción, se inicia un proceso de diálogo y convergencia entre las fuerzas políticas de izquierda, en su acepción más amplia, que culminará en 1971 con la formación del Frente Amplio, y en el que algo tuvieron que ver artistas e intelectuales, entre ellos, Mario Benedetti.

ARTIGAS

Se las arregló para ser contemporáneo de quienes nacieron
medio siglo después de su muerte
creó una justicia natural para negros zambos indios y criollos
pobres
tuvo pupila suficiente como para meterse en camisa de once
varas
y cojones como para no echarle la culpa a los otros

así y todo pudo articularnos un destino
inventó el éxodo esa última y seca prerrogativa del albedrío

tres años antes de que naciera marx
y ciento cincuenta antes de que roñosos diputados la
    convirtieran en otro expediente demorado
borroneó una reforma agraria que aún no ha conseguido el
homenaje catastral

lo abandonaron lo jodieron lo etiquetaron
pero no fue por eso que se quedó para siempre en tierra
extraña
por algo nadie quiere hurgar en su silencio de viejo firme

no fue tosco como lavalleja ni despótico como oribe ni astuto
como rivera
fue sencillamente un tipo que caminó delante de su gente
fue un profeta certero que no hizo públicas sus profecías pero
se amargó profundamente con ellas

acaso imaginó a los futurísimos choznos de quienes
inauguraban el paisito
esos gratuitos herederos que ni siquiera iban a tener la disculpa
del coraje
y claro presintió el advenimiento de estos ministros alegóricos
estos conductores sin conducta estos proxenetas del recelo
estos tapones de la historia

y si decidió quedarse en curuguaty
no fue por terco o por necio o resentido
sino como una forma penitente e insomne de instalarse en su
bien ganado desconsuelo.

Quemar las naves
Inventario I, p. 414

Capítulo 12

«... el destino se labra con las uñas...»[*]

Ustedes tienen algo que hay que cuidar, que es, precisamente, la posibilidad de expresar sus ideas; la posibilidad de avanzar por cauces democráticos hasta donde se pueda ir; la posibilidad, en fin, de ir creando esas condiciones que todos esperamos algún día se logren en América, para que podamos ser todos hermanos, para que no haya la explotación del hombre sin fin, ni siga la explotación del hombre por el hombre ya que no en todos los casos sucederá lo mismo, sin derramar sangre, sin que se produzca nada de lo que se produjo en Cuba, que es que cuando se empieza el primer disparo, nunca se sabe cuándo será el último.

Ernesto *Che* Guevara había hablado en Montevideo, en el paraninfo de la universidad, el 17 de agosto de 1961. Aquel médico argentino que había descubierto la injusticia atravesando toda América en motocicleta, que había llegado a ver la necesidad de la revolución para Guatemala y luego para Cuba, aquel representante de la Revolución cubana, se dirigió a la juventud uruguaya y les dijo que allí, en ese país, todavía se podían hacer reformas. De esa manera se pronunciaba claramente contra la lucha armada en Uruguay.

Curiosamente, aquellos que lo reconocerán como su héroe, que estarán dispuestos a ir a luchar con él donde fuera, no le hacen caso. Aún hoy, los que fueron protagonistas de la guerrilla en Uruguay pasan de puntillas por sobre ese hecho. Al ser preguntados, la mayoría responde que la guerrilla uruguaya tiene un nacimiento anterior a esto, con raíces hundidas en las situaciones de injusticia de, por ejemplo, Bolivia, Guatemala,

---

[*] *La casa y el ladrillo*, en *Inventario I*, p. 170.

las zonas deprimidas del mismo Uruguay, más que en la triunfante Revolución cubana.

Los dos caminos serán ensayados en Uruguay durante los siguientes años. Mientras el Partido Comunista y el conjunto de partidos de izquierda optan por la vía electoral y el trabajo de masas, auspiciado por la creación en 1964 de una central de trabajadores unificada (la Convención Nacional de Trabajadores, CNT), el Movimiento de Liberación Nacional-Tupamaros y otros pequeños grupos guerrilleros eligen combatir al Estado y tratar de cambiar el sistema mediante las armas. Las primeras acciones de corte «Robin Hood» y de descubrimiento de maniobras de corrupción entre allegados al Gobierno hicieron que el movimiento guerrillero ganara gran simpatía entre la gente y que el número de sus integrantes creciera de un modo vertiginoso.

Cuando Benedetti vuelve a Uruguay desde Cuba, en 1969, se encuentra un país sometido a la dialéctica de la violencia, a la depresión de la crisis económica y el ajuste inmisericorde. La vida cultural se había politizado progresivamente, y escritores y artistas se manifestaban de forma constante sobre todos los temas públicos, muchos de ellos adoptando una militancia activa. Curiosamente, es en ese momento que el autor de *Montevideanos* publica en La Habana y en su ciudad una antología según su propia selección: *Poemas de amor hispanoamericanos*. Desde sor Juana Inés de la Cruz hasta la generación que le sigue a él y que ya está en plena producción, como Roque Dalton o Nancy Morejón, el autor ha intentado «respetar la capacidad selectiva del oído popular... y proponer una serie de poemas actuales que mediante un nuevo lenguaje, mediante nuevos modos de asumir no sólo el amor, sino también *una realidad que incluye el amor*, parecen especialmente aptos para continuar una línea poética que siempre ha tenido amplia resonancia en nuestra América», según explica en el prólogo. Muchos años más tarde, en 1995, el escritor, dentro del mismo tema, se vuelve hacia su propia obra y hace una selección titulada *El amor, las mujeres y la vida,* a la que le puso un epígrafe de Schopenhauer: «El amor es la compensación de la muerte; su correlativo esencial». Allí están los poemas favoritos de varias generaciones, desde «Asunción de ti» o «Corazón coraza» a «Despabílate amor» o «Si dios fuera mujer», aquellos donde el poeta ha volcado su concepción de la vida, puesto que, como señala, discretamente, el amor es «un apogeo en las relaciones humanas». La potencialidad del amor aparece claramente en la obra de Benedetti, especialmente en su poesía: como veremos más adelante, se levanta lleno de fe, germinante, encarnado en los más diversos sujetos, como una proclama de vida, que va de la erótica del amante hasta la esperanza del revolucionario o la gratitud del amigo.

UNA ELECCIÓN DIFÍCIL

Un viaje realizado en ese mismo año contribuyó a ahondar su participación política, no sólo como conducta de un hombre preocupado por su país, sino de un modo más universal, como un hombre vuelto hacia el ser humano. En el mes de julio viajó a Argel, al Primer Festival Cultural Panafricano, y allí entró en contacto con los países árabes y con los subsaharianos, con los huidos del *apartheid* y con los entusiastas del concepto de la *negritud,* recién acuñado. La flamante Revolución argelina, los procesos de liberación en Mozambique y Angola, la lucha en Sudáfrica, pero también el encuentro con amigos en el filo de la lucha, como el argentino Paco Urondo, son elementos que provocan su entusiasmo, su inquietud, sus deseos de hacer. De esa experiencia sale una publicación que, dentro de la colección Cuadernos de *Marcha,* se llamará *África 69.* Treinta y cuatro años más tarde, sobreviviente a censuras, crisis y olvidos, me encontré un ejemplar amarillento en un mercadillo desprejuiciado de Montevideo. Se trata de un conjunto de textos de intelectuales y políticos asistentes al festival, algunas de las entrevistas realizadas por el mismo Benedetti (al poeta haitiano René Depestre, o a un miembro del Frente de Liberación de Mozambique), algunos documentos claves del encuentro y una rica introducción suya en la que analiza realidades tan diferentes, pero tan coincidentes, y en la que saluda el proceso que él veía entonces como de afianzamiento de la verdadera independencia de África. Un optimismo histórico que luego reconocería como excesivo y distante de la realidad, y que seguramente estuvo influido por haber salido ese mes de julio de Montevideo, «que es ciudad ocupada y en consecuencia incluye la irritada tensión que siempre subyace en todo ámbito de signo neofascista», como señala en su Introducción.

Sus publicaciones de este año son muy distintas: a *Poemas de amor hispanoamericanos* hay que agregar *Cuaderno Cubano,* ya mencionado debido a su carácter misceláneo que abarca su experiencia cubana durante un año y medio, y en el que, siempre apegado a una solidaridad llena de admiración, también intenta dar una visión abarcadora de esa realidad extraordinaria. Así, en un artículo titulado «Situación actual de la cultura cubana», fechado en diciembre de 1968, y que publicó en *Marcha,* inicia su resumen así: «... diez años no transcurren en vano, y en este lapso, con altibajos, con errores, con aciertos, con reajustes, incluso con la inevitable etapa de sectarismo (dejada felizmente atrás, allá por 1963), la cultura cubana ha generado sus obras y creado sus instrumentos...».

También publicó *Quemar las naves,* poemario que anticipa, ya desde el título, la cercanía de la hora de las decisiones. Escrito entre Cuba y Uruguay, varios de los poemas aluden a la realidad de la isla —«El surco», «La señora de Lot»—, otro es uno de los poemas capitales para entender al Mario niño, esa abolición del paraíso infantil que es «La infancia es otra cosa». Pero la mayoría alude a reflexiones sobre el momento que vive el país y cuál debe ser su respuesta. «Grietas» anuncia que todavía se está a tiempo, pero ya hay que decidir: «señoras y señores / a elegir / a elegir de qué lado / ponen el pie». Y la decisión, cuando por fin llegue, será «quemar las naves», no habrá retroceso porque «será abolida para siempre / la libertad de preferir lo injusto / y en ese solo aspecto / seremos más sectarios que dios padre».

La progresiva concentración de sentimientos y fuerzas a punto de desatarse que denotan los poemas de 1969 responde al empeoramiento de la situación del país. El Gobierno de Pacheco Areco había impuesto las Medidas Prontas de Seguridad, un estado de excepción que estuvo vigente en todo su mandato, salvo durante tres meses, y se tradujo en cierres de medios de comunicación, censura en los permitidos, torturas comprobadas sobre los presos, ataques a los otros dos poderes del Estado. Por otra parte, en octubre de ese año, en el aniversario de la muerte del Che, se produjo un cambio cualitativo en el accionar de la guerrilla; el intento de copamiento de una ciudad, Pando, se puede considerar un acto de guerra a pesar de que la forma tuvo, al principio, las mismas características lúdicas —la entrada en la ciudad en un cortejo fúnebre— que habían caracterizado a la acción propagandística de las etapas anteriores. La acción guerrillera fracasó en el último momento, y murieron varios jóvenes integrantes del comando y un civil.

El 31 de octubre de 1969 Benedetti escribía en *Marcha* un artículo titulado «Jóvenes en todas partes». Mencionando la censura vigente, se centra en las actitudes de los jóvenes en todo el mundo, «también aquí», que expresan su rechazo al orden establecido. Y asume que los jóvenes están «hartos del mundo que recibieron en legado», y «aquí y en otras partes, la hipocresía ha tocado fondo». Y en sucesivos artículos en *Marcha,* dentro del mismo año, el escritor y el ciudadano constata que las Medidas Prontas de Seguridad, con todas sus consecuencias dramáticas, se usan para impedir conocer la verdad. Ya no se queda simplemente en la denuncia, propugna el paso a la acción, en principio, para decir aquella verdad: «Siempre habrá muros, esquinas, patios, afiches, plataformas, parroquias, veredas, sótanos, azoteas, donde escribir o decir lo que haga falta». Sin embargo, Benedetti tendrá que vivir peores momentos en un futuro no muy lejano, pero difícil de prever, para darse cuenta de lo inocentes que resultan estas proclamas; tendrá que asistir a situaciones trágicas, en las que las frases en los muros de Montevideo queden interrumpidas por los balazos y la muerte. El tono de esos artículos[*] es amargo, de arriesgada denuncia, de duda sobre viejas creencias, como cuando dice el 28 de noviembre de 1969: «Salvo rarísimas excepciones

---

[*] Los artículos «Jóvenes en todas partes», «El terrorismo de la verdad», «Pacheco Areco, un hombre providencial» y «El diálogo en el tiempo del desprecio» fueron incorporados a la octava edición de *El país de la cola de paja,* Montevideo, Arca, 1970.

(sin descartar que acaso nos parezcan excepciones porque las vemos de lejos y no conocemos la trastienda), la democracia representativa ha demostrado, a lo largo y a lo ancho de este pobre orbe, su atrofia o su invalidez». Solamente un acto de inaudito y ridículo autoritarismo por parte del Gobierno, la prohibición de siete palabras supuestamente «subversivas», como por ejemplo *célula, comando, rebeldes,* provoca el humor, fugaz, del escritor.

El año 1970 es la época de la radicalización política de Benedetti. Por un lado, Cuba afronta situaciones muy difíciles, interna y externamente, y él asume la posición oficial del Gobierno cubano, incluso en el «caso Padilla», a pesar de la cuidada matización que había hecho sobre este poeta al final de su artículo «Situación actual de la cultura cubana», dos años antes. Si en aquel momento el escritor uruguayo no se dejaba llevar por la manipulación exterior, ni por la ortodoxia interna, y recordaba una frase del Che[*]: «No debemos crear asalariados dóciles al pensamiento oficial», el proceso de agudización del conflicto ideológico lo lleva ahora a mostrarse menos comprensivo. Esto tiene como consecuencia el enfrentamiento con otros intelectuales latinoamericanos, algunos amigos, como Cortázar, con quien discutió sin distanciarse. De otros, como Mario Vargas Llosa, tan cercano diez años antes, sí se alejó, aunque en los momentos de debate ambos mantuvieron un respeto cordial, como veremos más adelante. Por otra parte, la polarización en Uruguay se acentúa, incluso dentro de la izquierda, cuando, a nivel popular, los dos caminos, el electoral y el guerrillero, definían día a día su perspectiva. Alrededor del Movimiento de Liberación Nacional-Tupamaros se reunió un gran número de intelectuales, muchos de los cuales pagaron esa definición con cárcel o exilio. También en ese aspecto el país iba adquiriendo características «latinoamericanas», en contra de la tradición nacional hasta el momento.

Jean Franco[**] ha destacado que «los movimientos guerrilleros atraían a sus filas a los intelectuales y a la clase media».

---

[*] En una célebre carta a Carlos Quijano, «El socialismo y el hombre en Cuba».
[**] Jean Franco, *Decadencia y caída de la ciudad letrada,* Barcelona, Debate, 2003.

Y cita a Jorge Castañeda en *La utopía desarmada,* quien ha calculado que el sesenta y cuatro por ciento de quienes murieron a consecuencia de la represión antiinsurgente fueron trabajadores intelectuales y estudiantes.

Dentro de este tema, *Poesía Trunca* es un homenaje ideado por Mario Benedetti para esos escritores latinoamericanos que entregaron lo más preciado, la vida, por el ideal de conseguir sociedades más justas en su entorno continental. Se trata de una antología de poetas militantes revolucionarios que murieron en diversas circunstancias: luchando, en la cárcel, asesinados. El mensaje de esta antología, según Benedetti escribe en el prólogo, «simplemente quiere significar que salvo deshonrosas excepciones, los poetas (y escritores y artistas en general) de América Latina participaron y participan [lo escribe en 1977] del destino de sus pueblos». El escritor uruguayo explicaba desde años antes las cifras a las que llega Castañeda. La persecución de la cultura en la mayoría de los países latinoamericanos tiene dos significados simultáneos: «El primero, que los artistas han asumido la causa de sus pueblos y, en consecuencia, comparten su suerte. Y segundo, que nuestra cultura y nuestros escritores se han lanzado —como quería Henríquez Ureña— a la búsqueda de nuestra expresión, y esto, hoy día, significa algo muy cercano a la asunción colectiva de una conciencia revolucionaria». Poetas conocidos, Roque Dalton, Francisco Urondo, Víctor Jara; revolucionarios que escribieron, Ernesto *Che* Guevara, Rigoberto López Pérez; poetas de gran nivel poco leídos hasta el momento de su muerte, Javier Heraud, Leonel Rugama; poetas inéditos, Ibero Gutiérrez, y así hasta veintiocho en una nómina incompleta vista desde décadas después, demuestran que esa obra no se circunscribió a la política, sino que ofrece la complejidad y riqueza de esos artistas que no fueron solamente revolucionarios, a pesar de que, por serlo, perdieran la vida.

La segunda estancia de Mario Benedetti en Cuba va de febrero de 1970 a marzo de 1971, momento en que regresaría para involucrarse a fondo en el destino de su patria. Es un momento muy fértil para el escritor que sigue su tarea al frente del Centro de Investigaciones Literarias de Casa de las Américas, donde crea una colección editorial cuyo enfoque revela sus preocupaciones: Pensamiento de Nuestra América. Al mismo tiempo ve como sus libros se traducen con facilidad, y empieza a escribir canciones, seguramente por su necesidad de mantener el contacto con su entorno. Cuando muchos años después las reúna en un libro, *Canciones del más acá* (1989), explicará el título «como un mero tributo a la realidad, tan nutricia como cambiante, que provoca, estimula y cobija las formas y los contenidos del canto popular».

Entre marzo y noviembre de 1970 escribe una novela, *El cumpleaños de Juan Ángel*. Es un texto muy peculiar. En primer lugar, es producto de una experimentación formal, se trata de una novela en verso en la que el protagonista va cumpliendo años a medida que transcurre el día de uno de sus cumpleaños. Está dedicada al dirigente tupamaro Raúl Sendic y su sustancia remite directamente a los avatares guerrilleros en Uruguay. Tanto, que se le acusó de ser el inspirador —debido a la escena en que los protagonistas escapan por un túnel subterráneo— de la escandalosa fuga de más de cien presos tupamaros, incluida su dirigencia, de la cárcel de Punta Carretas, mediante la excavación de una vía de escape que llegaba a viviendas vecinas, y que tuvo lugar a finales de 1971. Prudentemente, y como excepción, se publica por primera vez en México. Sin duda no es casualidad que el subcomandante Marcos, del Movimiento Zapatista que irrumpió en Chiapas en 1994, haya declarado que le debe el apodo de Marcos al nombre de la figura central de esta novela. Como lógica paradoja, se trata de un texto lleno de fuerza y vitalidad, de ofrecimiento hacia los demás. Por eso en *El cumpleaños de Juan Ángel* el personaje asume el amor a la patria encarnada en todos los otros, no sólo en sus compañeros. Por fin, el protagonista de una novela de Benedetti encamina su vida hacia un objetivo firme, aquel que surge de un proceso doloroso y difícil, pero que desemboca en la lucha, no en la alienación, la duda, el tedio o la incapacidad de decidir. Nunca más claramente, en un texto narrativo, el ámbito y enfoque de una obra literaria se desarrolla tan al unísono de las vivencias experimentadas por el autor.

En ese mismo texto están las razones del regreso que Luz y él emprenderán en los primeros meses del año. Y del desgarro que ello significa existe un curioso testimonio, un intercambio epistolar en verso entre Roberto Fernández Retamar y el mismo Mario justo después de la partida*, en el que asistimos a una nueva muestra de temple y buen humor. A la declaración juguetona de nostalgia cubana, el uruguayo responde el 17 de abril de 1971:

> Ah Roberto fraterno, cuando leo
> tu epístola, triunfante del bloqueo,
> vencedora de ausencias, viva brasa
> del fuego de amistad que arde en la Casa,
> no puedo menos que decirme: «¡Ay,
> por qué no estará Cuba en Uruguay,
> a fin de hallar un taxi inesperado
> para ir de mi Malvín a tu Vedado,
> y si la suerte no nos fuera adversa
> cumplir también la ruta viceversa!».

El 5 de enero de 1971 Mario Benedetti sufre un gran dolor: su padre, fumador desde los siete años, moría de un cáncer de pulmón. La inminencia del desenlace mueve a su hermano Raúl a llamar a Cuba a Mario y a contarle al moribundo la ficción de que le han regalado un pasaje al hijo ausente, que podrá así visitarlo. Casi inmediatamente de su llegada, el padre fallece. El poema que surge de esa experiencia límite, «Casi un réquiem», toca el tema con una dolorosa contención. De veinte líneas, sólo cinco aluden directamente a la circunstancia, «mientras mi padre se asfixia en la pieza 101...», y el resto es reflejo de la realidad terrible, violenta, hipócrita, del mundo más allá de esa habitación. La sensibilidad del poeta está impregnada de fuerza e indignación y así el dolor se recubre de la serenidad de la determinación.

---

* Lo transcribe el poeta cubano en «Benedetti, el ejercicio de la conciencia», en Roberto Fernández Retamar, *Concierto para la mano izquierda,* La Habana, Fondo Editorial Casa de las Américas, 2000, pp. 116-119.

No podemos olvidar que todo lo adelantado sobre las circunstancias políticas y sociales de Uruguay ha ido empeorando en este tiempo: la enseñanza en todos sus niveles está en lucha permanente, tanto estudiantes como docentes; en su ámbito ha irrumpido la JUP (Juventud Uruguaya de Pie), movimiento compuesto por grupos casi paramilitares que alteran con su violencia casi todos los centros de enseñanza. Mientras se produce la fuga de presas tupamaras de la cárcel, el Escuadrón de la Muerte tortura y acribilla a un joven acusándolo de guerrillero. El Parlamento, aunque débil, se atreve a levantar las Medidas Prontas de Seguridad, y el Poder Ejecutivo responde reimplantándolas. Las denuncias de torturas se repiten. Su amigo el combativo senador Zelmar Michelini denuncia: «Es la hora de los Tontons Macoutes con lavanda inglesa». No se lo perdonarán.

Mientras él todavía se encuentra en Cuba, adonde ha regresado para cerrar su participación en el CIL, en Montevideo se empiezan a reunir representantes de diversos sectores opositores. Por un lado, hubo un llamamiento a la unidad y a la movilización publicado en *Marcha* por un grupo de personalidades independientes; por otro lado, Michelini y la Democracia Cristiana entablaron conversaciones con el ánimo de impulsar un proyecto más ambicioso. Al final, socialistas, comunistas, izquierdistas independientes, demócratas cristianos y grupos alejados recientemente de los dos partidos tradicionales confluyen en la creación de un movimiento llamado Frente Amplio. El 26 de marzo de 1971, con Benedetti ya en Montevideo, se presenta la nueva fuerza política aglutinada alrededor de una declaración constitutiva con novedosos objetivos políticos, sociales y económicos, y de un candidato a presidente alejado de tópicos, el general retirado Líber Seregni. Y para encarar la campaña electoral para las elecciones de noviembre de ese año se propuso un instrumento participativo que ilusionó a los militantes, en especial a los jóvenes, el «comité de base». Tal como lo describe Benjamín Nahum[*], será «una especie de renacimiento del club seccional [otrora locales políticos barriales de los partidos tradicionales] como "escuela de civismo" y participación política ciudadana». El lema popular que se utilizó desde el principio fue «Ha nacido una esperanza». Y según me lo definió el general Seregni cuando conversamos acerca de su relación con Benedetti: «El Frente Amplio fue el último y desesperado intento de solucionar los problemas por vías institucionales. Nuestra religión era la Constitución».

Benedetti se zambulle directamente en la actividad política cuando en abril funda con un grupo importante de ciudadanos el llamado Movimiento de Independientes 26 de Marzo. Vale la pena detenerse en su peripecia porque fue una experiencia de gran intensidad para él. Exteriormente se trataba de un movimiento no encuadrado en ningún partido —de ahí lo de «independientes»— que no presentaba candidatos propios, y que por lo tanto servía para aglutinar en la militancia a aquellos que no encontraban un espacio partidario adecuado dentro del Frente Amplio. En el breve lapso de pocos meses antes de las elecciones fue creciendo vertiginosamente, sobre todo con militantes jóvenes, salidos principalmente de los centros de enseñanza y de la intelectualidad. Sus notables coincidencias —en declaraciones, estética, lemas— con los Tupamaros determinaron que el Movimiento fuera centro favorito de represión por parte de las fuerzas de seguridad. Benedetti formó parte del Secretariado Ejecutivo y, lo más importante, fue su representante en la Mesa Ejecutiva del Frente Amplio. Militó disciplinadamente desde entonces hasta finales de 1973, luego del golpe de Estado que eliminaría cualquier actividad política. De acuerdo con sus características personales, el escritor cumplió sus obligaciones de dirigente político con la máxima dedicación y entrega. Pero siempre se sintió cumpliendo una misión, no ejercitando una vocación. Si en aquel momen-

---

[*] Benjamín Nahum, *Breve historia del Uruguay independiente*, Montevideo, Banda Oriental, 1999, p. 162.

to esto sólo se insinuaba, muchos años después la referencia fue explícita en sus declaraciones, artículos y entrevistas.

Hay que recordar que los Tupamaros decidieron una tregua previa a las elecciones y oficialmente declararon que «veían con buenos ojos» la creación del Frente Amplio; pero por la propia definición de sus objetivos, la colaboración resultaba equívoca, y, como me aseguró Seregni, el Frente fue infiltrado por los Tupamaros.

Para entender la participación de Benedetti en un movimiento tan estrechamente relacionado con el MLN, por más que se negara siempre cualquier relación orgánica entre ambos, era necesario tener la versión de los protagonistas. Las razones aducidas pueden ser diferentes, pero los hechos resultan claros tantos años después. Sea porque los Tupamaros siempre desearan impulsar todas las instancias de lucha, también al Frente Amplio; sea, como dicen otros no tan generosos, que quisieran aprovechar el impulso de un movimiento de masas de tal magnitud, lo cierto es que se decidió la creación de una instancia legal, no clandestina, a propuesta de Mauricio Rosencof. Éste, ya en 1970, estaba al frente de la Columna 70, encargada de organizar y dirigir el «frente político»[*], y contaba con la ventaja de haber estado perfectamente integrado en el mundo de la cultura. De todos los intentos por incidir con estructuras legales en los medios estudiantiles y sindicales, la creación del Movimiento de Independientes 26 de Marzo fue el más exitoso.

En la dirección debía haber, según concepción de Rosencof, que me confirma él mismo ahora, a más de treinta años de aquellos hechos, representantes del movimiento sindical, del interior, del mundo intelectual, del universitario, etcétera. Así fue que el dirigente del MLN le pidió su colaboración a Benedetti como un imperativo moral, y éste aceptó con la intención de pasar de la observación a la acción. Fue el escritor el que propuso el nombre de 26 de Marzo, mientras que Rosencof planteaba 1811, como fecha emblemática del ideario del

---

[*] Declaraciones de Mauricio Rosencof a la autora. Y Clara Aldrighi: *La izquierda armada. Ideología, ética e identidad en el MLN-Tupamaros*, Montevideo, Trilce, 2001.

héroe nacional José Artigas, del que la izquierda y también los Tupamaros se proclamaban herederos. Finalmente, el nombre elegido fue el propuesto por Benedetti. Si las reuniones de fundación a nivel confidencial habían sido en casa de particulares, luego tomaron como sede la ASU (Acción Sindical Uruguaya), una organización que nucleaba a sindicalistas de origen cristiano, algunos de los cuales derivaron luego hacia el MLN.

Si bien la aspiración era que hubiera equilibrio en la comisión directiva, el peso de los integrantes que tenían doble militancia era excesivo. La línea del MLN «bajaba» con demasiada fuerza a pesar de la moderación de Benedetti y otros universitarios, como Domingo Carlevaro y Daniel Vidart. Rosencof piensa que la aportación especialmente de estos tres intelectuales fue muy grande, incluso para el pensamiento político de la organización guerrillera, que él considera, no sin cierta autosatisfacción «un movimiento político en armas». Pero la falta de «cintura» política de los Tupamaros legales, su radicalización, causaron incomodidad y tensión a Benedetti. Éste se sentía fuertemente presionado en una dirección que no era la que libremente hubiera elegido, y al mismo tiempo consideraba un deber mantenerse en su puesto. Seguramente no podría dejar de recordar lo que había escrito en 1968, en un artículo titulado «La rentabilidad del talento»[*]: «... el simple militante político puede refugiarse en esa operación tan confortable que es el acto de fe, pero el intelectual, por su congénita función de indagador, por el respeto mínimo que debe a su condición de testigo implicado, no tiene otra salida que pensar con su propia cabeza».

No hay duda de que su presencia fue muy importante en la Mesa Ejecutiva del Frente Amplio, donde Seregni lo recuerda como una especie de intermediario entre las posiciones duras de su grupo y la realidad del resto de los sectores. Casi todos los consultados acerca de la actitud de Benedetti en las reuniones políticas del momento lo recuerdan inteligente como pensador, calmo, pero incapaz de resistir las presiones políticas. Llegó un momento en que muchos de los militantes aparentemente polí-

---

[*] En *Subdesarrollo y letras de osadía*, Madrid, Alianza, 1987, p. 15.

ticos del 26 de Marzo aparecían, no sólo en los comunicados policiales, sino en su propio accionar, como miembros de los CAT (Comandos de Apoyo Tupamaro), grupos periféricos de propaganda, fundamentalmente formados por jóvenes. Recuerdo que por entonces se producían «saltos», aparición súbita en la principal avenida montevideana de grupos de cincuenta jóvenes más o menos embozados que, tras distribuir proclamas y/o quemar neumáticos, se dispersaban de inmediato, gritando siempre «M-L-N-Tupamaros». No se concibe a Benedetti apoyando ese tipo de acción dentro de la estructura política del 26. En su poema «Militancia», dedicado a sus compañeros del Movimiento 26 de Marzo, hay una descripción de su actividad: «... si de ahora en adelante caminamos y crecemos y buscamos / y hasta cantamos juntos...». Y también una definición de su lucha conjunta: «hace apenas dos años que nos juntamos / para hacer algo / aunque fuera bien poco / por la patria doméstica / la pobrecita / jodida / y si una cosa hemos por fin aprendido / es que el rencor no vale casi nada / pero menos aún vale el perdón».

Es interesante tener en cuenta la opinión de alguien ahora claramente identificado con posiciones conservadoras, aunque cordial y amistoso con el hombre Benedetti. El escritor Carlos Maggi dice que Benedetti «hizo política con la misma pureza que otras cosas». Y, como hemos visto en relación a su tarea de crítico, define su actitud con una visión de gran angular: «a favor del mundo».

EL TESTIMONIO Y SUS LÍMITES

Durante 1971, y con motivo de las movilizaciones que colmaron ese año, concurrí dos o tres noches por semana a los comités de base del Frente Amplio, situados en barrios o suburbios de muy distinta composición social. Desde el comienzo tuvimos claro que en esa incanjeable tarea debíamos apartarnos de los códigos de propaganda política impuestos por los viejos partidos tradicionales. Nada de oratoria paternalista, demagógica y grandilocuente. Íbamos sobre todo a conversar con la gente, a tratar de llegar juntos a la difícil comprensión de una etapa política, económica y social, que ya entonces expresaba un profundo deterioro del Estado liberal.

Nunca concurrí en calidad de escritor a esos verdaderos seminarios populares, y en un noventa por ciento de los casos nadie hizo referencia a mi condición de tal. (De todos modos, cuando alguien formulaba alguna pregunta sobre esa zona de mi trabajo, los planteos solían ser más inesperados y más creativos que las rutinarias inquisiciones de críticos y periodistas.) Nunca hice la menor anotación sobre esas conversaciones; probablemente no llegue a utilizar en novelas o cuentos futuros ninguna expresión textual de aquellas dudas, de aquellas imaginativas soluciones, de aquella voluntad de sacrificio, de aquel sobrio pero riguroso amor por el país. Sin embargo tengo cabal conciencia de que todo eso está en mí, madurando o quizá cayéndose de maduro, y que si mi visión del mundo ha cambiado, y si hoy la palabra revolución no sólo tiene para mí ese aliento que da vida a la historia sino que además tiene músculos y brazos y piernas y pulmones y corazón y ojos que esperan y confían; si hoy para mí la revolución tiene el rostro sereno de un pueblo que sufre y aprende, que traga amargura y, sin embargo, propone una alegría tangible, lo debo en gran parte a ese natural aprendizaje, a esa cura de modestia. [...]

El escritor latinoamericano y la revolución posible
(fragmento) (1973)

Capítulo 13

«con el odio pisándonos la huella...»[*]

En varias ocasiones Mario Benedetti ha citado al poeta Jorge Enrique Adoum en una frase especialmente feliz por descriptiva y desnuda, cuando habla de «lo real espantoso» en relación con la situación de América Latina.

Ese año de 1971 es una provechosa introducción a lo real espantoso en Uruguay. Y el escritor debe afrontarlo decidiendo una vez más. Su concentración en la acción política hace que su obra quede relegada a lo coyuntural, a lo que surja de la circunstancia precisa.

Entre los numerosos diarios, semanarios o revistas que se suceden en el país a medida que el Gobierno los va clausurando, Benedetti colabora activamente en *Cuestión,* que será portavoz de su grupo político, y en *La Idea,* tradicional cabecera periodística aprovechada para el combate con las palabras. Pero no todo era lucha, debate, política y sindicalismo. El 15 de julio aparecen en este último órgano las recomendaciones de espectáculos y lectura. Era un momento adecuado, parece ser, para ver *Antígona* en teatro o *El rito prohibido,* de Bergman, en cine. Las sugerencias de lecturas eran igualmente significativas: un título nacional, *¿Para qué futuro educamos?,* de Reina Reyes, pero también *Conversaciones con Lukács.*

Resulta simbólico que el Movimiento que Benedetti lidera se presente en Montevideo el 30 de julio, apenas unos días después de que fuera asesinado otro joven estudiante, Heber Nieto. Debe recordarse que durante esos meses cada asesinato movilizaba a las masas montevideanas, que abandonaban clases y trabajos para formar parte de multitudinarios cortejos fúne-

---

[*] *La casa y el ladrillo,* en *Inventario I,* p. 167.

bres. El discurso de Benedetti en ese acto público se detenía en este hecho: «Ése es el verdadero rostro del régimen, el rostro del aberrante desvarío que ya no es capaz de tolerar, no digamos la rebeldía de la juventud, sino la simple presencia de la juventud frente a la cual se sabe inexorablemente condenado. Los jóvenes lo aterran, lo descomponen, lo desacomodan, y en definitiva lo expulsan. Con sus vivos y con sus muertos».

Es un momento de gran intensidad vital para el escritor, ahí ata lazos afectivos y de amistad que mantendrá a lo largo de los años, especialmente con artistas como Daniel Viglietti o Diana Reches, una cantautora que usaba el nombre de Diane Denoir y a quien luego dedicará el relato «Transparencia», publicado en *Con y sin nostalgia*.

El cuento «Relevo de pruebas» aparecerá junto a algunos de Eduardo Galeano, Cristina Peri Rossi, Sylvia Lago, otros en Montevideo, publicados por la editorial Girón en un libro llamado *Cuentos de la revolución*. Cada uno de los cuentos va precedido de una explicación a cargo de su autor. Como le ocurre a menudo a Benedetti, este texto parte de un hecho real. En esa brevísima introducción recuerda la anécdota política: antes de que Uruguay rompiera relaciones con Cuba, se descubrió un intento de chantaje a uno de los funcionarios diplomáticos de la isla. Ése es el cogollo real del cuento, a partir del cual el escritor inventa un personaje más ingenuo que se confiesa. Y el autor reflexiona en su prólogo: «Ahora pienso que tal vez el propósito secreto del cuento —secreto incluso para mí— haya sido demostrar que la sórdida protagonista de la realidad había actuado como excepción, y que en cambio la de mi relato, más normal, más rescatable, se correspondía mejor con nuestras debilidades, pero también con nuestras fuerzas».

Muy poco a poco se van gestando cuentos como éste que tardarán hasta 1977 en convertirse en libro, *Con y sin nostalgia*. Benedetti siempre dice que un cuento puede madurar en su mente durante mucho tiempo, mientras que un poema es flor inmediata. Cuentos como «La colección», en ese libro, aluden a situaciones con fecha. El citado se centra en una de las acciones más espectaculares de los Tupamaros, el robo de unas monedas de oro, propiedad clandestina de un miembro de la oligarquía uruguaya, revelando así la corrupción de la clase dirigente del país.

El músico argentino Alberto Favero, entonces pareja artística y sentimental de Nacha Guevara, lo había buscado el año anterior para convencerlo de que se podía poner música a sus poemas, lo había logrado, y estrena *Canciones de la oficina* ahora, y luego, un trabajo de enorme repercusión llamado *Nacha canta a Benedetti* que se concreta en disco. Favero hace memoria para mí del trabajo de entonces, y recuerda al autor como un virtuoso del lenguaje que lograba realizar con rapidez y eficacia los difíciles cambios, breves pero múltiples, que requerían sus versos para transformarse en canciones. Pero en ese momento para él eso no era labor de escritor. Su atención estaba concentrada en los discursos, en los artículos que desarrollaba cada viernes en *Marcha,* en los roces con el Partido Comunista, en las tensiones con sus propios compañeros. Esas tensiones le provocaban las reacciones de toda la vida, ataques de asma que recuerda su hermano Raúl y que trataba de paliar el doctor Elena, aunque muchas veces él también participaba en esas reuniones donde todos fumaban y ocupaban el aire que Mario tanto necesitaba.

La dedicación casi total a la actividad política no le impide la reflexión en profundidad y la lucidez para ciertos temas, aunque algunos consideraran que esa misma dedicación era un acto de ingenuidad o ceguera. Se adelantó, sin duda, al señalar algunos rasgos sociológicos que fueron claros según pasaron los años. El 30 de julio de 1971 escribió en *Marcha* un artículo titulado «Cuando los padres entierran a sus hijos». Se trata de un emocionante texto donde apunta a un fenómeno que se fue produciendo gradualmente, a medida que se agudizaba la represión, especialmente sobre los jóvenes. No sólo era que empezaban a morir adolescentes, prueba demasiado trágica del absurdo que estaba ganando el escenario uruguayo. Era algo más sutil y profundo. «Hoy en día, la máxima prueba de amor filial (y no es moco de pavo) que estos jóvenes están dispuestos a dar a sus mayores es nada menos que enseñarles a no mentirse, a no engañarse.» Después de años de cárcel, torturas, exilios de esos jóvenes, se apreciará la transformación que muchos de los padres experimentaron, primero por cariño y solidaridad, luego por la convicción que surgía de la injusticia. Y Benedetti lo anuncia: «La gran bendición que estos muchachos trajeron a sus padres fue, paradojalmente, una profunda sensación de malestar, una necesidad de interrogarse a solas, que es acaso el modo más primitivo de interrogarse frente a la sociedad»*. Era el mismo mensaje de la novela *El cumpleaños de Juan Ángel*, que se publicaba en este año.

Del mismo modo, los discursos electorales que pronunciaba en las calles y plazas montevideanas en la campaña previa a las elecciones del 28 de noviembre de 1971 levantaban varios grados la calidad de los actos callejeros, proponían no tanto la agitación de las masas, como la reflexión o el mensaje. Al fin y al cabo no era tan normal contar con un líder con más de veinte libros de creación literaria en su haber. Y debemos dar vueltas a la moviola para ver el escenario: una esquina de dos avenidas importantes, una plaza, un estadio las menos de las veces, y una plataforma con un micrófono, adonde se suben los oradores. Y él, con sus folios bajo el brazo. Seguramente ni se enteró de que el Canal 12 de televisión había programado el 1 de noviembre *Adiós a la vida,* con su amada Margaret Sullavan. El 23 de octubre pronunciaba un discurso titulado «Hemos decidido ayudar a la historia», en el que proclamaba que «toda espera injusta de la justicia es siempre en sí misma una fatal convocatoria a la violencia»**. Pero a pesar de esta apasionada proclama es justo reconocer, según muchos testigos de su accionar político, que nunca defendió en público la lucha armada. Y ahí está la barrera infranqueable: el escritor se sentía incapaz de tomar un arma y por lo tanto no podía integrarse al grupo guerrillero, por más que algunos de sus compañeros lo incitaran a hacerlo. Una vez más, su coherencia triunfaba contra las circunstancias que ejercían presión sobre su conducta.

Hacia finales del año se produce una alteración en la parte de su vida dedicada a la literatura. Hasta ese momento el

---

* Artículos reunidos en *Crónicas del 71,* Montevideo, Arca, 1972.
** Ibídem.

Departamento de Literatura Hispanoamericana de la Facultad de Humanidades y Ciencias había estado dirigido por Ángel Rama, quien en los últimos tiempos se ausentaba frecuentemente del país debido a numerosas invitaciones para dar cursos, conferencias, etcétera. Esas ausencias provocaban malestar en la facultad, llegando a negársele la autorización para aceptar dichas invitaciones, por lo cual Rama decidió renunciar. Ante esa vacante, Mario Benedetti se presenta a la convocatoria, y el 14 de octubre de 1971 es nombrado en forma interina director de dicho departamento. Sin duda era una novedad: un autodidacta pasaba a desempeñarse como director de un departamento universitario. Y si bien la formación, la contracción al trabajo y su dedicación estaban fuera de toda duda, las condiciones formales respondían al clima de caos organizativo y de extrema politización de la universidad, convertida por las circunstancias en refugio de la resistencia al autoritarismo.

La ficha que se conserva en la actual Facultad de Humanidades y Ciencias de la Educación no puede ser más escueta; tiene cuatro anotaciones manuscritas que corresponden al ingreso, el sueldo, la renovación de la interinidad el 1 de enero de 1972, el nombramiento efectivo el 29 de junio de 1972, y la renuncia, presentada el 18 de enero de 1974, y aceptada por el decano interventor el 8 de febrero del mismo año, cuando la dictadura ya había ejecutado la supresión del autogobierno de la Universidad de la República.

A su lado estará como profesora de Literatura Hispanoamericana la escritora Mercedes Rein, quien recuerda vívidamente el pequeño despacho sin ventanas donde se sentaban ambos frente a frente y donde al principio Mario leía y escribía con una lupa durante horas a la espera de ser operado de cataratas. Mientras ella se ocupaba de la cátedra, Mario daba seminarios, dirigía el boletín del departamento y procuraba ampliar el horizonte de los alumnos organizando charlas y conferencias de escritores y gente de fuera de la universidad. En cierta ocasión invitó al escritor Carlos Martínez Moreno, ya totalmente volcado a su otra vocación, la de abogado, en esos momentos defensor de presos políticos. Y cuando él planteó las dificultades de la lucha armada, el autor de *Inventario* comentó: «Yo soy un escritor: no sé qué haría con un arma».

Así se produjo el retorno de un Benedetti que muchos años antes había trabajado en esa misma facultad como taquígrafo, que ya siendo profesor fue elegido consejero, y juntamente con una de las personalidades intelectuales más relevantes del país, el filósofo Arturo Ardao, estaba destinado a integrar el claustro universitario, situación que la dictadura frustró. Incluso después del golpe de Estado del 27 de junio de 1973 se mantuvo en su puesto, creando en este caso conciencia, empujando en la dirección de la obra bien hecha, sorteando el caos de la asamblea permanente, de las acciones de protesta, hasta que debió abandonar el país.

EL TERREMOTO SE ACERCA

En el prólogo a *Crónicas del 71* Benedetti decía que las elecciones habían empezado «a ser tramposas muchos meses antes de noviembre». Lo habían sido por la atmósfera, por los obstáculos concretos, y terminaron siendo las primeras elecciones en Uruguay desde principios del siglo XX donde hubo denuncias de manipulación de los resultados. Aunque ganó el candidato colorado impulsado por el Gobierno autoritario precedente, fue por tan pocos votos frente al otro partido tradicional que abundaron las protestas. El Frente Amplio creció como nunca antes una fuerza de izquierdas, en especial en Montevideo. Pero para muchos, entre los que se cuenta nuestro escritor, empieza una nueva etapa de lucha. Nada más lejos de la derrota que este párrafo de un artículo del 7 de enero de 1972: «En 1971, fuimos trescientos mil los que, pese a la concertada desinformación, a la propaganda falsificadora, a la calumnia y al terror, pensamos con nuestra cabeza, encontramos nuestro ser nacional, clarificamos nuestra fe comunitaria, encendimos la solidaridad, y alcanzamos a distinguir, en medio de la aridez de estos arduos tiempos, un oasis llamado revolución».

Sin embargo, lo único que ocurrió desde el punto de vista político fue el empeoramiento de la situación, con la entrada en escena del ejército y la práctica aniquilación militar del MLN. La dinámica de represión-protesta-represión continuó y ya el enemigo del régimen no era solamente la fuerza guerrillera, sino los sindicatos, los estudiantes, los partidos políticos del Frente Amplio, los medios de comunicación opositores.

Pero Mario Benedetti es un resistente, algunos lo llamarán terco, y su decisión firme es la de vivir en su país, alimento de su vida y de su obra, a pesar de las condiciones adversas que rodean sus posibilidades de expresión. Son tiempos duros, de muerte y destrucción. En 1972, además de los treinta y ocho muertos reconocidos por el ejército, en la Seccional 20 del Partido Comunista se produce el fusilamiento de ocho militantes, y el 19 de mayo cae preso su amigo Mauricio Rosencof: hasta doce años después no podría volver a verlo. Durante 1972 y 1973 desarrolla y amplía, si cabe, su actividad política. Su expresión escrita y oral a través de crónicas —la mayoría publicadas en *Marcha*— y discursos políticos se reunirá en una edición casi heroica por parte de la editorial Arca poco después del golpe de Estado de 1973, titulada *Terremoto y después*. En una brevísima nota explicativa del origen de los textos, alude a la censura imperante pidiéndole al lector que la tenga en cuenta y «que trate de leer no sólo las líneas, sino también las entrelíneas; probablemente es en estas últimas donde se repliegan mi convicción más firme y mi fe más profunda en la causa del pueblo». De enero de 1972 a agosto de 1973 se va desarrollando en esas páginas la pequeña historia del Uruguay acosado. Jugando en el filo del peligro de cierre de la publicación —algunas veces imposible de impedir—, el escritor dirigente político va dando cuenta de las atrocidades y de la corrupción, del peligro de acostumbrarse o de ser engañado por la pertinaz propaganda: existen las torturas, las intervenciones de los escuadrones de la muerte, las campañas «patrióticas», la militarización de la vida cotidiana. Todo ello con un punto de partida radicalizado («si la participación es nuestro trabajo, la revolución será nuestro salario»), pero no sectario (en todo momento cita a cualquier fuerza que pueda apoyar la lucha de la gente por la libertad, desde la Iglesia católica hasta los pensadores liberales). Los instrumentos dialécticos utilizados son variados. Por un lado, aparece la búsqueda de las raíces liberadoras en la propia historia, y allí, junto a la figura del héroe nacional, José Artigas, a quien ha dedicado poemas y menciones a lo largo de toda su obra, aparece el representante de Uruguay en la Conferencia Internacional Americana de 1890, que era el cónsul del país en Nueva York, José Martí, el revolucionario cubano. Por otra parte, el riguroso seguimiento que hace a decretos, reformas y contrarreformas ejecutadas por el Gobierno autoritario y coreadas por los medios de comunicación afines, no impide que asome una y otra vez el sentido del humor, el juego de palabras y retruécanos a los que es aficionado Benedetti aun en momentos dramáticos, aquellos a los que convierte en armas contra la censura: «Es obvio que el superior Gobierno quiere el bien para nuestro pueblo. Sostener lo opuesto significaría tal vez contrariar la verdad, pero sobre todo significaría (y sin tal vez) contrariar el decreto del 27 de junio [instauración de la dictadura]. De modo que no vamos a sostenerlo».

En paralelo a esta tarea de agitación política, el autor de *La tregua* viaja nuevamente a Cuba para participar en los Premios Casa de las Américas y permanece allí durante los meses de enero y febrero de 1972. Ese año influye para dar la alternativa a una representante de la generación del 60 uruguaya, y Sylvia Lago es invitada al jurado. Esa generación, también llamada «de la crisis», fue claramente una víctima de esta etapa histórica y así la mayoría de ellos resultaron dispersados por la vida, el exilio, las decepciones. Eso sí, todo ello ocurrió después de atesorar una sólida formación en contacto con sus mayores, ante los cuales nunca experimentaron la necesidad del «parricidio». Eduardo Galeano, Juan Carlos Somma, Cristina Peri Rossi, Sylvia Lago se han pronunciado en diversas oportunidades acerca de la intensidad de sus intereses intelectuales y políticos que ahogaron cualquier tentación en ese sentido.

Sylvia Lago rememoraba para este libro «la peña o tertulia de la librería Alfa» a principios de los sesenta. En ella se mezclaban las dos generaciones, pero el más cercano, el más propicio al diálogo, según su recuerdo, era Benedetti, siempre abierto a leer y aconsejar a los jóvenes. Era un encuentro fructífero, con recomendaciones de lecturas («si se los puede leer en su lengua, mejor»), crítica de manuscritos, etcétera. También coincidieron en el Movimiento 26 de Marzo, y Lago lo recuerda siempre puntual y riguroso, preocupado por la formación política de los jóvenes intelectuales, ávidos de participar, pero sin criterios demasiado arraigados.

Esa tarea de reflexión y análisis de la realidad en relación con la cultura, iniciada hacía tiempo, tuvo su fruto este año en una publicación de la Unesco: *América Latina en su literatura**. Esta organización internacional le había encargado en 1968 un trabajo que él llamó «Subdesarrollo y letras de osadía», pero que ahora aparecía con el título, más discreto, de «Temas y problemas». Se trata de un ambicioso ensayo, no por la extensión, sino por la profundidad del tratamiento, que establece un paralelismo entre la realidad de la literatura latinoamericana desde su nacimiento, en su misma diversidad, y el polo de atracción desarrollado que influye en cuanto colonialismo homogeneizante, en cuanto meta alienante, en cuanto receta empobrecedora. El recorrido lo lleva a la situación actual, candente y problematizada, tan subdesarrollada como antes, pero con una literatura centrada en el ser humano y su entorno, lo cual lo lleva a expresar su preocupación: «El desarrollo no es en sí mismo una calidad moral ni una categoría ética (incluso podría sostenerse que, en ciertos casos, el desarrollo puede ser el fruto de una política internacional decididamente inmoral); por lo tanto, el mundo del subdesarrollo (que es a la vez víctima y dividendo del mundo desarrollado) no sólo debe crear su ética en rebeldía, su moral de justicia, sino también proponer una autointerpretación de su historia y también de su parcela de arte, sin considerarse obligado a aceptar para siempre el diagnóstico que sobre tales temas y tales problemas elabora el mundo del

---

* *América Latina en su literatura*, César Fernández Moreno (coordinador), México, 1972.

desarrollo, así sea a través de la porción más espléndida de su *intelligentsia*».

Por poco que leyeran los represores y sus cómplices, entre sus libros y sus artículos periodísticos, entre su accionar político público y sus iniciativas universitarias, Benedetti se había convertido en uno de los intelectuales considerados enemigos. Y a lo largo de los años, incluso pasada la dictadura, los sectores más conservadores de la sociedad uruguaya siempre han atacado duramente su figura, su conducta, su obra.

En 1972, *Marcha* le publica un libro nada circunstancial a pesar de su origen periodístico: *Los poetas comunicantes*. Son diez entrevistas a otros tantos poetas latinoamericanos realizadas entre 1969 y finales de 1971. El prólogo es una espléndida reivindicación de la hermana pobre de la literatura, al lado de la potente narrativa que, por otra parte, había disfrutado en los últimos años de la poderosa palanca del *boom*. Por eso, dice que elegir poetas fue un acto de premeditada reparación. Reitera su idea de que el *boom* fue una rentable operación basada en la innegable calidad de algunos narradores latinoamericanos, pero que dejó de lado a notables creadores como Juan Rulfo. Reivindica la estirpe de gran calidad de la poesía latinoamericana (los innovadores modernistas, los audaces vanguardistas, que desembocan en esta generación presente) en comparación con el salto cualitativo que significó la novela de los últimos cuarenta o cincuenta años. Y, por último, la elección de los entrevistados, aunque abre su interés a muchos más, está determinada por ser «poetas comunicantes» por esa «preocupación de la actual poesía latinoamericana en *comunicar,* en llegar a su lector, en incluirlo también a él en su buceo, en su osadía, y a la vez en su austeridad». El grupo incluye a dos chilenos, Nicanor Parra y Gonzalo Rojas, dos cubanos, Roberto Fernández Retamar y Eliseo Diego, a Ernesto Cardenal, Juan Gelman, Jorge Enrique Adoum, dos uruguayos, Carlos María Gutiérrez e Idea Vilariño, y a Roque Dalton, el más joven, asesinado poco después del encuentro y al que Benedetti dedicará el libro en su segunda edición, como «poeta estupendo y amigo entrañable».

A ROQUE

Llegaste temprano al buen humor
al amor cantado
al amor decantado

llegaste temprano
al ron fraterno
a las revoluciones

cada vez que te arrancaban del mundo
no había calabozo que te viniera bien
asomabas el alma por entre los barrotes
y no bien los barrotes se aflojaban turbados
aprovechabas para librar el cuerpo

usabas la metáfora ganzúa
para abrir los cerrojos y los odios
con la urgencia inconsolable de quien quiere
regresar al asombro de los libres

le tenías ojeriza a lo prohibido
a las desgarraduras para ínfula y orquesta
al dedo admonitorio de algún colega exento
algún apócrifo buen samaritano
que desde europa te quería enseñar
a ser un buen latinoamericano

le tenías ojeriza a la pureza
porque sabías cómo somos de impuros
cómo mezclamos sueños y vigilia
cómo nos pesan la razón y el riesgo

por suerte eras impuro
evadido de cárceles y cepos
no de responsabilidades y otros goces
impuro como un poeta
que eso eras
además de tantas otras cosas

ahora recorro tramo a tramo
nuestros muchos acuerdos
y también nuestros pocos desacuerdos
y siento que nos quedan diálogos inconclusos
recíprocas preguntas nunca dichas
malentendidos y bienentendidos
que no podremos barajar de nuevo

pero todo vuelve a adquirir su sentido
si recuerdo tus ojos de muchacho
que eran casi un abrazo casi un dogma

el hecho es que llegaste
temprano al buen humor
al amor cantado
al amor decantado
al ron fraterno
a las revoluciones
pero sobre todo llegaste temprano
demasiado temprano
a una muerte que no era la tuya
y que a esta altura no sabrá qué hacer
con
       tanta
           vida

Cotidianas
Inventario I, p. 158

Capítulo 14

Cuando me confiscaron la palabra
y me quitaron hasta el horizonte[*]

Si 1972 había sido el año de la derrota del MLN, de la prisión, la tortura, las muertes y el exilio de tantos compañeros, 1973 será el año del desastre colectivo. El país se encamina hacia la destrucción de los débiles restos institucionales. ¡Cuánto se ha cambiado! Sólo diez años antes el escritor había definido en «La literatura uruguaya cambia de voz»: «Somos un rincón de América que no tiene petróleo, ni indios, ni minerales, ni volcanes, ni siquiera un ejército con vocación golpista». Pronto sufriría las consecuencias de su equivocación de juicio. Pero por ahora, pretende seguir con su vida, tan normalmente como pueda. Luz y él se han mudado al centro de la ciudad, un piso pequeño en la calle Convención esquina a San José, lo llena con sus libros —seis o siete mil ejemplares entonces— pero mantiene su estudio en la principal avenida. Viaja al Chile de Allende e impulsa en su país una dinámica que se había constituido el año anterior: una coalición de varios grupos políticos alineados en una fuerza combativa, que será llamada popularmente La Corriente, pero que no desdeña el marco del Frente Amplio. Su órgano de prensa, *Respuesta,* tendrá una vida breve en el país —desde el 26 de abril hasta el 25 de octubre de 1973— pero sobrevivirá en el exilio debido, entre otras, a su decisiva intervención. Es, sobre todo, una labor de denuncia la suya, alerta contra la represión, reclama la libertad de los presos, exalta el liderazgo del presidente del Frente Amplio, el general Líber Seregni, a quien le quedaba poco tiempo de libertad. Es también un trabajo en estrecha colaboración con otros dirigentes, en especial en este caso con Héctor Rodríguez, que fungía

---

[*] *La casa y el ladrillo,* en *Inventario I,* p. 167.

como redactor responsable de la revista, pero a quien conocía y respetaba de largo tiempo atrás como dirigente sindical y político. Sin duda, junto a Líber Seregni y Zelmar Michelini, Héctor Rodríguez será más que un compañero de militancia, un amigo admirado y querido. Así lo quiso dejar plasmado en un video homenaje a Rodríguez muy posterior a aquellas experiencias*.

Realmente parece que le han «confiscado» la palabra. Su decisión de concentrarse en la política lo lleva a abandonar casi la literatura. Solamente las letras para canciones y algunos poemas sueltos aparecen en la publicación de *Letras de emergencia,* que, como su nombre alude, son textos fruto de la circunstancia, canciones y poemas combativos. *Terremoto y después* son, según hemos visto, discursos políticos y al poco tiempo de su publicación el libro es retirado de circulación, ya por el Gobierno dictatorial. Curiosamente, en este año sale el primer intento ambicioso de análisis crítico colectivo sobre la obra de Benedetti. En el invierno uruguayo el periódico de izquierdas superviviente *Respuesta* se hace eco de la publicación de *Variaciones críticas,* que así se llamaba ese tomo.

El 27 de junio de 1973, el presidente de la República, apoyado por las Fuerzas Armadas en su conjunto, emitía un decreto por el que disolvía el Parlamento y prohibía expresamente cualquier declaración pública que «directa o indirectamente, mencione o se refiera a lo dispuesto por el presente decreto atribuyendo propósitos dictatoriales al Poder Ejecutivo». *Marcha* sale ese viernes con un único gran titular: «No es dictadura». También le queda poco tiempo de vida.

Benedetti, acosado por tantas inminencias conocidas, aún tardó en decidirse a abandonar el país; antes siguió con sus artículos que apelaban a aquella lectura de las entrelíneas que había propugnado tiempo atrás. Visitó Panamá por primera vez a principios de octubre como jurado del Premio de Novela Ricardo Miró. En un artículo publicado en uno de los últimos

---

* Documental *Héctor, el Tejedor,* realizado por Universindo Rodríguez y José Pedro Charlo, integrantes de la Cooperativa Memoria y Sociedad, Montevideo, 2002.

números permitidos de *Respuesta*[*], repasa las experiencias de ese viaje destacando como anécdota significativa el diálogo al que asistió en la Zona del Canal entre un norteamericano, hablando en inglés, y un panameño que le respondía en español. Asimismo, continuó con sus tareas universitarias, tratando de ensanchar los espacios de comunicación entre estudiantes, profesores, sindicalistas, políticos, mientras la universidad todavía no era intervenida por el Gobierno dictatorial; fueron apenas meses.

El proceso de instalación de la dictadura fue lento. Los militares uruguayos sufrieron durante todo el período autoritario cierto complejo que los llevó no a inhibirse en sus propósitos dictatoriales, pero sí a camuflar sus actuaciones y a buscar fundamentaciones y pretextos, porque no era sólo Benedetti quien había creído en el civilismo de las Fuerzas Armadas. Por ello, recién a los cuatro días de la clausura del Poder Legislativo y ante la respuesta de la población de «huelga general con ocupación de los lugares de trabajo», disolvió la central única de trabajadores (Convención Nacional de Trabajadores, CNT) que dirigía la respuesta sindical. El 9 de julio se produjo una multitudinaria manifestación, violentamente reprimida, que terminó con numerosos arrestos, entre ellos el de varios dirigentes del Frente Amplio, empezando por su presidente, el general Líber Seregni. Mario estaba operado de cataratas y sólo pudo salir al balcón de su apartamento de la avenida Dieciocho de Julio, con los ojos vendados, y oír el alboroto. Con la clausura de locales sindicales y políticos, el cierre de medios de comunicación y los dirigentes presos o expulsados hacia el exilio, sólo faltaba otra medida: la intervención militar de la Universidad de la República, foco de resistencia y agitación política. El escritor era, evidentemente, un claro candidato a caer bajo el interés de los militares. Pero aquel día de la primavera austral estuvo resistiéndose a los argumentos de amigos y compañeros durante seis horas. Al final, debió utilizar una contraseña que había convenido con su hermano Raúl para el caso de que de-

---

[*] «Canal de Panamá: una clase práctica», *Respuesta*, n.º 18, 18 de octubre de 1973.

179

biera escapar del país: lo llamó por teléfono y le dijo: «Me compré un traje».

Buenos Aires era el destino de muchos de los uruguayos que se exiliaban, casi todos en situaciones críticas. Como lo ha recordado en algunas oportunidades, el escritor uruguayo debió irse al destierro con cincuenta y tres años, sin trabajo, sin dinero y con el pasaporte a punto de caducar.

Tampoco era el mejor momento geopolítico: acababa de darse el golpe de Estado en Chile, con la inmediata consecuencia de muerte o exilio para miles de latinoamericanos que se habían acogido a «la primavera de Allende», y muchos se refugiaron en Buenos Aires, donde la atmósfera era turbia. Al principio, Benedetti trató de continuar una labor periodística y mantenerse en contacto con su gente en Montevideo. Desmesurada aspiración.

A finales de 1973, las fuerzas de seguridad montevideanas llevan preso a un militante del Movimiento 26 de Marzo, con la acusación de ser tupamaro, y en una libreta le encuentran el teléfono de Mario. No hay más, pero dicen que el hombre no saldrá de los cuarteles mientras el escritor no se presente a declarar. Ya está todo dicho, parece una trampa para cazarlo, una argucia de las tantas que se utilizan en esta guerra sucia. El ambiente en su país es amenazador. Los titulares de los periódicos de la época que han sobrevivido precisamente por mostrarse obedientes son ampliamente elocuentes: «Universitarios y políticos desde Buenos Aires, agravian al Uruguay», 1 de diciembre; «Preparan una ley contra el comunismo», «Clausuran diarios y locales de los grupos comunistas», 2 de diciembre; «Disolución de los partidos marxistas: hay 150 personas detenidas», 5 de diciembre.

Y sin embargo, Mario Benedetti decide volver a Montevideo y presentarse ante los militares. Sus explicaciones son breves y nada heroicas: pensó que tal vez serviría de algo para ayudar al compañero. Pero el hecho subsiste como un raro ejemplo de coraje físico y moral. Simplemente estaba arriesgando la vida, aunque tomó algunas leves precauciones, como por ejemplo al elegir el día del regreso: se presenta el 31 de diciembre. Y es interrogado largamente por lo más peligroso de la «justicia» militar, el fiscal era el coronel Tabaré Álvarez, hermano del protagonista del golpe, el general Gregorio *Goyo* Álvarez, quien sería luego comandante en jefe del ejército y presidente de la República en cuanto desecharon al civil que les había servido al principio. Y el juez era el más siniestro que conocían los declarantes, el coronel Silva Ledesma, quien, sin embargo, le echó una mano, petulante, cuando en la declaración se mencionaron palabras indebidas. Benedetti decía que no estaba exiliado en Buenos Aires: sin mentir del todo alegaba que había ido al estreno de la película basada en *La tregua*. Pero en esos momentos se comentaba en la calle la posibilidad de una tregua en su lucha armada por parte de los Tupamaros. Hubo cierto revuelo en la sesión, el escribiente no sabía que debía escribir el título de una novela, pero Silva Ledesma, más «ilustrado», se burló de la ignorancia y salvó la inquietud. El acusado, Homero Rodríguez, no pudo evitar la prisión. Benedetti, requerido acerca de su posible regreso a Buenos Aires, alejó la fecha lo más posible en sus declaraciones, pero en la realidad, el 1 de enero de 1974 abandonaba definitivamente su ciudad, en la que corría el mismo peligro que condenó a muchos amigos a largos años de cárcel, o a la tortura, esa que un asmático difícilmente soportaría.

Poco tiempo después escribiría un poema, «Hombre preso que mira a su hijo», dedicado «al "viejo" hache», dedicatoria que oculta el nombre de aquel que estaba preso. Y en él transmite una concepción acerca de la conducta del ser humano que le atañe muy de cerca al poeta: «uno no siempre hace lo que quiere / pero tiene el derecho de no hacer / lo que no quiere». Tiempo después este poema será musicado por Pablo Milanés.

A LA INTEMPERIE

Buenos Aires lo enfrenta de nuevo a la censura, a las dificultades económicas, al peligro de los paramilitares. Está solo y se defiende con las fuerzas que tiene. En primer lugar, la solidaridad: los primeros tres meses vive en casa de Alberto Favero y Nacha Guevara. Trabaja con encargos de dos pequeñas editoriales amigas: en la editorial Crisis dirigió la colección Esta América y luego, en la editorial La Línea, la colección Base y Altura.

Vendió algunos de sus queridos cuadros y alquiló un apartamento que todos a su alrededor llamaban «el camarote». Así lo recuerda Silvia Campodónico cuando, con su marido, el amigo desde la juventud, Manuel Claps, lo visitaban; apenas cabían los tres, y así aparece en el poema «Vas y venís», dedicado a Luz y centrado en sus apariciones con «gusto a paisito en las mejillas / y una fe contagiosa en el augurio».

Envía la renuncia a su cargo en la Universidad de la República, en Montevideo, escribe para la revista *Crisis,* dirigida por otro exiliado uruguayo prestigioso, Eduardo Galeano, y consigue breves colaboraciones en el diario *La Opinión.* Pero pronto la situación política argentina degeneró hacia el terror y todos los exiliados estaban en peligro. Antes del peligro de muerte estaba el del acorralamiento. Así, desaparecen sus libros de las librerías, no se habla de él en la prensa y tampoco podrá seguir escribiendo. *La Opinión* ya no es un bastión independiente: por un lado los dueños del periódico solían encontrarse por esa época con personajes dudosos, incluido el ex dictador general Lanusse, y por otra parte el conflicto interno al peronismo, con sus feroces enfrentamientos, se agudizaba y ambas circunstancias repercutirían en el destino del diario*.

Al caos de las diversas corrientes del peronismo se unió la activa y al parecer impune acción de la Triple A (Alianza Anticomunista Argentina), que no sólo se encargaba de sentenciar a muerte a militantes argentinos de diversas tendencias, sino que ejerció especial saña con los exiliados y con artistas y escritores. Ése es el momento del «llavero de la solidaridad», un conjunto de llaves de casas de amigos abiertas para Benedetti. En muchos momentos, cuando se sintió en peligro, las utilizó. En ese ambiente ominoso mucha gente cercana también estaba bajo ame-

---

* Abrasha Rotenberg, *La Opinión amordazada,* Madrid, Ed. del Taller de Mario Muchnik, 2000.

naza y algunos de ellos fueron víctimas a corto plazo: Haroldo Conti, David Viñas, Rodolfo Walsh, Paco Urondo, a quien vio ya clandestino. Y cada entrevista, cada reunión, cada comida estrechaba el cerco. Un paliativo podía ser trabajar mucho y volcarse en las relaciones de afecto, porque él como la gente normal de su país —así lo enuncia en su poema «Salutación del optimista»— «va al exilio a cavar despacio su nostalgia».

Dedicó mucho tiempo al cine, trabajando en el guión de la película *Las sorpresas,* basada en tres de sus cuentos: «Los pocillos», «Corazonada» y «Cinco años de vida», probablemente con el recuerdo de la polémica planteada poco antes alrededor de *La tregua.* La adaptación para cine realizada por el director argentino Sergio Renán, al contrario que la de televisión, no fue del gusto del autor de la novela, especialmente por el traslado de la acción de Montevideo a Buenos Aires. Hubo intercambio de notas públicas y le costó bastante tiempo reconciliarse, hasta 1983, cuando Renán consiguió que lo autorizara a dirigir *Gracias por el fuego,* con la participación de un actor amigo, Lautaro Murúa, ahora sí, sin contradicciones.

En los primeros meses del año 1974, participó en el jurado del Premio Casa de las Américas en la categoría de novela. También colaboró con Alberto Favero, primero en *Versos para cantar,* basados en la realidad de los setenta, verdadero «arte de urgencia», y con posterioridad en *Canciones de amor y desamor,* con hitos que serían luego éxitos, cantados por Nacha Guevara, como «Te quiero», pero que dada la situación política apenas estrenaron en Rosario, Argentina, frente a poca gente, justo antes de que la pareja de artistas se exiliara en México.

Una de aquellas llaves solidarias pertenecía a Fleur Bourgonje, una periodista holandesa que con posterioridad traduciría alguna de sus obras. Su afecto lo induciría a dedicarle uno de los poemas de la serie «Trece hombres que miran» que aparecerá en *Poemas de otros.* «Hombre que mira su país desde el exilio» es uno de los poemas más conmovedores de ese período, pequeño, sencillo, expresivo de la pérdida: «país que no te tengo / vida y muerte / cómo te necesito / país verde y herido / comarquita de veras / patria pobre».

183

Pero el encuentro con otra amistad antigua resultaría providencial, a vida o muerte, sin retórica. Diana Reches, la cantautora uruguaya compañera de militancia, vivía en Buenos Aires desde abril de 1974. Acababa de sufrir la pérdida de su compañero por lo que Mario mantenía frecuentes contactos con ella, mostrándose como siempre solidario. Diana recuerda que hasta pensaron en montar un espectáculo que se iba a llamar *La vida cotidiana*. Ambos vivían muy cerca, y en los bajos del edificio de Mario estaba el restaurante El Ceibal, donde hacían unas empanadas muy apetitosas, excelente combinación para la amistad. Un día Diana estaba en la cola del Hospital Italiano y de pronto se le ocurrió abandonarla para llamar a Mario. En cuanto él respondió, Diana se dio cuenta de que se encontraba muy mal, lo conminó para que dejara la puerta abierta y se precipitó hacia su apartamento. Eso fue lo último que hizo Mario en mucho tiempo, enseguida perdió el conocimiento. Al llegar Diana no conseguía una ambulancia y era plenamente consciente de la gravedad de su estado; en una farmacia le facilitaron suero, pero al final paró un coche y le pidió que los llevara al hospital más cercano, que resultó ser el Hospital Alemán. Allí le pidieron pago anticipado y el documento del enfermo, y sólo su insistencia consiguió que no retrasaran más la atención. Cuando pudo probar que era Mario Benedetti, mejoró algo el trato. Varias semanas estuvo sin reaccionar de la crisis de asma, delirando y preocupando seriamente a los médicos. A la distancia Benedetti recuerda con regocijo esa preocupación a través de los comentarios de los médicos que no se recataban de hablar ante el enfermo pues lo hacían en alemán. Hasta que un día él les hizo una pregunta en el mismo idioma.

Zelmar Michelini primero y Luz, llegada desde Montevideo, lo cuidaban, y hubo otra intervención importante, la de Leonardo Milla, hijo del editor Benito Milla, que le acercó dinero a cuenta de sus derechos en la editorial Alfa para pagar el hospital. Como casi siempre le ocurre con su salud, una vez pasado el peligro se recuperó con rapidez y siguió trabajando.

En 1972 había llegado a Uruguay Silverio Cañada, director de la colección Los Juglares de la editorial española Júcar, decidido a tener en su catálogo un libro sobre el cantautor más célebre de Uruguay, Daniel Viglietti. Después de algunas dificultades —como hemos visto, la época era complicada— convence a Benedetti para que lo escriba. Los avatares de su vida retrasan la culminación de la obra hasta diciembre de 1974.

Además de una antología de sus canciones y de un esbozo de biografía del músico, el escritor redactó un estudio sobre el origen y desarrollo de lo que él llama «el canto libre», donde Viglietti descuella, llegando al análisis de las letras de sus mejores canciones. La denominación que aquél da a esa forma de crear canción, «canción de propuesta», da pie al poeta para iluminar los textos que tantas voces repiten en esos años y explicar así la identificación masiva de los oyentes con el mensaje ofrecido. De la toma de posición de Viglietti, dice: «Su voz es la de alguien que, con modestia y sinceridad, con dolor y con alegría, con esperanza y con trabajo, con pasión y con riesgo, participa (como puede y debe) en el proceso. Esa actitud es la que, más allá o más acá de su canto libre, los jóvenes rescatan. Por eso no lo escuchan sólo como una voz, sino también como a su portavoz». Y la honestidad del trovador aparecerá, como «arte poética», dice Benedetti, en «Sólo digo compañeros», una de sus canciones más conocidas: «Papel contra balas / no puede servir; / canción desarmada / no enfrenta a un fusil».

En un célebre ensayo escrito en 1977, «Algunas formas subsidiarias de la penetración cultural», el autor de aquellas *Letras de emergencia* examina los rasgos de la canción del momento con su tremendo alcance masivo, y la compara a la caracterización que hizo Mallarmé con respecto a la prensa: «El moderno poema popular». Junto a su influencia también examina otro tipo de canción, la de amor y la de motivación política, pero de ambas elige aquellas que ofrezcan un claro interés artístico. En especial sobre la última desdeña utilizarla como «instrumento crudamente ideológico». Dice: «Cuando esas ventanas-canciones se abren, es como si circulara por el sórdido callejón de nuestras miserias una corriente sana, un aire puro, algo que de algún modo nos oxigena y nos ayuda a cumplir con dignidad y con valor esa dura tarea que es vivir, simplemente vivir, en esta América».

El punto de partida de la relación entre ambos creadores había sido simplemente la admiración mutua que llevó a Viglietti a poner música a un texto de Benedetti, y así conseguir uno de los temas más cantados de la época, «Cielito de los muchachos»: «Están cambiando los tiempos / con muchachos dondequiera / está el cielo en rebeldía / qué verde viene la lluvia / qué joven la puntería». Poco después, unos emocionantes versos del músico serán utilizados por Mario como epígrafe de un poema donde había volcado todo su sentimiento, «Zelmar». Se trata de un breve fragmento de la «Milonga de andar lejos»: «o es que existe un territorio / donde las sangres se mezclan». Luego, su trayectoria volvería a reunirlos en 1978 en México, en la Sala Nezahualcóyotl de la capital, cuando la comunión de intereses afloró en poemas y canciones que tocaban al unísono los temas que les preocupaban. Se dieron cuenta que ambos sentían admiración por cierta gente, Soledad Barret, por ejemplo, y por eso habían escrito un poema y una canción sobre ella. O sobre los árboles, o la soledad. Así nació el espectáculo *A dos voces,* plasmado luego en dos discos, que han ido ofreciendo por todo el mundo a lo largo de largos decenios, primero combativos y luego más relajados, con los sentimientos y los años cambiando la elección de uno y de otro. La imagen de Daniel con su guitarra y Mario sentado en una mecedora con uno de sus libros en las manos ha recorrido los escenarios de los más diversos países, en salitas solidarias, en teatros consagrados, junto a multitudes de jóvenes. Marcó, asimismo, el ansiado retorno de ambos a Montevideo, el 2 de mayo de 1985, en el centro de la capital. Como emocionadamente los describe Idea Vilariño: «... dos voces esenciales... hablacantando las crueles urgencias, las fieras circunstancias, las módicas esperanzas, el destino de los hombres todos, pero más aún del hombre americano»[*].

Ya es inextricable la relación profesional de la personal, y mientras Viglietti ha dicho que «trabajar con Mario reafirma nuestra confianza en el ser humano», Benedetti lo considera uno de sus pocos y mejores amigos. En la comunicación y com-

---

[*] Presentación al disco *A dos voces,* Montevideo, 1985/1994.

plicidad desarrollada en tantas horas juntos, en experiencias tan disímiles como los escenarios de centros culturales, teatros, estadios, con traducción simultánea, con sabotajes, ha crecido el humor y la confidencia entre esos «amigos del alma». Y dentro de la conversación con Daniel Viglietti para este libro surge entre tantas anécdotas una que ilumina el carácter de Benedetti. Un amigo del músico en Buenos Aires quiere hacerle una entrevista, y cuando Benedetti accede y se presenta en el lugar elegido, dice simplemente «Soy el amigo de Daniel». Efectivamente, eso es lo que a él le importa.

CIUDAD EN QUE NO EXISTO

Creo que mi ciudad ya no tiene consuelo
entre otras cosas porque me ha perdido
o acaso sea pretexto de enamorado
que amaneciendo lejos imagina
sus arboledas y sus calles blancas

seguramente ella no recuerda
mis pasos que la saben de memoria
o tal vez esté sorda y ensimismada
y entorne sus persianas como párpados
para no ver la expiación del amor

yo en cambio la recuerdo aunque me ignore
a través de la bruma la distingo
y a pesar de acechanzas y recelos
la recupero cálida y soleada
única como un mito discretísimo

recojo de anteayer su imagen persuasiva
que nos había convencido a todos
uno se acomodaba entre las rocas
y el agua mansa de río salado
venía a lamer los pies y casi se quedaba

y cuando el horizonte se encendía
y había en el aire un hilo como baba de dios
que en uno de sus cabos tenía a un negrito

y en el otro un barrilete rubio
uno no era feliz pero faltaba poco

y cuando el horizonte se apagaba
y una hebra de sol se quedaba en un pájaro
el pino verde claro y el pino verde oscuro
acababan meciéndose como las siluetas
de dos gandules que lamentaran algo

de pronto la noche se volvía perpetua
y la alegría dulce y taciturna
si la vía lechosa se volcaba
sobre nosotros reminiscentes
era lindo acampar en el insomnio

exhumo mi ciudad tal como era
con apenas tres puntos cardinales
ya que donde vendría a estar el sur
no era punto cardinal sino un río
que descaradamente presumía de mar

todas las calles conducen al río mar
de todas las terrazas se divisa el mar río
en prosa se diría que es una península
pero en verso es mejor un barco desbocado
que se aleja del norte por las dudas

La casa y el ladrillo
Inventario I, p. 201 (fragmento)

Capítulo 15

«... desarmados como sueño en andrajos...»[*]

La sensación de peligro que tenían los habitantes de Buenos Aires no inmovilizaba a los militantes, tampoco a los exiliados. A pesar de que se sucedían los asesinatos y de que los ominosos Ford Falcon, los coches sin matrícula de los parapoliciales, circulaban impunes por las calles, el círculo de uruguayos insistía en sus denuncias. El 30 de marzo de 1974 Zelmar Michelini hace un alegato frente al Tribunal Russell en Roma, acusando a la dictadura de los terribles atropellos cometidos contra los derechos humanos de sus compatriotas. Lo intentó también en Argentina con otros dirigentes políticos uruguayos, tendiendo puentes para lograr la unidad ante la dictadura, y ayudando a los que recién llegaban. Como luego lo citará Mario en un poema, «no se puede agregar decía despacito / más angustia a la angustia / no hay derecho». En esa situación recuerda Benedetti a Carlos Quijano, el director de *Marcha* hasta su clausura en 1974: había tenido que huir simplemente con una cartera de documentos, a los setenta y cuatro años. Michelini le consiguió refugio por un tiempo en el que, junto a Mario, intentó aliviarle la amargura del exilio, hasta que el venerable periodista decidió seguir viaje a México, donde moriría en 1984 sin ver el regreso de la democracia a su país. El protagonismo de la esperanza que iluminaba la figura de Michelini no podía pasar inadvertido para sus enemigos.

En esa atmósfera enrarecida se desenvolvía la vida de Benedetti sin que se decidiera a abandonar la cercanía de su país, su familia, sus afectos. Se había encontrado con muchos compatriotas y muchos más cruzaban constantemente el río. Pero an-

---

[*] *La casa y el ladrillo*, en *Inventario I*, p. 169.

tes que él, el día previo al golpe de Estado había llegado el ya citado senador Michelini para cumplir una misión política, y luego, ante la imposibilidad de volver a su país, se había quedado, engañosamente amparado por un círculo de amigos, sin hacer caso a las voces que le aconsejaban un destino más lejano.

Fue una época de estrechamiento de la relación política que los había unido en Montevideo. Michelini había sido un brillante político proveniente de un partido tradicional, el Colorado, y se había destacado en la defensa de los derechos humanos ya dentro del Frente Amplio. Pero Mario redescubrió aquí al ser humano cálido, interesado en la literatura, excelente analista de las relaciones internacionales. Durante meses se vieron varias veces a la semana para comentar los vaivenes de la política uruguaya o simplemente para comer en un pequeño restaurante de la calle Maipú, y charlar de libros, del *boom* latinoamericano, de Onetti. Así los recuerdan algunos de los hijos de Zelmar, entonces adolescentes. Rafael me habla de sus conversaciones con el padre, sintiéndose casi adulto, con sus dieciséis años. Felipe, todavía niño, menciona la recurrente dieta de su padre, palta (aguacate) y carne asada, en esos encuentros con el escritor. Margarita, mayor y militante, tendrá su propia peripecia política. Y también Julio Durán, un colaborador político del senador que viajaba frecuentemente para llevarle documentos o noticias, me cuenta que fue testigo mudo y fascinado de esas charlas.

Desde un punto de vista afectivo, esa relación fue enormemente importante para el escritor que ya iba abandonando, no la inquietud política, pero sí la máscara del dirigente que se había puesto por obligación moral. La figura carismática de Michelini, su nobleza e inteligencia, su bondad, provocaron una afinidad que fue mutua puesto que también Zelmar sentía confianza, admiración y respeto por Benedetti. En mayo de 1976 el senador fue secuestrado y asesinado, junto al que había sido presidente de la Cámara de Diputados, Héctor Gutiérrez Ruiz, y a dos compatriotas más, Rosario Barredo y William Whitelaw. Entonces Mario, que ya no estaba en Buenos Aires, escribió uno de los poemas más conmovedores, tal vez la elegía más sentida de su obra poética. En «Zelmar» dice: «ya van días y noches que

192

pienso pobre flaco / un modo de decir pobres nosotros / que nos hemos quedado / sin su fraternidad sobre la tierra».

ENTRE EL AMOR Y LA MUERTE

En medio de ese horror Mario Benedetti escribe uno de sus libros más conocidos y admirados, un libro de amor, *Poemas de otros*. Es un amor en el más amplio sentido, tal como lo define la cita de Octavio Paz que lo abre: «Para que pueda ser he de ser otro, / salir de mí, buscarme entre los otros, / los otros que no son si yo no existo, / los otros que me dan plena existencia».

Es amor erótico («Apenas y a penas»), amor a la esposa («Bienvenida»), a la amiga («Vaya uno a saber»), es el amor que expresan sus personajes (Martín Santomé, Laura Avellaneda, Ramón Budiño), el amor de la plenitud («La otra copa del brindis») o de la despedida («Soledades»). Y también están las *Canciones de amor y desamor*, con algunos de los textos más populares de Benedetti: «Chau número tres», «Hagamos un trato», «No te salves», «Te quiero». En el juego del espejo que es la creación de otros yoes se produce la eclosión de la desnudez, de la sinceridad, de la confesión. Y así el «Hombre que mira sin sus anteojos» tiene una visión impresionista de las mujeres: «las buenas mujeres de esta vida / se yuxtaponen se solapan se entremezclan», se hacen carne y no espectáculo. Curiosamente, este libro tiene una deuda explícita con las técnicas narrativas puesto que en esos «poemas de otros» la subjetividad actuante se ha creado a partir de la objetividad del autor, como si se tratara de una narración.

Como dice una cita de Juan Gelman que expresa profundamente al poeta, «de todos modos, yo soy otro». Esta cita abre la última sección del libro, «Epílogos míos», dedicada a sus amigos Claribel Alegría y Bud Flakoll, en la que predomina la reflexión. Empieza con una definición que lo ha guiado a lo largo de su vida, «La política es una forma del amor...». Esa fórmula, que en realidad es un sentimiento, le sirvió como explicación de su compromiso puntual como dirigente político, pero también es evidente que emana de cada uno de sus gestos ante la realidad que lo rodea. «Como árboles» es un poema capicúa en el que se expresa el juego profundo de la otredad, la visualización gozosa de la alteridad como vertebración de la vida, un modo más de sacarle plenitud a esa vida sobresaltada que lleva. Empieza: «Quién hubiera dicho / que estos poemas de otros / iban a ser / míos», y termina: «quién hubiera dicho / que estos poemas míos / iban a ser / de otros».

El amor es sin duda una fuerza vertebral en la poesía de Benedetti, también en la narrativa, pero tal vez los poemas sean vehículos más concentrados y comunicantes, valga aquí una vez más su palabra preferida. *El amor, las mujeres y la vida,* la antología de su poesía amorosa, que preparó él mismo, tenía en su edición de 1995 noventa y ocho poemas y seguramente podría crecer con los escritos en los últimos años. Pero es más extraordinaria la escritura de esa poesía del júbilo amoroso en esta época de caos, muerte, destrucción y derrota. Parece el triunfo de la vida, la alabanza de la fuerza principal en el transcurrir de los seres humanos, que consuela y promueve la continuación de ese viaje vital.

Sin embargo, Mario, como tantos otros, lo tenía difícil. El acorralamiento no era solamente económico, sus libros estaban prohibidos explícitamente en Uruguay, y de hecho, en Buenos Aires; no era solamente que en su medio social se sintiera obligado a esconderse, a no comprometer a los amigos, sino que a finales de 1974 la Alianza Anticomunista Argentina (la temible Triple A) decide publicar una lista de condenados.

Era una mañana del verano montevideano y Raúl Benedetti estaba duchándose y oyendo la radio cuando el locutor da la relación de decenas de escritores y artistas a quienes se les había dado cuarenta y ocho horas para abandonar el país: al expirar el plazo, se les mataría. Entre ellos estaban el director de cine Sergio Renán, los actores Ana María Picchio, Héctor Alterio, y, entre otros más... Mario Benedetti. Raúl se abalanzó fuera del baño, averiguó el horario del «vapor de la carrera», el barco que unía las dos capitales, y fue directamente a buscar a Mario para llevarlo al aeropuerto. Allí estaba Diana Reches, quien había conseguido de una amiga un coche con matrícula diplomática para intentar que no hubiera interferencias al llegar al recinto vigilado del aeropuerto. Diana recuerda que tanto ella como Raúl estaban muy nerviosos y que era el amenazado el que trataba de calmarlos.

Nuevamente salía «con lo puesto». La elección de destino fue, otra vez, el lugar más cercano posible al paisito. Ahora llega a Lima, Perú, con unas pocas direcciones y una recomendación: que al escribir en los periódicos no hable del país. Primero lo alojó en su apartamento un amigo argentino, Mauricio Fabermann, después alquila un apartamento mínimo en el barrio de Miraflores, y trabaja en el periódico *Expreso de Lima*. En paralelo, empieza a escribir para la agencia de noticias Inter Press. Durante años, con su habitual disciplina, producirá una nota semanal que es distribuida a través de esa agencia por diversos países. En ese período, asimismo, se estrecha su relación con el prestigioso crítico peruano Antonio Cornejo Polar, quien muy poco tiempo antes lo había invitado a formar parte del consejo de redacción de una nueva *Revista de Crítica Literaria Hispanoamericana*. Durante varios años siguió colaborando en la revista, y la relación se amplió a lo personal, y así los dos matrimonios intercambiaban afecto cada vez que se encontraban.

A los seis meses, y a pesar de haber seguido al pie de la letra la recomendación de no hablar de Perú, de nuevo su vida sufrirá un cambio radical. La situación del país se enturbia, el Gobierno que se proclamaba «progresista» —Velasco Alvarado y su famosa doctrina militar peruanista, de corte nacionalista y populista— se precipita en el caos, impone la censura y, en el mes de agosto, cae. En la madrugada del 22 de agosto de 1975 irrumpen en su casa unos, dicen, policías de particular, con la orden de deportarlo inmediatamente. Le dan a elegir, la frontera norte con Ecuador —desconocida, despoblada— o de regreso a Buenos Aires. Mientras discuten de plazos, ante la prohibición de avisar a cualquiera de su partida, consigue que lo dejen hablar con la dueña de la casa; ésa será la única, débil, pista acerca de su destino que podrá dejar. En una comunicación del 17 de octubre de 1975, Antonio Cornejo Polar lamenta la expulsión y le expresa: «Nos reconfortó tu serenidad y tino». En las cartas que se intercambiaron los dos escritores[*] aparece con claridad el entramado de escritores latinoamericanos que se apoyaban, colaboraban en empresas comunes y, paralelamente, comentaban los avatares políticos que, con mayor o menor dramatismo, afectaban a sus países. Será una experiencia tan intensa que la incorporará tal como la vivió a los capítulos autobiográficos, *Exilios*, de *Primavera con una esquina rota*, muchos años después.

El caos se estaba apoderando de su vida: vuelve al lugar en el que está condenado a muerte, y cuando busca otra salida, lo llaman desde Lima ya que el «malentendido» se había aclarado. Este segundo regreso es muy breve, simple pasaje hacia un destino más acogedor: Cuba.

Contemporáneamente el escritor y el hombre sufren otro golpe: su admirado y querido amigo, Roque Dalton, había ingresado clandestinamente a su país y un sector radicalizado de su propio grupo guerrillero, el Ejército Revolucionario del Pueblo, lo había asesinado. Mario escribirá en varias oportunidades sobre el poeta salvadoreño, destacando su compromiso político, con el colofón injusto de la muerte y la autocrítica tardía de uno de sus asesinos, Joaquín Villalobos. Pero se detiene una y otra vez en la obra y sobre todo en su talante, su «humor poético». Parafraseando uno de los poemas del guerrillero, donde se unen muerte y júbilo vital, Benedetti asegura: «Recordamos su bandera, su verdad, su puño y su esperanza, pero en primer lugar recordamos su humor, que es también una síntesis de su temple vital. Ese júbilo matutino y palpable»[**].

Los poetas corren peligro. Y Julio Cortázar le escribe a Roberto Fernández Retamar mostrando su sentimiento por el

---

[*] Las cartas se custodian en The Bancroft Library, Universidad de California, Berkeley. A Lauren Lessleben, de dicha institución, y a Gonzalo Cornejo Soto, director del Centro de Estudios Literarios Antonio Cornejo Polar, debo la posibilidad de consultar dicha correspondencia.

[**] «Roque Dalton, cada día más indócil», en *El ejercicio del criterio*, Madrid, Alfaguara, 1995.

asesinato de Dalton y su inquietud por la suerte de un Benedetti del que sólo conoce su expulsión de Lima. Le pide información y agrega: «Mario es uno de los hombres más valiosos de nuestro continente y por tanto siempre en peligro»*.

---

* Carta de Cortázar del 6 de octubre de 1975, citada en «Benedetti: el ejercicio de la conciencia», Roberto Fernández Retamar, *Concierto para la mano izquierda*, Casa de las Américas, 2000.

ANTONIO MACHADO:
UNA CONDUCTA EN MIL PÁGINAS

Uno se explica entonces el infinito tacto y las prolijas pinzas con que aprehenden a Machado los glosadores y los exégetas, los viejos trujamanes y los noveles devotos. Quizá el volumen debería llevar, para su protegido manejo, aquella clásica instrucción boticaria: No *agitarlo.* Machado el Bueno sirve (¿quién no?) para finales de oratoria, para lindos epígrafes, para encendidas protestas de hispanismo, pero siempre y cuando se le pidan en préstamo citas aisladas, en mansa horizontalidad, en calma y alma chichas. Pero cuidado si se agita el frasco, y la *fuerza del consonante* se mezcla con la fuerza de Mairena, y las *sílabas contadas* entran en peligrosa promiscuidad con las austeras anotaciones de Abel Martín, o los inocentes cantares se entreveran con el intencionado Discurso de ingreso a la Academia. Entonces Machado el Bueno, que tan cómodo resulta para ser confinado entre comillas, se transforma en una suerte de Machado el Verdadero, Machado el Real, que, claro, no es menos bueno pero sí más incómodo.

«Y más que un hombre al uso que sabe su doctrina / soy en el buen sentido de la palabra, bueno.» Suena sin vanidad, casi como conciencia. En el *buen sentido,* o sea (podríamos agregar) en el de la lucidez, la sinceridad, el coraje cívico, y no en el mal sentido, o sea el de la blandura, la indiferencia, el conformismo. La suya (como él lo dijo con respecto a España) es bondad «de la rabia y de la idea». Por eso arde, y por lo tanto quema. Por eso suele opinarse sumariamente que «carece de biografía», o escribirse con largueza («recoge el esfuerzo muscular, las sensaciones táctiles, los olores, el sol de fuego», dijo sin esfuerzo muscular el calmoso Julián Marías) sobre el paisaje machadiano antes de citar algunas de sus campanas inocentes o alguno de sus absueltos ruiseñores. Porque sucede que Machado es mucho más que campanas y ruiseñores, mucho más que álamos y parameras. Cuando se acerca al paisaje como cuando se acerca al amor, lo hace sí con pleno derecho, porque ésa es su tregua, su armisticio, su descanso tal vez. En su vida arrinconada, el paisaje o el amor suelen ser, como en el célebre olmo seco de su poema, la *gracia* de *la rama verdecida*. De ahí que su absorción de la naturaleza se realice sin artificios, de un modo limpio y espontáneo, pero aun en ese aparente oficio de contemplador, la carga vital resulta inocultable y se inmiscuye y se afianza entre ramas y pájaros, entre nubes y ríos.

Me parece tremendamente injusto separar a Machado de sus actitudes. No importa que la biografía sea escueta, porque ésa es la biografía exterior, la del siempre inexacto *curriculum*. Pero la verdadera biografía, y las actitudes que en ella se engarzan, reside plenamente en su obra de escritor. Frente a la creación poética, frente al contorno social, frente a la guerra civil que lo derrumba, frente a sus compañeros de generación, frente a España misma, Machado fue escribiendo, fue levantando su voz, fue diciendo quién era. La verdadera vida del poeta transcurre en su millar de páginas, y el itinerario es de una renunciación tan previsora y a la vez tan indócil, que nadie puede permanecer ajeno a esa conmovedora lucidez. La vida de Machado está en sus actitudes, nada sensacionalistas pero siempre irreprochables, y también está en sus escritos, que son algo así como articulaciones entre actitud y actitud. Quienes abren desmesurados ojos ante alguna zona machadiana que *creen* inofensiva, pero los cierran para la vital provocación implícita en el resto están postulando la presencia de un Machado irreal, por cierto mucho más apócrifo que Abel Martín y Juan de Mairena. Nada apócrifo por cierto es este último cuando confiesa: «Porque yo, que viví hasta la fecha con una decencia tan considerable, que obtuvo, alguna vez, la hiperbólica reputación de absoluta...».

Pocos escritores han sido tan conscientes del vano denuedo que puede ir inserto en la condición de escritor, en el menester artístico: «Y si la vida es corta / y no llega la mar a tu

200

galera, / aguarda sin partir y siempre espera, / que el arte es largo y, además, no importa». Pero esa amarga comprobación no le impidió poner en boca de Mairena este consejo: «Porque algún día habrá que retar a los leones con armas totalmente inadecuadas para luchar con ellos. Y hará falta un loco que intente la aventura. Un loco ejemplar». Y, además, en su propio epistolario, esta ingenua, deliciosa posdata: «Estoy en una época de inspiración. Yo creo todavía en la inspiración».

Machado descomplicó los elementos clásicos de la poesía española. Una de sus obsesiones era, sin duda, el hablar claro: *Veremos lo que pasa cuando lo distinguido, lo aristocrático y lo verdaderamente hazañoso sea hacerse comprender de todo el mundo, sin decir demasiadas tonterías,* pero su interpretación del hombre se rebelaba ante la posibilidad de masificación, y jamás cayó en la tentación de confundir masa con *pueblo:* «El hombre masa no existe; las masas humanas son una invención de la burguesía, una degradación de las muchedumbres de hombres» y agregaba: «Si os dirigís a las masas, el hombre, el cada hombre que os escuche, no se sentirá aludido y necesariamente os volverá la espalda». Machado para cada hombre y éste todavía hoy se siente aludido [...].

Sobre artes y oficios, p. 128 (fragmento)

Capítulo 16

«... patrias suplentes compañeras...»*

No sólo Julio Cortázar estaba preocupado por Mario, sus amigos y colegas cubanos seguían de cerca la inquietud de la vida en el exilio del escritor uruguayo. Haydée Santamaría, la heroína del 26 de Julio, fundadora y presidenta de Casa de las Américas, apreciaba enormemente la labor profesional de Benedetti, pero aún más su talante. Poco tiempo antes le había escrito que se echaba de menos su participación en las discusiones del consejo de dirección de la institución habanera. Por ello, no es raro que en esta situación angustiosa simplemente le enviara el pasaje aéreo hacia Cuba.

Se iniciaba así su tercera estancia prolongada en la isla, que abarcaría desde principios de 1976 hasta finales de 1979. Reasumió sus tareas en Casa de las Américas, su vida en el barrio de Alamar, con un ingrediente nuevo: la presencia de muchos latinoamericanos, en especial uruguayos, expulsados por las dictaduras militares de sus países. Ya no podrá encontrarse con la risa estruendosa de Roque Dalton, pero abundarán chilenos, argentinos y otros nuevos alegres, los que esperan hallar pronto la felicidad, los nicaragüenses. Se cruza con jóvenes guerrilleros y con poetas, las dos especies mayoritarias entonces en Nicaragua. La excepción es Sergio Ramírez, narrador y ensayista que desempeñará un papel principal en la Revolución sin haber pasado por la guerrilla, y con el que Benedetti mantendrá una gran afinidad intelectual y una cálida amistad a lo largo de los años. Ernesto Cardenal recuerda sus paseos por las calles de La Habana con Mario y Luz, las tiendas sin lujos, las colas en las librerías y en las heladerías. Y recuerda que en ese

---

* *La casa y el ladrillo*, en *Inventario I*, p. 174.

momento le dijo a Benedetti: «Yo me he retirado del mundo para vivir en una isla, porque me repugnan las ciudades. Pero ésta es mi ciudad. Ahora veo que yo no me había retirado del mundo, sino del mundo capitalista». Tal vez en esos momentos el monje contemplativo se estaba decidiendo a pasar a la colaboración con la guerrilla que culminaría con la Revolución sandinista.

Entre los cubanos intercambiaba amistad con los históricos y con los nuevos. Era amigo y admiraba a Eliseo Diego, Cintio Vitier, Fina García Marruz, pero también leía a las nuevas generaciones de entonces, Pablo Armando Fernández, Jesús Díaz, Nancy Morejón. Y aprovecha el vivir en el paraíso del cine latinoamericano para disfrutar de los logros de entonces. Uno de sus refugios favoritos es el ICAIC (Instituto Cubano del Arte e Industria Cinematográficos), fundado por un histórico de Sierra Maestra, Alfredo Guevara, refinado y cultísimo interlocutor. También colaboró en la revista *Cine Cubano* y fue miembro del jurado del Festival Internacional del Nuevo Cine Latinoamericano de La Habana.

Curiosamente o no, sus peores relaciones las mantiene con algunos responsables políticos, y él y otros testigos recuerdan sus fuertes discusiones con Manuel Piñeiro —*Barbarroja*—, responsable del famoso Departamento América y marido de la pensadora chilena Marta Harnecker. De él dependía la línea de relación de Cuba con los movimientos de izquierda de América Latina, y Mario casi nunca estaba de acuerdo con sus criterios.

Dentro de Cuba el escritor siempre se sintió libre para expresar su opinión, lo cual en varios casos fue motivo de discusiones con algunos de sus colegas. Sin embargo, el prestigio que lo rodeaba le permitió apoyar ciertas causas, como ya hemos visto en el caso de los miembros de la *Nueva Trova*, o también cuando el escritor Jesús Díaz, a pesar de estar plenamente integrado en las estructuras culturales cubanas, encontraba dificultades burocráticas para publicar su novela *Las iniciales de la tierra*. Asimismo, en diversas oportunidades fue muy crítico con la prensa cubana. En especial recuerda una ocasión en presencia de Fidel Castro, quien tuvo que admitir que él leía prensa extranjera para compensar la local, y que le propuso que se ocupara de mejorar la cubana. Pero Mario no aceptó el envite, tal vez por no apartarse de su labor literaria, o tal vez por lo imposible de la misión.

Sin embargo, la actitud del escritor uruguayo hacia el líder cubano siempre ha sido de admiración, con pocos matices. En lo personal, pudo frecuentarlo en numerosas oportunidades, lejos del protocolo, en casa del ministro de Cultura, Armando Hart, o en un apartamento del barrio habanero de El Vedado. Intercambiaban mucha información literaria puesto que Castro parecía un gran lector, y a él le debe el descubrimiento de un excelente escritor norteamericano, William Styron. En temas políticos, sin embargo, sólo le ha reprochado, pero consistentemente y a lo largo de los años, el mantenimiento de la pena de muerte en Cuba.

Definitivamente, empieza a aceptar que pasará mucho tiempo en el exilio. Y Luz se decide a acompañarlo, dejando Montevideo después de buscar protección para las dos madres. Así se amplía el círculo de amistades que frecuentan: los matrimonios del ensayista y crítico Ambrosio Fornet y Silvia Gil, del pintor Mariano Rodríguez y Flor Ceballos, el conocido grabador y cartelista Humberto Peña, que era muy amigo de Luz, y muchos más. Silvio Rodríguez lo recuerda en reuniones de jóvenes en casa del escritor prematuramente fallecido Luis Rogelio Nogueras. Y asevera: «Poco a poco me fui dando cuenta de que Mario era un clásico no sólo de la literatura contemporánea, sino de la juventud. Esto pasa muy poco: dondequiera me encuentro sus versos, lo mismo en las conversaciones que en los muros, en postales de amistad, en lemas de correo en Internet, en libros que la gente te dedica usando sus palabras, su bandera humana, su poesía». Poco más tarde este trovador dedicará una de sus canciones al escritor venerado, «Cuando yo era un enano», un texto tierno y conmovedor que termina significativamente: «Cuando yo era un enano / viví pasiones tan memorables, / con los zapatos rotos / y la sonrisa menos amable. / Tierra bajo las uñas, / manos sin pena tocando mundo, / cuando yo era un enano / era profundo. / Libertad, libertad, / libertad para mi niño, / libertad, libertad».

La plena comprobación del exilio, en cuanto extrañeza, en cuanto separación, y también en cuanto voluntariosa forja de la esperanza del regreso, está presente en un libro escrito en Cuba, pero desde la más íntima subjetividad, y publicado en 1977, *La casa y el ladrillo**. Este breve poemario es, sin embargo, uno de los más conocidos, de los más apreciados por la intensidad de su voz. La cita que lo encabeza es de Bertolt Brecht: «Me parezco al que llevaba el ladrillo consigo para mostrar al mundo cómo era su casa». Y efectivamente, son poemas de total dedicación a su país y a la experiencia de no estar en él, como lo indica la dedicatoria, hermética si no conociéramos las circunstancias: «A los que adentro y afuera viven y se desviven mueren y se desmueren».

Entre «Bodas de perlas» y «Los espejos las sombras» se acumula un buen trozo de vida del autor. Los datos autobiográficos van desde la más tierna infancia («aquella infancia breve / con la casa en la loma») hasta la historia al unísono de su pareja, en el primer poema de los nombrados, dedicado a Luz. En el repaso de esos treinta marzos —las bodas de perlas— no sólo están ellos y sus gestos, sino también el entorno que iba pautando su caminar, cómo iba cambiando el mundo, cómo iban acoplándose ellos, «cada vez más seguros casi como / dos equilibristas sobre su alambre». No sólo en este libro, toda la obra poética de Benedetti permite un recorrido veladamente autobiográfico por su infancia, sus padres, el amor, los lugares queridos, los amigos, el exilio, el tiempo que pasa.

Los poemas del exilio —«La casa y el ladrillo», «Otra noción de patria»— dan cuenta de los asombros, las carencias y los fraternos encuentros, las seguridades que dan esas «patrias suplentes», esas «patrias interinas», hasta ahora Argentina, Perú,

---

* A pesar de que este libro está fechado, en *Inventario* y diversas bibliografías, en el año de 1977, la primera edición de Siglo XXI es de 1976. Posiblemente haya sido en el filo del paso de año puesto que el 19 de diciembre de 1976 Benedetti anuncia, en carta a Antonio Cornejo, que este libro «lo publicará Siglo XXI en México».

Cuba, que acompañan, sostienen, comprenden, y a las que para siempre les debe amor: «ojalá que el ladrillo que a puro riesgo traje / para mostrar al mundo cómo era mi casa / dure como mis duras devociones / a mis patrias suplentes compañeras / viva como un pedazo de mi vida / quede como ladrillo en otra casa».

Junto al extenso «Croquis para algún día», emocionante plan para un regreso al paisito del que lo separan todavía, sin que él pueda saberlo, casi diez años, está el ya mencionado «Zelmar», esa elegía por el asesinato del amigo que trasciende la tristeza para transformarse en símbolo de una esperanza: «y empezará a blindarnos los pregones / a encender el futuro con unas pocas brasas». A las pocas semanas de escrito, las copias mecanografiadas de este poema se extenderán como contraseñas en el interior del país, como anotaba el entonces jovencísimo Rafael Courtoisie.

La poesía y el trabajo en Casa de las Américas ocupan todo su tiempo, teniendo en cuenta que él no acepta ningún privilegio para su cotidianidad, como recuerda Annie Morvan, entonces compañera de Daniel Viglietti, visitante asidua del modesto apartamento en que vivían. Ella, que lo había conocido en Montevideo, y en este entonces se había refugiado con Daniel en París, todavía tiene muy presente, al rememorar la época para este libro, un problema que con los años llegará a ser decisivo para Mario: el asma, que se agravaba con el clima de Cuba.

Tal vez también se agravaba con las noticias. En lo que le atañe personalmente, el régimen militar no le renueva el pasaporte, y habría quedado confinado en la isla si no hubiera sido por el abuelo Brenno. Su hermano Raúl le gestiona el pasaporte italiano y durante años usará ese documento para desplazarse por el mundo. Asimismo, sus libros no sólo están prohibidos en las librerías, sino que son retirados de la Biblioteca Nacional: silenciosos y arriesgados funcionarios los pondrán a resguardo durante años.

Las noticias que llegan desde dentro del país son terribles y grotescas. Las denuncias de persecuciones, torturas y coordinación represiva con las dictaduras vecinas tienen su confirmación inesperada en la aparición de cadáveres en las costas de Uruguay, en la desaparición de algunos compatriotas y en la muerte de otros. Un amigo querido, un hombre respetado, el maestro y periodista Julio Castro, fundador de *Marcha,* es secuestrado por los militares y desaparece para siempre. Y mientras niegan la entrada de una misión de la Internacional Socialista, presidida por Felipe González, los dictadores Pinochet y Videla son recibidos con honores militares, pero en medio del vacío popular. Serán estos detalles emocionantes, además de las motivaciones ideológicas y éticas, los que determinarán una actividad incesante de Mario Benedetti por América y Europa en apoyo de las denuncias de los grupos uruguayos, y en demanda de solidaridad internacional.

El destino más cercano, México, será también un lugar de fraterna acogida para esa actividad y también para sus libros y su persona. El periodista y escritor mexicano Sealtiel Alatriste, quien fue también durante largos años editor en su país, trae al día de hoy los avatares de aquella época. Lo primero fue la sorpresa que se produjo en su librería El Juglar cuando compró un lote de libros de Alfa Argentina en el que venían títulos de poesía de Benedetti. Hasta entonces sólo se lo conocía como novelista, y poco. La razón era que la literatura latinoamericana únicamente se daba a conocer en esa plaza a través de la editorial Siglo XXI, y a pesar de su gran labor, no era suficiente, o todavía no había llegado la hora. Esa realidad impulsa un proyecto de Alatriste con Guillermo Schavelzon, el editor argentino ya exiliado en México, que se llamará Nueva Imagen. Esa flamante editorial tendría en cuenta en sus catálogos el amplio exilio latinoamericano en aquel país. La antigua relación de Schavelzon con Benedetti propició no sólo la presentación personal del escritor uruguayo, sino la edición de todas sus obras en la llamada Biblioteca Mario Benedetti, que surgía al mismo tiempo que la Biblioteca Julio Cortázar.

Para el autor de *Inventario* fue el renacimiento. El acoso de las dictaduras del Cono Sur había hecho desaparecer sus libros de los proyectos editoriales, y ahora vuelven en ediciones cuidadas y comprensivas de toda una obra. Lo eran por la intención de las casas que las publicaban, pero sobre todo por el cuidado —la manía— del autor. Todos los editores consultados resaltan su pasión por la supervisión del texto y la eliminación de las erratas. Todos lo consideran un escritor muy exigente, pero al mismo tiempo le reconocen una gran fidelidad con sus editores, un trato abierto y cálido. Alatriste recuerda la falta de discusión de los contratos. Y aunque ésa es una característica bastante generalizada entre los escritores —y por eso necesitan de agentes que les cuiden los intereses—, en Mario lo más importante siempre ha sido sentirse a gusto. Cuando se produjo el famoso *tequilazo* y la crisis económica arrasó México, fue el único autor de Nueva Imagen que aceptó el pago en pesos y no en dólares, demostrando una generosidad excepcional.

Esos años fueron de una popularidad inusitada y desbordante, sobre todo entre los jóvenes. Y resulta especialmente llamativa teniendo en cuenta que en México se le presentaban grandes obstáculos. Por un lado, por razones ideológicas, nunca quiso aprovechar la enorme influencia del grupo de comunicación Televisa, tan ligado al poder y tan monopólico. Y por otra parte, a pesar de la admiración que sentía por la poesía de Octavio Paz, rápidamente se distanció de él y del grupo que lo rodeaba que, de alguna manera, controlaba la vida intelectual de México. En 1972 había escrito el artículo «Mafia, literatura y nacionalismo», luego recogido en *El escritor latinoamericano y la revolución posible* (1974). Era un violento enjuiciamiento de la actitud de Paz y su grupo, que planteaba la marginación del intelectual con respecto a la sociedad en la que vive y al fenómeno político. Y toma partido por «lo más auténtico y lo más válido de la literatura mexicana actual», Rulfo, Sabines, Huerta.

El cerco de silencio que esta actitud desató tocó solamente a las estructuras de poder, no al público amplio. En esos dos o tres años se publicaron veinte de sus títulos. Su diálogo con las masas se concretó en algún recital con Nacha Guevara, o simplemente en multitudinarias lecturas en las que los jóvenes le gritaban los poemas que querían escuchar, y Mario leía.

CON NOSTALGIA

Los viajes lo llevan, además de a ese México acogedor, donde estrecha su amistad con escritores como José Emilio Pa-

209

checo o Efraín Huerta, también a Colombia. Va a Bogotá con Favero y Nacha Guevara para dar a conocer su famoso recital *Nacha canta a Benedetti,* y a Medellín para una lectura de poemas en un hermoso espacio desde el que, mientras leía, podía divisar con asombro extensas plantaciones de marihuana.

En La Habana trabaja en una edición conjunta con el escritor cubano Antonio Benítez Rojo, *Un siglo del relato latinoamericano.* Y da los últimos toques a un libro propio que tendría una historia de edición complicada.

El escritor uruguayo ya lleva cuatro años fuera de Uruguay. Es un tema que le provoca reflexión: cómo seguir creando con su más auténtica materia prima, la realidad de su país, a pesar del desarraigo de la lejanía. En una conversación inédita entre el escritor y Carlos María Gutiérrez, sostenida en 1982[*], Mario define su problema: «Hoy el Uruguay tiene dos regiones: una, el país que vive bajo la dictadura y otra, el exilio político. Yo trato de hablar del Uruguay que tengo más a mano, el del exilio, pero necesito tender puentes hacia el otro». Y eso es lo que hacen los cuentos de *Con y sin nostalgia.*

Más de veinte años atrás, Benedetti había escrito un ensayo breve que se hizo célebre con el tiempo acerca de las diferencias y contrastes en «tres géneros narrativos», el cuento, la *nouvelle* y la novela[**]. Decía: «La vivacidad, el coraje del cuentista, se relacionan especialmente con su actitud [...]. Su propósito no va más allá de destacar una *situación,* pero en ese propósito pone toda la eficacia, toda la habilidad de que dispone». Los cuentos de *Con y sin nostalgia* son claros ejemplos de *situaciones,* algunas nimias, que se transforman en fulgurantes por la luz con la que las enfoca el autor. Excepto «Los viudos de Margaret Sullavan», que refiere a una antigua anécdota autobiográfica en Nueva York, los demás cuentos tratan del conflicto o de diversos espacios del exilio, empezando por el extenso relato que cierra el libro, «La vecina orilla», que recrea el asfixiante

---

[*] Tengo una copia mecanografiada de la entrevista gracias a la generosa amistad de Carlos María Gutiérrez.

[**] «Tres géneros narrativos» en *Sobre Artes y oficios,* Montevideo, Alfa, 1968, definitivamente recogido en *El ejercicio del criterio,* Madrid, Alfaguara, 1995.

ambiente del Buenos Aires de 1974-1976, aquel que él había vivido en todos esos detalles: tiroteos, secuestros, Ford Falcon, solidaridad, milanesas, helado de dulce de leche, ropa *hippy*. En este texto también se intercalan escenas frescas, alguna tragicómica, como la referencia plenamente autobiográfica a una anécdota de la infancia. El escritor siempre ha recordado con culpa cómo siendo muy pequeño observó por debajo del mantel de una mesa una caricia furtiva de su padre a una vecina —se llamaba Blanca en lugar de Clarita, como en el cuento— en presencia de la madre. Su espontánea exclamación de alerta provocó una crisis del matrimonio que durará mucho tiempo en la realidad, y más aún en la memoria del niño.

Dada la cadencia de escritura de los cuentos que en muchas ocasiones ha confesado (a veces un breve relato de cinco páginas tarda años en escribirse, decía), asoman en este libro, no sólo anécdotas o inspiraciones provenientes de diversas etapas vitales, sino también preocupaciones que serán objeto de tratamiento literario en otros momentos. De lo primero es ejemplo «Relevo de pruebas», ya publicado en Montevideo en una edición colectiva varios años antes, y de lo segundo lo es «Pequebú», la breve historia de un joven escritor condensada en una sesión de tortura, y en la que asoman los prejuicios y desconfianzas que la militancia más ortodoxa, sus mismos compañeros, descargaba sobre «el pequeñoburgués», aquel que leía a Hesse o Machado, que escribía versos sobre cosas hermosas, pero que «va a morir sin nombrarlos. Ni a ellos, ni a Machado», como concluye el texto. En 1981, al escribir el ensayo «Acción y creación literaria», consagra un apartado al tema, «¿Pequeñoburgués o mártir?». Es incisivo y mordaz al señalar la injusticia: «A veces parecería que el único expediente de que dispone un intelectual para que tales prejuicios y desconfianzas se transformen en confianza política y crédito moral es pagar ese arduo certificado con su vida. En esos casos sí, el tránsito, de *pequeñoburgués* a *mártir* es instantáneo, pero en verdad no resulta demasiado estimulante que el aval de confianza llegue junto con la partida de defunción»*. Y luego anuncia la segura superación de

---

* *Subdesarrollo y letras de osadía*, Madrid, Alianza, 1987, p. 149.

las suspicacias, tal vez en alguna ocasión sufridas por él mismo, cuando señala que llega un momento en que la cultura adquiere una enorme capacidad de denuncia y esclarecimiento. Entonces es el enemigo el que iguala la situación: «en esos casos, el hombre de acción y el intelectual son medidos con la misma vara y a veces con la misma picana eléctrica».

Son cuentos duros, intransigentes, descarnados en cuanto las situaciones aludidas lo son. Por eso el libro sufre una peripecia a tono.

Sin mencionar nombres, Benedetti recuerda que hubo una editorial latinoamericana que se negó a publicarlo, y que otra, española, pretendió que eliminara tres cuentos, a lo que él se negó, pues sospechaba que las razones eran políticas y no estéticas. Hay que recordar que el dictador Francisco Franco había muerto, pero la democracia y la libertad de expresión debían andar un trecho más para ser verdaderas en la España de 1976. Por fin, Siglo XXI lo publica en México al año siguiente con dibujos dramáticos de otro exiliado, el pintor uruguayo Anhelo Hernández. Y como cita introductoria elige una muy significativa de otro compatriota, su admirado Juan Carlos Onetti: «Los hechos son siempre vacíos, son recipientes que tomarán la forma del sentimiento que los llene».

EL ESCRITOR Y LA CRÍTICA EN EL CONTEXTO
DEL SUBDESARROLLO

Si, en lo que me es personal, debo hablar del escritor y la crítica, ¿cómo olvidar que en estos momentos hay cientos o quizá miles de escritores y críticos latinoamericanos que viven la dramática experiencia del exilio, con todas las inseguridades, desajustes, nostalgias y frustraciones que esa expatriación acarrea en cuanto a vida cotidiana y formas de supervivencia, pero también en cuanto a oficio y vocación? El mero hecho de haber sido lanzados, en cualquier edad, a un contorno que no es el propio; la sola circunstancia de integrar esa América Latina errante, ese gran pueblo a pedacitos, que a veces debe rodar de frontera en frontera, de aduana en aduana, de funcionario en funcionario, de policía en policía, siempre con la amenaza de la posible deportación antes de afincarse en algún sitio, todo ello genera un estremecimiento, un desacomodo, un desconsuelo, pero también incluye una dolorosa puesta al día con la realidad latinoamericana, con los arduos problemas que viven otros pueblos hermanos, y por último significa un encuentro con uno de los rasgos más conmovedores del ser humano: la solidaridad.

El ejercicio del criterio, p. 48 (fragmento)
(1977)

Capítulo 17

«voy abrazando ausencias...»[*]

El entretejido de amistad, intercambio profesional, complicidad intelectual que se había desarrollado en un Montevideo pequeño, previsible, de espacios reiterados, cafés, librerías, redacciones, barrios, había estallado en miles de quilómetros. Músicos, profesores, periodistas, escritores, gente del arte y del teatro, pero también obreros y profesionales, se habían diseminado en pocos años por todo el mundo. Casi un diez por ciento de la población salió en esa época. Según las oportunidades, la solidaridad de acogida o los vínculos familiares estaban tanto en México como Venezuela o Cuba, incluso en Estados Unidos. Las embajadas de los países nórdicos, tan distantes, pero tan generosos, habían rescatado de las cárceles a muchos. España, Francia y otros países europeos eran sitios favorables para encontrar trabajo y una cultura próxima. Y Mario iba de ciudad en ciudad participando en actos, apoyando representaciones y recitales, dando conferencias y entrevistas, ofreciendo su nombre ya reconocido, pero sobre todo abrazando amigos, recuperando pérdidas.

Pronto consentirá en volver a ser el secretario de redacción de *Respuesta,* la revista de *La Corriente,* ahora en el exilio, y con un pequeño equipo de compañeros la sacará adelante desde Madrid. Compartí esa experiencia y lo recuerdo riguroso en los contenidos, perfeccionista en las formas, a pesar de la pobreza evidente de la revista. Nos costó convencerlo de que su nombre en la cabecera, además de simbolizar la continuidad de la *Respuesta* de Montevideo, nos «servía» a todos para lograr una buena difusión y no entraba en contradicción con

---

[*] «Croquis para algún día», *La casa y el ladrillo,* en *Inventario I,* p. 234.

su decisión definitiva de ser sólo un «militante de base». Basta releer alguno de aquellos editoriales sin firma para reconocer el estilo: «La única vez que la dictadura abrió una rendija, tan pequeña que sólo cabía una sílaba, el pueblo la aprovechó para colocar la sílaba NO. Luego, y como era de prever ante tan adverso resultado la dictadura volvió a cerrar la puerta de su fortaleza, esa que había creído inexpugnable. Ah, pero la rotunda sílaba ya estaba adentro; les fue imposible deshacerse de ella».

Por todas partes se agradece enormemente la dedicación que ofrece, pero su estrecha relación con Cuba empieza a causarle problemas que él siempre despreció públicamente. Es cierto que habitualmente las críticas y descalificaciones provienen de sectores muy conservadores o de «arrepentidos» de haber apoyado a la Revolución cubana en la primera hora. Pero con el tiempo se han hecho públicos otros testimonios. El *Diario* de Ángel Rama[*], textos que abarcan desde 1974 hasta la muerte del crítico en accidente de aviación en Madrid en 1983, tiene pocas anotaciones sobre Benedetti, a pesar de lo estrecho de sus relaciones en años anteriores, como ya hemos visto. Sin embargo, cita el comentario de un supuesto amigo común, el abogado y escritor Carlos Martínez Moreno, quien dice en 1977, luego de almorzar en Madrid con el autor de *Montevideanos,* que éste está convertido en «funcionario cubano». Pero Rama parece mantener su buena opinión acerca de Benedetti a través de los años porque un poco más tarde, al criticar la falta de información política de Julio Cortázar y sus intervenciones públicas, afirma: «He defendido siempre su candor (como lo he hecho respecto a Benedetti) y su honestidad».

También está en pleno proceso de escritura. Ya hemos visto que este año de 1977 ve la publicación de *Poesía trunca* en la Colección de Literatura Latinoamericana de Casa de las Américas con su prólogo y una selección de los textos de veintiocho poetas muertos que «escriben desde el pueblo». Y además, vuelve al teatro.

---

[*] *Diario. 1974-1983,* Caracas, Trilce-La nave va, 2001.

Tal vez experiencias como las que comentaré enseguida han sido las que en el futuro lleven al escritor uruguayo a no querer hablar de sus planes de escritura. Y, efectivamente, desde entonces sólo hablará de los libros que escriba prácticamente cuando estén a punto de publicarse. Pero todavía no había conseguido esa sabiduría. En diciembre de 1973 se había encontrado con el crítico uruguayo Jorge Ruffinelli en Buenos Aires, y se explayó en una larga entrevista, que con el nombre de «La trinchera permanente» aparecerá tres años después dentro de la colección de textos sobre su obra, Valoración Múltiple. En esa entrevista habla de un proyecto en poesía, *Pensamientos de un hombre que mira,* que luego se integrará, afinando su nombre, en *Poemas de otros.* También habla de un libro de cuentos, *El proceso y el milagro,* título que no parece suyo, puesto que siempre acierta en la sutileza, la inteligencia o la habilidad de sus títulos. Afortunadamente, cambiará a *Con y sin nostalgia.* Claribel Alegría, al hablar para esta investigación de su extensa relación con Mario, recuerda sobre el tema de los títulos que en cierta ocasión ella escribió una novela a la que había puesto de nombre *Pueblo de Dios,* y Mario le sugirió un leve cambio que fue todo un acierto: *Pueblo de Dios y de Mandinga.* Y por último, en esa entrevista con Ruffinelli habla de una novela, *El cepo,* que ya tiene plenamente definida: «Va a ser un diálogo entre un torturador y un torturado, en donde la tortura no estará presente como tal aunque sí como la gran sombra que pesa sobre el diálogo». Con la perspectiva de los años reconocemos claramente esa descripción en la obra de teatro *Pedro y el Capitán,* que se estrenará en este año de 1977.

Generalmente Benedetti dice que los temas vienen a su mente con el género correspondiente; no es lo mismo un germen de poema que de novela o de obra teatral. Sin embargo, hay dos excepciones muy llamativas: una, la recién mencionada. El diálogo que concebía se adapta más claramente a una estructura dramática que a la narrativa. Y la otra excepción fue la búsqueda del vehículo expresivo para la historia de *El cumpleaños de Juan Ángel.* Durante un buen tiempo el escritor comprobó que su proyecto no cuajaba en las decenas de páginas de narración en prosa que desarrollaba como «corresponde» a una novela. Hasta que llegó a la conclusión de que se trataba de una idea poética, por lo cual debía usar el verso. Y así se plasmó en esa exitosa novela.

Como recordamos, el teatro había sido una actividad no enteramente satisfactoria para el escritor, a pesar del éxito de público que había logrado con sus tres obras de los años sesenta. También en aquella época *La tregua* había sido adaptada por uno de los conjuntos independientes más prestigiosos de Uruguay, Teatro El Galpón. Esta agrupación fue víctima del ensañamiento por parte de la dictadura. Cercana al Partido Comunista, sus miembros terminaron presos o exiliados, sus locales clausurados primero y luego sencillamente confiscados por la autoridad dictatorial. Sin embargo, luego de un proceso de dispersión, la mayoría del elenco había recalado en México y, con grandes dificultades, se había reanudado su actividad teatral. En un viaje que hicieron a La Habana, varios de sus integrantes, con su venerable director Atahualpa del Cioppo al frente, le pidieron a su compatriota una obra para llevar por el mundo. Y Mario les dio *Pedro y el Capitán,* que fue uno de los éxitos más importantes del exilio uruguayo.

César Campodónico, que había sido el director de la adaptación de *La tregua,* recordó a mi solicitud el estreno en México D.F., en un local que les había cedido solidariamente el que más tarde sería controvertido presidente de la República, Carlos Salinas de Gortari. Y a partir de allí recorrieron los más diversos escenarios: Caracas, La Habana, Bogotá, Quito, Madrid, A Coruña, Estocolmo, etcétera. Pero la suerte de *Pedro y el Capitán* no se agota con El Galpón. Fue una obra tomada como propia por numerosos elencos independientes de muchos países, y en el mismo México, el director de cine Juan García hizo su versión de teatro filmado.

En 1979 la obra se publica; será traducida inmediatamente a varios idiomas, premiada en México como la mejor obra representada, y asimismo será premiada con posterioridad por Amnistía Internacional. Utiliza un sencillo recurso dramático, el diálogo entre torturado y torturador, como había dicho el autor al concebirlo, sin la presencia directa de la tortura. Ese diálogo representa de un modo primario el enfrentamiento entre un poder inhumano, pero definitivamente condenado al fracaso, y el poder que da el compromiso con los demás, la libertad que da la conciencia revolucionaria, por más que allí haya alguien que vive y alguien que muere. En un prólogo explicativo que escribe entonces, Benedetti reivindica la dignidad y la energía para una literatura hecha en medio de la derrota —así reconoce su situación—: «Tenemos que recuperar la objetividad como una de las formas de recuperar la verdad, y tenemos que recuperar la verdad como una de las formas de merecer la victoria».

La repetida conmoción que causa la representación entre los espectadores no es nueva para el autor. Su memoria es un pozo de anécdotas acerca de la influencia de su literatura entre los lectores. Muchos le han confesado que se enamoraron con sus versos, pero otros le han agradecido que los haya salvado de la depresión o el suicidio. Sin duda son esos testimonios los que le afectan, más que los numerosos premios que ha ido recibiendo de las esferas más variadas. En un ensayo de esta época titulado *Notas sobre algunas formas subsidiarias de la penetración cultural*, Benedetti celebra que «a veces el azar se vuelve cómplice y hace que [...] el autor se cruce con ese *lector verdadero*», «y esos pocos y azarosos encuentros, que por lo general transcurren sin testigos, suelen representar para el escritor las más gratificantes repercusiones de su obra».

UNA NUEVA FRONTERA

Son tiempos de horror y esperanza y eso se refleja en los Premios Casa de las Américas de 1978. Mario no puede estar más satisfecho: jurados de prestigio han decidido que el Premio de Testimonio vaya para *Días y noches de amor y de guerra,* un texto de su amigo y compatriota Eduardo Galeano, y que el Premio de Poesía sea para la nicaragüense Gioconda Belli con *Línea de fuego.* Son libros para vivir la época. Mientras Galeano, desde su exilio en España, atraviesa la realidad de resistencia y muerte de las dictaduras del Cono Sur, rescatando los pequeños gestos, las estampas mínimas que componen las vidas de los seres humanos, Gioconda Belli irrumpe con una voz subversiva y erótica que anuncia un futuro de «truenos y arco iris», como se llamará su siguiente libro, el posterior al triunfo sandinista por el que ella luchó.

Benedetti sigue trabajando con sus colegas, pero también a solas con sus proyectos e intereses. Y cuando el Canal 6 de la televisión cubana inicia un ciclo sobre *Martí y su mundo* y lo invita a participar, se dedica con pasión a estudiar las relaciones de *Martí y el Uruguay*. Resultado de ese empeño es una conferencia que luego será publicada bajo ese título por el *Anuario de Estudios Martianos* y, vuelta la democracia a su país, por el Departamento de Publicaciones de la Universidad de la República. En ella desarrolla una investigación acerca de los contactos del héroe cubano con el Gobierno uruguayo de los últimos años del siglo XIX, como cónsul de Uruguay en Nueva York y como delegado del mismo país a la Conferencia Monetaria Internacional Americana, en 1891. Destaca la amistad con el uruguayo Enrique Estrázulas —abuelo del escritor del mismo nombre, conocido suyo—, a quien dedicó sus *Versos Sencillos,* y se centra luego en las citas del poeta revolucionario que dan cuenta en detalle de su posición antiimperialista, justamente en los comienzos del panamericanismo. El amor al país representado que expresa el cubano al renunciar al consulado debido a su «situación pública de hostilidad a un Gobierno con quien el de la República Oriental está en amistosas relaciones» es expresado con emoción. De ahí que sucesivos gobiernos uruguayos propongan rendirle homenaje a este héroe que se había sentido también hijo de un país pequeño, lejano y desconocido. Y eso lleva a Benedetti a expresar un deseo: «Cuando llegue el día en que un Gobierno uruguayo sea capaz de respaldar nuevamente el pensamiento de Martí, el Uruguay será verdaderamente libre».

Este ensayo, y sobre todo otro de largo aliento, *El recurso del supremo patriarca,* lo devuelven básicamente a la investigación. El último es un intento riguroso de relacionar las tres grandes novelas latinoamericanas «de dictador» que aparecen en el título: *El recurso del método,* de Alejo Carpentier, *Yo el Supremo,* de Augusto Roa Bastos y *El otoño del patriarca,* de Gabriel García Márquez. Y al preguntarse el porqué del tema común, y más en este momento histórico, se contesta: «El déspota (que es ilustrado en dos de las novelas, y todo lo contrario en *El otoño*) es todavía hoy una presencia infamante en esta América». Y más adelante, coherente con la siempre positiva textura de su discurso, proclama: «En las tres [novelas] el pueblo permanece como un fondo imperecedero, capaz de tener la inconmensurable paciencia de esperar la hora de su libertad, y capaz también de generar los libertadores que aceleren la llegada de esa ocasión, a la que no pintan calva».

En otras de sus facetas, como editor o coordinador, tuvo la responsabilidad de un libro peculiar que estuvo muy lejos de cumplir un papel protocolario, como podría suponerse al saber que se hizo «en homenaje al XI Festival de la Juventud y los Estudiantes». *Jóvenes de nuestra América* es una antología de textos que aúna el mensaje claramente ideológico (discursos del Che Guevara, Salvador Allende, Fidel Castro, etcétera), el tratamiento científico-social, y numerosas muestras de la realidad popular, que es la pàrte más viva y trascendente. Se incorporan relatos, poemas y canciones que tocan de alguna manera temas de la juventud del momento, además de incorporar una mesa redonda —«La canción y los jóvenes»— en la que participan cinco integrantes de la *Nueva Trova.* En la introducción toca un tema muy interesante por presente a lo largo de los años en el debate acerca de la juventud. Es lo que él llama «neutralización» de los jóvenes, inducida mediante instrumentos recurrentes a través de los años: la canción, el deporte. Como antecedente, recuerda el lema de la generación *beatnik,* «Nosotros nos desafiliamos», válido veinte años antes en la sociedad norteamericana, pero que, según él, en este momento se utiliza como fórmula de apaciguamiento, de desmotivación de los jóvenes. Así podemos sumar antecedentes para el tan mentado «pasotismo» o desmovilización de los tiempos actuales.

A la noción de la música como alienación contrapone la canción como expresión, como comunicación. En relación

221

con este tema vale la pena buscar hitos reiterados en su vida. Diez años más tarde Benedetti acepta una propuesta de sus editores de reunir los textos que han sido canciones o poemas transformados en canciones. Y le pone como título *Canciones del más acá,* dice, «como tributo a la realidad, tan nutricia como cambiante, que provoca, estimula y cobija las formas y los contenidos del canto popular». Ése es un sentimiento que albergaba el escritor uruguayo desde que descubrió la tentación de colaborar en este tipo de aventura, y tal vez desde antes, desde el momento en que comprendió el alcance participativo que tiene la canción popular. Sabrá por fin que el despertar ideológico tiene su correlato en el arte, y en especial en la canción. Como dice Daniel Viglietti en uno de sus textos más significativos: «La guitarra americana peleando aprendió a cantar».

Con este músico y cantor hace por primera vez en 1978, en México, el recital ya mencionado, *A dos voces.* En la creación de ese espectáculo se produce de un modo espontáneo la confluencia de temas y sensibilidades en las canciones de Daniel y en los poemas de Mario. Y así, siguen. También en México están Nacha Guevara y Alberto Favero. Silvio Rodríguez ofrece un testimonio muy vivo del espectáculo que hacían: «La primera vez que escuché cantar la poesía de Benedetti fue en un teatrito de la descomunal Ciudad de México a fines de los años setenta. Eran sólo dos, Alberto Favero y Nacha Guevara, pero, asombrosamente, porfiándonos que eran "mucho más que dos"*. Yo estaba paralizado por el magnetismo de Nacha, por esa forma de abordar lo escénico que yo desconocía. Desde aquel día me ha acompañado la impresión poderosa de aquellos hermosísimos versos tan bien musicados e interpretados».

Y quienes atesoran los dos discos producto de la colaboración de entonces de la pareja con Mario saben que asisten a un momento único: la grabación en vivo de los tres en la salita habanera de la calle Calzada, el teatro Hubert Le Blanc, de un espectáculo al que luego pondrá orquesta Radio Televisión

---

* Se refiere al estribillo del poema-canción «Te quiero»: «Si te quiero es porque sos / mi amor mi cómplice y todo / y en la calle codo a codo / somos mucho más que dos».

Española. Favero recuerda la cara de contento del autor: se sentía comprendido.

Una canción muy diferente es la que empieza a oírse en esa época en algunas radios centroamericanas, son los hermanos Luis y Carlos Mejía Godoy, y hablan de «Un nuevo amanecer» y de «Sandino». O lo que es lo mismo, de una nueva Nicaragua sandinista. Benedetti está atento a los acontecimientos como muchos latinoamericanos, especialmente viviendo en Cuba. La insurrección popular ante la sanguinaria dictadura somocista se acerca a su fin, impulsada por los últimos disparates del régimen que caía. El último de ellos fue el asesinato ante las cámaras de un periodista norteamericano (y también de su intérprete nicaragüense, pero nadie lo recuerda) por parte de la temible Guardia Nacional. Cuando Estados Unidos deja caer a su hasta entonces protegido, el último de la dinastía dictatorial de los Somoza, asume el poder un conglomerado formado por los representantes del levantamiento armado sandinista y miembros de la oposición civil que habían estado dentro y fuera del país conspirando contra el régimen. Enseguida se vio un poder peculiar: un miembro de la Junta de Gobierno novelista y ensayista —Sergio Ramírez—, un ministro de Cultura sacerdote y poeta —Ernesto Cardenal—, un ministro del Interior guerrillero y poeta —Tomás Borge— y muchos más con antecedentes o querencias literarias. Mario participa del entusiasmo general, que durante años fue clamoroso. El mismo Sergio Ramírez ha dicho que con la Nicaragua sandinista hubo «una operación de solidaridad que sólo tiene paralelo con la que despertó la causa de la República durante los años de la guerra civil española»*. Y mucha de esa solidaridad provenía de artistas e intelectuales latinoamericanos, europeos y norteamericanos. Su joven amplitud, la falta de dogmatismo, su lúdica astucia para negociar e intentar —luego se vería que inútilmente— crecer y evitar el enfrentamiento con el poder que tantas veces interrumpiera la vida institucional del país, Estados Unidos, todas esas caracte-

---

* Sergio Ramírez, *Adiós muchachos,* Madrid, Aguilar, 1999, p. 14.

rísticas de la Revolución sandinista concitaron el apoyo internacional inmediato.

Diana Reches recuerda el 26 de julio de 1979 sentada en La Habana junto a Mario, veían desfilar a los jovencísimos comandantes sandinistas. Y él enseguida viaja a Nicaragua. Allí lo esperan muchos amigos, pero especialmente se reencontrará con Claribel Alegría, vuelta de su exilio después del triunfo, y quien recuerda, entre otras cosas, lo poco marinero que es Mario: un día los invitaron a cruzar el inmenso lago de Nicaragua en un barquito y luego del mareo horrible que lo afectó juró no acercarse más al lago. Sin embargo, la visita a la isla de Solentiname y su comunidad quedará en su memoria entrecruzada con la minuciosa tragedia del cuento de Cortázar. En Managua vivirá en casa de Ernesto Cardenal, sobre quien había escrito en época tan temprana como 1961[*], y se prodigará con la lectura de sus propios poemas y el contacto con los jóvenes ansiosos de hacerle preguntas. Años después, hará un singular viaje a la costa atlántica de Nicaragua, a Bluefield, para asistir a un encuentro de escritores junto al poeta cubano Eliseo Diego, y los nicaragüenses Luis Rocha, Lisandro Chávez y José Coronel Urtecho, con quienes hizo buena amistad. Era ya un tiempo difícil, de contrarrevolución auspiciada abiertamente por Estados Unidos, y, a pesar del peligro y las dificultades que suponía una travesía hacia una zona inquieta que sólo se podía hacer en un pequeño bimotor, Benedetti quiso dar testimonio de su solidaridad. Era muestra de su fe en los hombres.

Manuel Vázquez Montalbán, al presentar una antología poética solidaria de decenas de latinoamericanos y españoles, *Con Nicaragua*, afirma: «Que un grupo de poetas decidan reunir sus versos para comunicar solidaridades con una revolución acosada puede ser interpretado como un penúltimo ejercicio de romanticismo literario comprometido o como el último estertor de la antigua agonía de los brujos propietarios de la palabra». Sin embargo, en ese emprendimiento, en el que también participaba Benedetti, había solamente solidaridad activa porque, como dice

---

[*] «Ernesto Cardenal, poeta de dos mundos», *El ejercicio del criterio,* p. 323.

el escritor español, «Nicaragua es la frontera actual de la moral de la Historia y si se pierde esa frontera mal final de milenio se nos prepara». Lúcidas y premonitorias palabras.

Como siempre, la realidad inspira su creación y así surge un hermoso poema que luego incluirá en *Viento del exilio.* «Rigoberto en otra fiesta» es un homenaje directo a un héroe nicaragüense que había intentado poner fin a la dictadura en 1956, ajusticiando a uno de los Somoza y entregando su vida al hacerlo, Rigoberto López Pérez. Pero es también una emocionante ofrenda para los tantos muertos que han dado paso a esa alegría presente. Jugando muy seriamente con el lema sandinista, «Patria libre o morir», dice en una estrofa: «patria libre o morir o morir o morir / morir ya lo sabían / era pan cotidiano / pero no es tan sencillo habituarse de pronto / al evangelio de la patria libre».

En 1979, la editorial Siglo XXI le publica en México un pequeño libro lleno de la fuerza del día a día, como anuncia su título, *Cotidianas.* De esa fortaleza de la que hablamos incluso podemos deducir alegría, proyectos, serenidad, enseñanzas, esperanzas, certezas. A partir de la confianza en los demás llega a esbozar un futuro. Por eso su punto de partida es: «nosotros / es decir nuestros otros / venimos / vienen / a explorar la memoria milagrosa y austera». Contra la muerte, la intensidad. Y una de las formas recurrentes en el poeta es la comunicación, que se traduce en imágenes como las que dan nombre a dos partes del libro: «Piedritas en la ventana» y «Botella al mar».

En una especie de renacimiento, el poeta hace proclama de vida, como en los poemas «Lento pero viene» o el clarísimo «Defensa de la alegría». Junto a varios otros de este libro, son ejemplos de un estado de espíritu, no de un optimismo ciego, pero sí lleno de fe: «lento / viene el futuro / [...] / lento y no obstante raudo / como una estrella pobre / sin nombre todavía». Mediante estructuras poemáticas sencillas el autor expresa una estética de lo cotidiano, pero que refiere constantemente al problema existencial, al encuentro con los demás, a la idea de un futuro cargado de la certidumbre de la victoria, pero también de la duda personal. El poema «Veinte años antes» es la respuesta en verso a una pregunta formulada por la revista *Casa de las Américas* a varios escritores y artistas latinoamericanos: «¿Qué ha significado para ti la Revolución cubana?». Desde su presente del octavo piso de un apartamento en Alamar, el escritor uruguayo va hacia atrás en su vida, en un recorrido autobiográfico en paralelo a los años desandados de esa Revolución de la «isla machete / donde el coraje es fósforo y salitre / la sangre tuvo afluentes y regó los cultivos / y los gallos cantaron para siempre».

Breve resumen de lo que se puede considerar una nueva veta en la poesía de Benedetti, estos poemas, poblados de pequeños objetos, de los gestos de la costumbre, están alejados de las *Odas elementales* de Neruda. En nuestro autor no hay conflicto entre la ética y la estética, puesto que ésta implica necesariamente a aquélla; no hay despersonalización, no hay objetivismo, el poeta reivindica su parcialidad tanto en la vida como en el arte, y es por eso que sus versos no pueden ser neutros.

En 1978, Guillermo *Willie* Schavelzon, su editor en México (donde Mario tenía ya mucho éxito), se propuso lograr que Benedetti fuera publicado en España. Ya Alianza Editorial había publicado una *Antología de cuentos* y *La tregua* sin mayor trascendencia. En dos o tres viajes desde México a España, Willie se reunió con varios editores. Según cuenta para este trabajo, Beatriz de Moura de Tusquets le dijo que sería imposible vender en España a un poeta uruguayo, Esther Tusquets dijo que la obra le gustaba mucho, pero que no se animaba a la inversión que requería, y media docena de editores dijeron más o menos lo mismo. Finalmente, merece la pena destacar a los tres editores que asumieron este compromiso: Chus García Sánchez, que comenzó a publicar toda la poesía en su editorial Visor y así lo sigue haciendo (además de ser amigo y uno de sus primeros lectores de los manuscritos de versos); Javier Pradera, que desde la editorial Alianza de entonces (un monumento cultural) fue publicando un par de antologías y alguna otra obra; y el tercero y a quien se debe el mayor empuje a la obra de Mario fue el entonces director general de Alfaguara, Ignacio Cardenal, cuya muerte prematura Mario lamentó mucho. Pero debería esperar varios años para llegar a asentarse en el mundo de la edición español.

En el año 1986 Willie Schavelzon regresaba de once años de exilio en México a Argentina, y lo hacía contratado por Alfaguara para montar esta editorial en Buenos Aires. De paso por Madrid, Cardenal le pidió que viajara a Palma y consiguiera que Benedetti le dejara publicar toda su obra narrativa. «Me tomé el avión y me fui a Palma —cuenta Schavelzon—. Era julio, los Benedetti estaban en Pollensa, tomé un taxi y me fui a verlos, me quedé dos días con ellos, los señores del Sis Pins, en plena temporada, me pusieron una cama en un cuarto que usaban de bodega. Ignacio me había autorizado a ofrecerle hasta veinticinco mil dólares por un contrato, Mario aceptó. Con ese dinero podría cancelar la deuda que tenía por el piso de Madrid».

POR QUÉ CANTAMOS

Si cada hora viene con su muerte
si el tiempo es una cueva de ladrones
los aires ya no son los buenos aires
la vida es nada más que un blanco móvil

usted preguntará por qué cantamos

si nuestros bravos quedan sin abrazo
la patria se nos muere de tristeza
y el corazón del hombre se hace añicos
antes aún que explote la vergüenza

usted preguntará por qué cantamos

si estamos lejos como un horizonte
si allá quedaron árboles y cielo
si cada noche es siempre alguna ausencia
y cada despertar un desencuentro

usted preguntará por qué cantamos

cantamos porque el río está sonando
y cuando suena el río / suena el río
cantamos porque el cruel no tiene nombre
y en cambio tiene nombre su destino

cantamos por el niño y porque todo
y porque algún futuro y porque el pueblo
cantamos porque los sobrevivientes
y nuestros muertos quieren que cantemos

cantamos porque el grito no es bastante
y no es bastante el llanto ni la bronca
cantamos porque creemos en la gente
y porque venceremos la derrota

cantamos porque el sol nos reconoce
y porque el campo huele a primavera
y porque en este tallo en aquel fruto
cada pregunta tiene su respuesta

cantamos porque llueve sobre el surco
y somos militantes de la vida
y porque no podemos ni queremos
dejar que la canción se haga ceniza.

Cotidianas
Inventario I, p. 161

Capítulo 18

«... ocupo mi lugar en la esperanza»[*]

La edición de Siglo XXI de *Cotidianas* tiene 102 páginas de 9,5 por 19 centímetros, color malva, con un dibujo en la portada, de nuevo de Anhelo Hernández. El libro está un poco manoseado. Al abrirlo, hay una dedicatoria manuscrita somera, y luego, Madrid 80. Es una dedicatoria a una recién conocida, por lo tanto el ofrecimiento «con amistad» ya es más que suficiente, y así lo experimenté yo aquel día de invierno de 1980 cuando fui a un hotel de la Gran Vía madrileña a hacerle mi primera entrevista. Sin embargo, el tiempo me ha probado que Benedetti debe de ser uno de los autores menos expresivos en sus dedicatorias, sean éstas manuscritas o impresas en la portadilla de sus obras. Resulta curioso que un escritor tan feliz en sus títulos o en la elección de las citas que preceden sus obras sea tan parco o convencional en sus dedicatorias. La mayor parte de sus libros de poemas están dedicados a su esposa Luz, y ello casi siempre tiene una enunciación más que escueta: «A Luz», «A Luz, como siempre», «A Luz, una vez más», a veces con alguna alusión circunstancial: «A Luz, este brindis por el regreso», «A Luz, cincuenta y cinco años después», etcétera. La mayoría de los libros de ensayos no tienen dedicatoria, excepto *Articulario. Desexilio y perplejidades,* sencillamente ofrecido «A la memoria de Carlos Quijano (1900-1984), maestro de varias generaciones». Varios libros, novelas o colecciones de cuentos no ostentan dedicatoria alguna, mientras que otras, sin duda muy sentidas, muestran una formulación muy discreta. *Geografías* está dedicado «A Líber Seregni, en general y en particular», *Primavera con una esquina rota,* «A la memoria de mi padre,

---

[*] «Salutación del optimista», *Poemas de otros,* en *Inventario I,* p. 332.

que fue químico y buena gente». Todo lo cual nos lleva a una observación definitoria de su carácter y de su actitud ante la vida. La carga sentimental del hombre se recoge casi con exclusividad en su intimidad más privada y en la obra literaria. Nada de lo que rodea a esa obra es abiertamente emotivo. Ni las dedicatorias ni los prólogos van más allá de una escueta información. Y podemos ir más allá, a entrevistas o declaraciones en las que la parquedad y la contención acerca de los sentimientos íntimos del escritor son patentes. En muy pocas situaciones se rompe esta regla de reserva. Y justamente una de ellas va a ocurrir este año. Pronto lo veremos.

Ha vivido ya cuatro años en Cuba soportando un clima cada vez más agresivo para su asma. A pesar de sus viajes, siente que el bloqueo a la isla también le afecta a él en su necesidad de luchar contra la dictadura de su país: cada carta que envía necesita de un mensajero personal o puede llevar un periplo de más de un mes de duración. Cuando llega la respuesta, no recuerda la pregunta, señala, jocosa pero exactamente. Hacer un trabajo político en ese medio es totalmente innecesario, sólo puede esperar solidaridad. A ello se agrega una razón práctica: Luz no puede cobrar su jubilación uruguaya en Cuba. Por todo ello decide emprender su cuarto exilio. Si bien al principio pensó en México y hasta algunos de sus amigos le buscaron casa en Cuernavaca, muy pronto resuelve trasladarse a España. La presencia de sus queridos amigos Claribel Alegría y Bud Flakoll en Mallorca lo atrae hacia la isla. Luz y él los habían visitado con anterioridad en su casa de Deià, un pequeño pueblo encantador a media hora de Palma, y así tendrían seguro compañía cálida y apoyo. Al llegar, alquila una casa en la plaza Gomila de Palma de Mallorca. Mientras permanecieron en la isla solían acercarse a Deià cada tres o cuatro días y disfrutar así de la presencia de sus amigos.

Mientras tanto, algo estaba ocurriendo en su país: los militares intentaron legitimar su proceso mediante la propuesta de un proyecto de Constitución que sería sometido a votación popular el 30 de noviembre de 1980. Obviamente, el proyecto planteaba la institucionalización de buena parte del sistema dictatorial, dejando apenas cierto margen para la actividad política. En Chile se había acudido al mismo procedimiento ese mismo año logrando el fortalecimiento de la dictadura de Pinochet, al aprobarse en plebiscito una nueva Constitución. En Uruguay todo el proceso previo a la votación transcurrió en un ambiente de prohibiciones, proscripción de toda la izquierda y de muchos líderes de los partidos tradicionales, con los medios de comunicación enteramente bajo control, además de la prisión y el exilio de muchos miles de ciudadanos. Pero también asomaban medios de comunicación que intentaban aprovechar las fisuras de la dictadura para hacer oposición.

Desde el exterior se hizo una campaña muy intensa en la que participó Benedetti para promover el «no» en esa votación. Pero todo se jugaba en el interior. Ese domingo los uruguayos fueron a votar masivamente, en silencio y con la clara sospecha del fraude. Increíblemente, el proyecto de la dictadura fue derrotado por un amplio margen. Y allí comenzó el proceso de la transición democrática porque los militares, también sorprendentemente, aceptaron los resultados. La noche de ese domingo Mario estaba solo en su apartamento de Palma, escuchaba la radio y lloraba, por primera vez en mucho tiempo. Su agradecimiento a la BBC por narrarle esa noticia aparece en una de las anécdotas reales que se narran en *Primavera con una esquina rota* bajo el título de «Exilios»: «Nunca antes, aquel español pulcro y desinfectado, esa suerte de promedio entre Guadalajara y Ushuaia, me había parecido tan espléndido».

EL MOVIMIENTO IMPRESCINDIBLE

Otra vez el mes de enero del nuevo año lo encuentra en Cuba, vinculado a los Premios Casa de las Américas. Y un poco después, en septiembre de 1981, asiste al Congreso por la Soberanía de los Pueblos de Nuestra América, donde se congregan cientos de escritores, artistas y pensadores latinoamericanos para proclamar que se debe defender y proteger la autonomía política y cultural de esos pueblos, siempre con la mirada puesta en Cuba y Nicaragua. Allí están García Márquez, Le Parc, Ernesto Cardenal, Viglietti, Eduardo Galeano, pero también españoles como Antonio Saura, Manuel Vázquez Montalbán o José Agustín Goytisolo, y durante algunos años sus conclusiones movilizaron la opinión intelectual latinoamericana enfrentada a la agresividad del Gobierno norteamericano de Ronald Reagan. En España y en muchos países latinoamericanos se crearon comités de apoyo al congreso y se realizaron múltiples actividades. En el comité permanente participaba Benedetti, entregado como siempre a una militancia que iba más allá, en esta ocasión, de la lucha contra la dictadura de su país. Iba en la dirección que desde hace tiempo defiende: el destino de cada nación está en relación, y a veces en dependencia, del de las otras naciones latinoamericanas. Benedetti no había desperdiciado sus lecturas de José Martí. En este momento había comenzado el acoso a la Nicaragua sandinista y es por eso que, solidariamente, en marzo del año siguiente ese comité permanente, formado por el pintor chileno Roberto Matta, Julio Cortázar, el poeta y cantautor brasileño Chico Buarque, Gabriel García Márquez y el mismo Mario, se va a reunir en Managua, enaltecida como capital cultural del continente.

Al mismo tiempo, prepara libros propios y ajenos: una antología de su amiga Claribel Alegría, *Suma y sigue,* y otra de textos ensayísticos propios para Nueva Imagen de México, *El ejercicio del criterio* (1950-1970), cuyo título proviene de una cita modesta y llena de luz de José Martí: «Para mí la crítica no ha sido nunca más que el ejercicio del criterio». En adelante, el escritor uruguayo preferirá este título para las recopilaciones de sus ensayos críticos sobre literatura. Publica un nuevo poemario, *Viento del exilio,* y también sabemos que en esa misma época está escribiendo una nueva novela, *Primavera con una esquina rota.* En ese año de 1981 saldrá la segunda edición de su libro de entrevistas *Los poetas comunicantes.* Diez años han transcurrido desde su publicación inicial y por ello agrega una Nota a la edición. En ella reflexiona: «Una señal del tiempo político transcurrido: de los diez poetas incluidos, uno fue asesinado y dos fueron empujados al exilio. Yo mismo vivo actualmente mi cuarto exilio y la propia *Marcha* [editora de la primera aparición del libro] ha debido renacer en la diáspora». Y asegura que no ha querido hacer modificaciones «como una manera lateral pero efectiva de comprobar fidelidades, o inconsecuencias, pronósticos errados o intuiciones certeras».

Hace una breve gira por Alemania, y en Colonia presenta su recital *A dos voces,* con Daniel Viglietti. Y con una voluntad más distendida, viaja a Grecia con Luz, disfrutando de un paisaje nuevo, con un recorrido por las islas del mar Egeo. De aquí surge un poema con el pensamiento puesto en su amigo Roberto Fernández Retamar, con dos versos suyos dando introducción y razón de ser a los propios, «La acústica de Epidauros». Es un modelo de poema como conjunción de alusiones éticas, estéticas y autobiográficas. A partir de la emoción de unos versos, que llevan al recuerdo del amigo, el poeta cubano, Mario alude a su propia emoción enmarcada en una anécdota aparentemente trivial, un viaje turístico, que lo ha llevado a un entorno y a un personaje histórico; pero ese trasfondo lejano lo acerca a una vivencia actual, política y emotiva: por un lado la cercanía del triunfo del socialista Papandreu en Grecia, y por otro lado la actualidad de la dictadura y la cárcel en su país. La fama de la acústica extraordinaria del lugar lo lleva a trazar un recorrido fantástico que traslade su sentimiento de solidaridad a través de la imaginación y el recuerdo: «Y pensé hola líber hola héctor hola raúl hola jaime[*] / bien despacito como quien rasguea un fósforo o arruga / un boleto / y así pude confirmar que la acústica era óptima / ya que mis sigilosas salvas no sólo se escucharon / en las graderías / sino más arriba en el aire con un solo pájaro / y atravesaron el peloponeso / [...] / y por fin se colaron por entre los barrotes / como una brisa transparente y seca»[**].

El 25 de junio de 1981 firma la compra de un apartamento en la calle Aldea de Cariño, a dos calles de la plaza central de Palma de Mallorca: un adelanto por la adaptación de *La tregua* en la televisión colombiana le sirvió para asegurar la vivien-

---

[*] Alude a dirigentes políticos presos de la dictadura: Líber Seregni, Héctor Rodríguez, Raúl Sendic, Jaime Pérez.

[**] Ese poema fue recogido posteriormente en *Preguntas al azar* (1986), en *Inventario II,* p. 411.

da; así fue como un *culebrón* en el que aparecían hasta narcotraficantes le ayudó a salvar una difícil situación. Singularmente, el hecho de que Mallorca fuera uno de los lugares más baratos de España facilitó esa compra que le dio tranquilidad. Pero cada vez que viaja a Madrid, debido a gestiones con las editoriales, entrevistas de prensa, encuentros políticos, etcétera, se aloja en un modesto establecimiento cercano a la Gran Vía, el hostal Gaos, donde, gracias a la cordialidad de los dueños, puede sentirse cómodo. Muy cerca de allí se encontraba uno de los viejos cafés madrileños que iban subsistiendo en esa época, el Fuyma, donde solía citar a sus amigos o a los periodistas que pretendían entrevistarlo. Sin saber muy bien quién era, los camareros lo tenían por una figura familiar y amable. Y le daban una bienvenida afectuosa. Sintió pesar, y escribió sobre ello, cuando cerraron el café y, peor, lo transformaron en una sucursal bancaria.

En esas visitas, asimismo, empezó a frecuentar no sólo a los compatriotas, sino a futuros amigos madrileños. Uno de ellos fue quien empezaba a ser su editor de poesía, Jesús García Sánchez, más conocido como Chus Visor, dueño de la editorial de ese nombre. Ya el año anterior había salido el primer *Inventario (1958-1978)* en la prestigiosa colección de tapas negras. A partir de entonces cada nuevo libro de poesía aparecerá allí, y Chus será su primer lector y un querido amigo.

El libro *Viento del exilio* está dedicado «a la memoria / a la estirpe martiana / a la vida revolucionaria / de Haydée Santamaría», quien acababa de morir provocándole un pesar muy profundo. Deberán pasar cinco años más para que se sienta liberado y pueda escribir un poema sobre esa muerte incomprensible, dolorosa para él y, piensa, para cualquiera que la hubiera conocido; será cuando escriba «Yo estaba en otro borde», que se incorporará a *Preguntas al azar*.

Viento del exilio acompaña un momento especial de la vida del escritor. Ocho años de exilios agitados, cargados de sobresaltos, amenazas, prohibiciones, acosos, sobreponiéndose al horror, a la muerte de tantos y tan cercanos, parecen pesar en el balance del poemario. La primera parte es hermética, amarga, volcada hacia el deambular existencial, una reflexión sobre el amor, la tristeza, la muerte, compañeros de ese exilio duradero. Hay una tregua en el poemario con sus «Refranívocos», juegos de palabras, apuntes de humor que son muy festejados en sus lecturas: «Dime / con quién / andas / y te diré / go home», o «La madurez / llega / con su relámpago / de sabiduría / cuando uno / ya no tiene / donde caerse / sabio». Luego surgen nuevas apariciones autobiográficas: dos de su niñez, teñidas de cierta dulzura del recuerdo, «Abrigo» y «Tranvía de 1929», otras, acordes con la realidad más inmediata, angustiosa, sobre el exilio, la prisión, los niños desaparecidos, el recuerdo del padre muriendo. El tono se levanta en los homenajes que, bajo el título de «Nombres propios», dedica a protagonistas cercanos a su sensibilidad: Salvador Allende, héroes sandinistas, los poetas guerrilleros muertos, a quienes vuelve a dedicar su atención después de la antología *Poesía Trunca,* con el poema «Estos poetas son míos». Pero es necesario detenerse en un poema reivindicador de la esperanza, el último: «El baquiano y los suyos». Simbólicamente el poeta acude a la fuerza del héroe nacional, José Artigas, que surge desde el fondo de la historia con su modestia y su sabiduría, que «entrecierra los ojos para soñar mejor», y que al abrirlos ve a su pueblo actual, también derrotado y errante, pero lleno de dignidad y fuerza: «trajimos la esperanza sin embargo / y por suerte está ilesa y está joven». Y a pesar de que la conclusión sea dura, siempre es preferible esa «antigua verdad»: «nada tenemos / que esperar / sino / de nosotros mismos», el lema artiguista. Es tal vez el poema que centra más fielmente su admiración por la figura, las actitudes y dichos de ese héroe tan peculiar que honra el Uruguay, un héroe derrotado, que termina sus días en el exilio y que se eleva a la admiración de sus conciudadanos no por sus éxitos militares, sino por su doctrina política y social liberadora.

Mario y su esposa pasan las navidades en casa de amigos en Suiza. Éste es un destino favorito de Luz, quien frecuentemente, sola o con él, solía visitar ese país, especialmente Ginebra. Ha sido un año extenuante. Pero, según le había dicho a Cornejo Polar en una de sus cartas, ese febril ajetreo «siempre ha sido mi fórmula para sobrellevar el exilio».

INVISIBLE

La muerte está esperándome
ella sabe en qué invierno
aunque yo no lo sepa

por eso entre ella y yo
levanto barricadas
arrimo sacrificios
renazco en el abrazo
fundo bosques que nadie
reconoce que existen
invento mis fogatas
quemo en ellas memorias
tirabuzón de humo
que se interna en el cielo

por eso entre ella y yo
pongo dudas y biombos
nieblas como telones
pretextos y follajes
murallones de culpa
cortinas de inocencia

así hasta que el baluarte
de cosas que es mi vida
borre la muerte aleve
la quite de mis ojos
la oculte y la suprima
de mí y de mi memoria

mientras tanto
ella espera

Viento del exilio
Inventario I, p. 49

Capítulo 19

«cuatro hebras de alegría...»[*]

Si en algo se notó que había un cambio en la vida de Mario Benedetti fue en que pudo escribir una nueva novela. En realidad, después de las tres primeras, escritas en un período de fogosa creatividad de sólo diez años (entre 1953 y 1963), el autor de *La tregua* se ha tomado largos períodos entre los momentos de aparición de sus novelas: después de *El cumpleaños de Juan Ángel* (1971) habrá que esperar estos once años, luego otros diez para poder leer *La borra del café* (1992), y algo menos hasta *Andamios* (1996). La explicación es sencilla: siempre ha creído, lúcidamente, en la novela como la creación de un mundo, con una estructura exigente, un plan, una «intriga que pretende semejar a la vida»[**]. Pero, evidentemente, el tema del exilio le demandaba una propuesta literaria de largo aliento. Y así nació *Primavera con una esquina rota*. En un ensayo posterior sobre *La realidad y la palabra,* el autor rescata el diálogo necesario entre el escritor con la realidad en la novela, y afirma que no solamente se da con respecto a «temas o personajes, sino sobre todo a través de la búsqueda, la incertidumbre del ser humano en el que cada uno se reconoce».

La experiencia del exilio en tantos ambientes diferentes, la lectura de cartas de los presos, el drama de los niños crecidos fuera de su medio, la observación de las rupturas de familias antes tan unidas, del difícil reencuentro de las parejas, de coincidencias, oportunidades, fracasos, todo ha sido tamizado por la sensibilidad del escritor y aparece en una novela que fue premiada por Amnistía Internacional, como reflejo de la trage-

[*] «Triste N.º 2», *Las soledades de Babel,* en *Inventario II,* p. 76.
[**] «Tres géneros narrativos», *El ejercicio del criterio,* p. 24.

dia del exilio político. No todo es negativo en la experiencia, pero esa certidumbre la da la perspectiva del paso del tiempo y la voluntad del individuo. En ese momento la luz positiva surge sobre todo de la actitud personal que ejerce y recomienda: «Como cualquier otro exiliado, sobrellevo mi cuota de frustración y de nostalgia, pero intento convertir el exilio en algo vital, no en algo enfermizo. [...] La única receta que me he aplicado a mí mismo (y que aconsejo a los demás exiliados) es trabajar. Sentirse socialmente necesarios... darse a la gente del país donde uno está viviendo...»[*]. Sus personajes sufren sus propias indecisiones, sus pulsiones y vivencias que los hacen entrar en conflicto con su pasado o con otros seres que forman parte de él, pero la vida, con su afirmación positiva, concreta nuevas relaciones. Y eso es lo que verdaderamente le interesa al autor. En la entrevista antes citada da una definición aguda de sus motivaciones: «Me preocupa el singular como pedazo del plural, y por ello cada vez me ocupo menos de las historias de individuos enclaustrados en su soledad y, en cambio, me intereso más en los problemas de relación de ese individuo con otros seres humanos o con el contexto social».

Desde el título se alude a las dos vertientes de la vida incluso en sus momentos más oscuros. Las reflexiones desde la cárcel tienen mucho que ver con un pasado que se trata de interpretar, pero también hay un sentido de esperanza, de renacer, aunque sea un poco mutiladamente. Así subsisten las personas, transformándose, enfrentándose a sus debilidades, contrastándose con nuevas realidades. En un monólogo en verso del protagonista aparece la imagen que subyace en toda la novela: «el astutísimo neruda preguntaba en una de sus odas / ahora primavera dime para qué sirves y a quién sirves suerte que me acordé / para qué sirves / yo diría que para rescatarlo a uno de cualquier pozo / la sola palabra es como un ritual de juventud / y a quién sirves bueno mi modesta impresión es que servís a la vida».

Como ocurre frecuentemente en la narrativa de Benedetti, asoman experimentos, innovaciones o combinaciones de

_____

[*] Entrevista con Mirta Núñez Díaz-Balart, *Pueblo*, Madrid, 15 de marzo de 1980.

géneros como el recién citado. Plantea, asimismo, una novedad estructural: el autor introduce una serie de capítulos llamados «Exilios» que son anécdotas reales, incluso algunas totalmente autobiográficas y en las que aparecen él u otras personas, con su propio nombre. Esos intervalos de realidad actúan como un elemento coral que contrasta con la peripecia intimista del preso y los tres integrantes de su familia en el exilio.

Sobre esta novela es interesante un comentario, no literario sino más bien ético, de Silvio Rodríguez, acerca del planteamiento de algunos temas que eran en cierta forma tabúes dentro del mundo revolucionario latinoamericano: la realidad de las personas, las miserias junto al heroísmo, la vulnerabilidad del ser humano. «Creo que es la única postura verdaderamente rigurosa: cantar la realidad sin idealizarla, y aun así seguir siendo un defensor consciente de la opción revolucionaria», dice el autor cubano.

La novela se publica en México, pero también en Colombia y en España, donde empiezan a abrirse a su obra. Alianza, merced al interés del entonces director Javier Pradera, hace un primer intento publicando una *Antología de cuentos* que seguirá reeditándose a lo largo de los años. Y Alfaguara, con *Primavera con una esquina rota* en su clásica colección violeta, empezará una fructífera relación editorial que irá profundizándose con el tiempo hasta ser prácticamente su editorial española para narrativa. Éste será un libro con éxito en diversos escenarios y uno de ellos será Francia, donde previamente Annie Morvan lo había introducido con sus traducciones de *La tregua* y *Con y sin nostalgia,* aprovechando las visitas de Mario a París, en las que disfrutaba, además, de la compañía de su marido, Daniel Viglietti, y de su hija recién nacida, Trilce.

EN CONTINUA EXPOSICIÓN

Cuba lo había condecorado con la Orden Félix Varela, la máxima distinción del Estado, que en esta ocasión también había recaído en Gabriel García Márquez, Pablo González Casanova y Nicolás Guillén, y se la entregó Fidel Castro en el Palacio de la Revolución. Era un acto extraordinario dentro del Congreso por la Soberanía de los Pueblos de Nuestra América. El suelo de mármol negro era un espejo, muy cerca estaban presentes centenares de escritores, periodistas, artistas, latinoamericanos la mayoría. Y Luz, siempre. Recuerdo su emoción en el rostro, tanto trabajo, tanto remanso para un sufrimiento de desterrado, algo parecido a la culminación de una relación empezada en 1959, como dijo en el poema, «... pienso que mi historia desde antes / esta transformación privada y poca cosa / en verdad empezó en la noticia portátil / nada segura de aquel añito nuevo...»*. Pero al día siguiente, todo igual, uno más entre los centenares en el comedor general.

También en Cuba había conocido a dos teólogos españoles, cercanos a la revista *Misión Abierta,* con los que dialogaba acerca de la Teología de la Liberación que se extendía por toda América Latina, enfrentándose a la Iglesia católica oficial que no dejaba de estar asociada al poder en casi todos los países. En Uruguay había conocido años antes al sacerdote y teólogo Juan Luis Segundo, quien se había arriesgado en defensa de los perseguidos por la dictadura. Y posteriormente tuvo interesantes conversaciones con el peruano Gustavo Gutiérrez y con el brasileño Frei Betto, que tanta influencia tendría en la apertura del régimen cubano hacia la religión católica. A partir de estas relaciones profundizó su estudio y compromiso con este enfoque de la religión al extremo de prologar dos libros: uno del obispo Pedro Casaldáliga, catalán de origen, pero que en ese momento hacía más de veinte años que trabajaba en la parroquia de São Félix do Araguaia, en el norte de Brasil, y otro del entonces dirigente sandinista Tomás Borge sobre *Política y Religión.*

Aquel Mario adolescente con aspiraciones de absoluto, con inclinaciones espirituales, se había despedido de la religiosidad poco después de los veinte años. Testimonio de esa «insoportable ausencia» es el temprano poema «Ausencia de Dios», en el que se queja por «no tener oración para morder, / no tener

---

* «Veinte años antes», *Cotidianas,* en *Inventario I,* p. 124.

fe para clavar las uñas, / no tener nada más que la noche». Pero de ahí en más la falta de Dios es una constante a lo largo de su obra, y la figura de Jesús será valorada históricamente, especialmente por su doctrina humanista. Nuevamente, la relación de la religión y sus representantes con el medio social será lo que atraiga su reflexión. La complicidad de parte de la Iglesia católica oficial con las dictaduras latinoamericanas concentrará sus juicios más severos, y al mismo tiempo reconocerá de un modo entusiasta la labor de aquellos que hicieron una «opción por los pobres». Sin duda la atmósfera de los años setenta y ochenta de América Latina, con la participación sacrificada de tantos sacerdotes en las luchas liberadoras de varios países, y con muchos más defendiendo la vigencia de los derechos humanos salvajemente conculcados, fue un acicate para Benedetti, quien se pone del lado de esos representantes de una Iglesia perseguida por el Vaticano. Así lo explicita en sus *Reflexiones desde el sur*: «Todo un continente, crucificado por el Norte opulento y vaciado por los hierofantes de la banca internacional, respalda a estos nuevos galileos (no olvidemos que el genio de Pisa defendía el compromiso del científico con su sociedad) que por primera vez están logrando que los no religiosos, los no católicos, los agnósticos, los ateos, nos sintamos aludidos y, por ende, convocados para un proyecto de vida digna, liberada». Y desde su propio agnosticismo reivindica las enseñanzas de Jesús: «Hijo de Dios o —pese al mismo Marx— precursor de Marx, Jesús de Nazaret trajo un mensaje de justicia, una propuesta de respeto hacia el hombre y hacia la mujer, una actitud solidaria con los pobres del mundo, rasgos que después de todo no son propiedad privada de la Iglesia. La figura y la trascendencia humanas de Jesús pertenecen a la humanidad»[*].

Artículos como éste, breves, incisivos, perfectamente documentados, dando siempre opinión y centrados en la realidad internacional, especialmente en América Latina, aparecieron en *El País* de Madrid a partir del mes de octubre de 1982.

---

[*] «La dialéctica de la cruz», en *Articulario. Desexilio y perplejidades*, Madrid, El País-Aguilar, 1994, p. 167.

Todos los lunes, durante dos años, Benedetti tuvo su espacio en la sección Opinión de ese prestigioso periódico, y muchos de esos artículos fueron luego reproducidos en varios medios latinoamericanos. El Grupo Prisa, dueño de *El País* y de las editoriales que como Alfaguara luego serían reunidas bajo el sello de Santillana, tenía interés en contar con su voz: acababa de ganar el Gobierno de España el Partido Socialista Obrero Español y se abría una nueva etapa política a priori más cercana a América Latina, progresista e inteligente. Le costó decidirse al escritor, no por razones ideológicas, puesto que nunca quiso dar opinión sobre temas internos españoles, sino porque era consciente de lo expuesto de la plataforma y de la necesidad de blindar sus opiniones.

Esa intención de no dejar nada a la improvisación viene de muy lejos, tiene que ver con una costumbre de rigor, de búsqueda de fuentes, de explicitación de todos los detalles que avalen sus interpretaciones, de cuidadosa elección de ángulos de enfoque, del vocabulario adecuado, del tono más apropiado. Esto implica sin duda esfuerzo, tiempo, dedicación: cada intervención suya lleva consigo un texto preparatorio, y cada artículo, un proceso delicado. Esta autoexigencia, que surge ya en sus primeros trabajos críticos y colaboraciones periodísticas, tal vez se deba a cierta inseguridad inicial que lo obligaba a estar cabalmente a cubierto de críticas y desmentidos, a tener en la mano todas las herramientas de la polémica, a la cual nunca rehuyó. Al contrario, en su larguísima historia como periodista, Benedetti siempre pareció deseoso de exponerse a la contradicción, a la opinión afilada que pudiera suscitar respuestas. Sin duda, como lo expresa precisamente al terminar este período en *El País,* siempre tuvo muy en cuenta una de las publicaciones de la revista *Número* en la época en que él la codirigía, tan al principio de su vida como crítico. Fue la aparición, por primera vez en español, de «Discusión sobre la filosofía del lenguaje», la polémica sostenida en 1905 por Benedetto Croce y Karl Vossler. Veinticinco años más tarde, recuerda «su tono asombrosamente civilizado», con los interlocutores abiertos a los argumentos del contrario y respondiendo a ellos siempre. Afirma el escritor uruguayo: «Creo que esa lectura me marcó para siempre y gracias a ella he tenido desde entonces bien claro cuál debe ser el rigor intelectual de una polémica, al menos de aquella cuya intención sea esclarecer el controvertido tema ante el lector, y no precisamente que el contrincante acabe cubierto de agravios, sospechas y calumnias»*.

La popularidad de los artículos de Benedetti, llenos de ritmo, muchas veces de humor, sobre temas candentes, no se transmitía al aprecio de muchos intelectuales españoles. Mientras los lectores comunes esperaban el lunes con interés y su opinión siempre era materia de conversación a lo largo de la semana, ciertas élites, no necesariamente de derechas, fruncían la nariz. Su militancia latinoamericanista lo llevaba con frecuencia a criticar a Estados Unidos y, como ha sido su conducta a lo largo de los años, a apoyar a Cuba en su enfrentamiento con el poder del norte. Así Juan Goytisolo, Mario Vargas Llosa y José Ángel Valente, entre otros, escribieron duras respuestas a lo que planteaba el uruguayo. Esto ocurría en *El País*. En otros periódicos, a los cuales Benedetti no respondió, hubo ataques virulentos y xenófobos, en los cuales se le negaba el derecho a sostener sus criterios. Durante meses, Benedetti alternó sus propios temas con respuestas a críticas recibidas. Aunque los intercambios con Vargas Llosa fueron duros, el tono se mantuvo en un nivel de gran respeto y, lo más importante, como él mismo recuerda: «Nos atuvimos al tema que estaba en discusión y, según testimonio de lectores varios, parece que ese intercambio de notas y de argumentos fue afortunadamente ilustrativo sobre nuestras respectivas posturas». Los artículos del escritor peruano «Entre tocayos» están recogidos en su libro *Contra viento y marea*. Pero no todos los interpelantes se mantuvieron en esos límites: una y otra vez, y respondiendo a muy diversos temas, salía a relucir la posición del escritor sobre Cuba. Por fin, en octubre de 1984 aparece en *El País* un artículo suyo titulado «Cansancio y adiós». Con detalle y paciencia responde en especial a José Ángel Valente, sus alusiones personales, equivo-

---

* «El argumento y el ardid», ibídem, p. 159.

cadas por lo menos, sus errores, sus expresiones dudosas —lo llamaba un «autor oriental, domiciliado en la corte»—, sus insinuaciones acerca de su extranjería. Y por fin se despide: reivindica su derecho a opinar, si no sobre la realidad española, a lo que ha renunciado por discreción y respeto, sobre cualquier otra cosa. Y concluye con decepción y firmeza: «Cada uno tiene sus convicciones, sus normas y su ética; yo tengo las mías y a ellas me atengo. A esta altura, después de once años de exilio, deportaciones, amenazas, prohibiciones y excomuniones varias, no voy a renunciar a un mínimo derecho privado: vivir en paz conmigo mismo».

Fue un momento duro, por más que varios intelectuales españoles —Manuel Vázquez Montalbán, José Luis Sampedro, Caballero Bonald— manifestaron públicamente su solidaridad y numerosos lectores escribieron cartas al director lamentando enfáticamente la pérdida. Pero en lo personal, además de la decepción por la incomprensión de gente que debería serle cercana, estaba atravesando un momento más decisivo que el abandono de una tribuna periodística por más importante que fuera: se acercaba visiblemente la hora del regreso.

En Uruguay, el proceso iniciado con el triunfo de la oposición a la dictadura en el plebiscito de 1980 continuaba a través de tímidas aperturas que él analizaba con esperanza. En su aportación a la revista en el exilio *Respuesta,* en 1982, ve avanzar la transición sin llamarse a engaño. Y con motivo del cumpleaños del presidente del Frente Amplio, el general Líber Seregni, preso desde varios años antes, simboliza en su ejemplo el avance hacia la democracia: «Desde la cárcel de la dictadura, ese preso llamado Seregni, ese preso que no se resigna a sufrir la historia, ese preso que ha sido un ejemplo de dignidad y de entereza, está también construyendo un futuro, creando la historia, así sea la de un pequeño, entrañable país, donde la democracia (pese a las manipulaciones y cortapisas que la hicieron vulnerable) no fue sólo un sistema sino una costumbre, un hábito nacional de profunda raigambre». No es una declaración más, una muestra más de militancia. Benedetti había conocido al general Seregni a principios de los setenta y con el trato casi cotidiano fueron coincidiendo no sólo en el terreno de la política, sino en el humano. A partir de su propia conducta rigurosa y contenida, el escritor admiró el sacrificio del militar, capaz de rechazar cualquier componenda o retroceso («No puede haber soluciones nacionales sin que el pueblo organizado participe y decida», había dicho en circunstancias extremas). Y por su parte, el culto general, disciplinado pero popular, se había dejado ganar por la calidez de un hombre que atraía a las masas, pero que había puesto en juego su seguridad por un compromiso ético hacia su país. Cuando por fin el militar fue puesto en libertad, después de cientos de gestiones internacionales en todos los niveles, actos de apoyo y campañas masivas, se encontraron en Madrid, en 1984. Después de muchos años, una relación se decanta hacia lo esencial, y cuando veinte años después de aquel emocionante reencuentro, el 31 de julio de 2004, Benedetti se enfrenta al hecho de la muerte del general Seregni, su principal pronunciamiento es ético: el dirigente político «siempre actuó de acuerdo con su conciencia, y ésa es una lección que no hay que perder», dice. Para siempre quedará su figura como «un referente moral».

SIN TIERRA SIN CIELO

jesús y yo salvadas las distancias
somos dos habitantes del exilio
y lo somos por cautos por ilusos

algo se nos quebró en mitad del verbo
y así sobrellevamos esta pena
restaurando vitrales y nostalgias

no tenemos altares ni perdones
jesús y yo de pueblo memoriosos
a veces compartimos el exilio

compartimos los panes y desiertos
y las complicidades y los judas
y el camello y el ojo de la aguja
y los santotomases y la espada
y hasta los mercaderes y la furia

no es eco ni abstracción
es una historia apenas

él veterano yo inexperto
llegamos emigrantes al futuro
descalzos y sin norte y sorprendidos

yo / oscuro y fracturado / sin mi tierra
él / pobre desde siempre / sin su cielo

Geografías
Inventario I, p. 20

Capítulo 20

«... una esperanza blanca y prójima...»[*]

El mundo de la cultura recibió con gran alegría el triunfo del PSOE en España; muchos pensaban que se dejaba atrás un período oscuro y la gran fiesta de celebración en el Cuartel del Conde Duque de Madrid acogía a la gente más variada, no solamente a los militantes. Aunque Mario no participaba en el ambiente político español, accedió a estar entre amigos, al fin y al cabo, los mismos que acababan de acompañarlo en un acto por Nicaragua en el Club Internacional de Prensa, en el que también había estado Rafael Alberti. Estaba vestido con una camisa de manga corta, pero acompañado por uno de sus decenas de chalecos de punto tan característicos —el secreto es su gusto por los tirantes para los pantalones, que los chalecos disimulan coquetamente—, y fue el comienzo de una vida intelectual activa a medida que la democracia en España se iba asentando, mientras continuaban sus numerosos viajes por Europa —Londres, París, varias ciudades de Alemania, Holanda— donde la solidaridad con los países del Cono Sur crecía a medida que se veían los logros de ese accionar: presos arrancados a las cárceles de las dictaduras por los grupos de Amnistía Internacional, las iglesias locales, las embajadas más audaces. Y Benedetti, siempre en el momento adecuado, acompañando los actos de recibimiento, dando y recibiendo información de «adentro».

Es un momento de fluidez política en América Latina: el sangriento fracaso de la guerra de las Malvinas trajo el derrumbe del régimen militar argentino. Además de la elección democrática de gobierno en ese país, hay nuevos presidentes en Panamá, Colombia, Costa Rica, República Dominicana y Méxi-

---

[*] «Gallos sueños», *Letras de emergencia,* en *Inventario I,* p. 394.

co. Y, dentro del poco espacio de actuación política que deja la dictadura uruguaya, crece la presencia de los sectores opositores, las movilizaciones de trabajadores y las protestas populares, las célebres «caceroladas». También aparecen varios periódicos y semanarios que, surgidos de sectores tradicionales pero opositores, cumplen una gran labor de inclusión de numerosas voces disidentes. *Opinar, El Correo de los Viernes, Jaque* y *La Democracia* continuarán presentes hasta el retorno de la democracia. En alguno de ellos alguien se atreverá a mencionar el nombre de Mario Benedetti en un artículo, o dará cuenta de la publicación de uno de sus libros. Eso será un acto casi heroico, y siempre muy significativo, amplificador de los mínimos espacios de libertad en el país que continuamente trataban de ensanchar también publicaciones más cercanas a la izquierda como *Convicción, La Plaza, Aquí* o el humorista *El Dedo.*

Joan Manuel Serrat recuerda que en sus giras por los países latinoamericanos, cuando por fin pudo volver a la Argentina, o cuando terminaba sus actuaciones en México o Colombia, se le acercaban personas muy diversas y le regalaban libros, muchos de ellos se llamaban *Inventario,* de Mario Benedetti. Después de reunir más de diez o quince, sintió curiosidad y empezó a leerlo.

Su autor, mientras tanto, seguía en España. En 1983 viaja nuevamente a Cuba y su asma se resiente de esa traslación de isla a isla, de Mallorca a Cuba y regreso. A finales de mayo están en Madrid, y cuando Luz y él compran un perrito azul y blanco para Gerardo, un recién nacido hispano-uruguayo, están a punto de convencerse de que el clima seco de la meseta madrileña es el adecuado para su salud.

Visita a Onetti en su apartamento de la avenida de América, y se entera de que muy cerca viven varios compatriotas conocidos. El barrio de Prosperidad es apacible, y tiene los árboles que dicen que le han quitado a Montevideo. Así que caminan por esas calles tranquilas hasta dar con un cartel de «Se vende». Y el 4 de septiembre firman la compra de su nueva casa. Eso sí, a partir de entonces cada año disfrutarán de sus vacaciones en aquella hermosa isla que acaban de abandonar. Hasta 2001 irán cada mes de junio durante unas semanas a Sis

Pins, un hotel de Puerto Pollensa, una hermosa playa al norte de la isla. A lo largo de quince años, volvieron cada junio a ese hotel, cuyos dueños mallorquines llegaron a ser amigos y siempre les reservaban la misma habitación.

Su amigo Guillermo Schavelzon recuerda aquella época y reflexiona sobre las actitudes del escritor: «Haber ido tantos años en la misma fecha y al mismo sitio no es un dato menor, es algo que tiene que ver con uno de los valores más importantes que Benedetti ha sostenido a lo largo de su vida: la lealtad. Así como ha sido siempre leal a sus amigos, a sus ideas, a sus principios y a sus lectores, ese principio de lealtad por sobre todas las cosas se aplicaba también a las decisiones más cotidianas de la vida. Por eso seguía yendo al Sis Pins, y por eso mismo su enorme decepción, que le provocó casi una crisis de asma, cuando un año llamó para confirmar la reserva y se enteró de que los dueños del hotel lo habían vendido a una empresa de turismo holandesa, y las habitaciones estaban ya todas vendidas en el exterior. Yo diría que fue uno de los primeros "cachetazos" que Mario recibió de eso que hoy llamamos globalización».

En aquel ambiente apacible, fuera de temporada, la pareja encontraba el descanso necesario para reanudar el trajín acostumbrado. Allí Mario se instalaba en una terraza a la sombra a escribir o leer, mientras Luz caminaba por la playa. De nuevo se complementan de un modo armónico. Esa relación de pareja ha sido muy peculiar. Muy larga y afectiva, se basó en una independencia muy marcada por parte de Luz, que supo ser la esposa preocupada, cariñosa, pero no la «mujer de» el escritor, mucho menos la mujer que está «detrás de». Es evidente que Luz se enamoró del hombre y no consideraba su obligación acompañar al profesional, si no le parecía necesario. Al conocer la armonía de este matrimonio, muchas veces extraña que no aparecieran juntos en ceremonias, recitales o actos importantes. Pero en la intimidad, ella ha sido siempre su primera lectora, su consejera inteligente y sensible, en definitiva, su compañera. La vitalidad de esa relación se ha asentado en una realidad de dos caracteres muy diferentes que suscitaban discusiones cariñosas, especialmente cargadas de humor por parte de ella. También en cuanto a los aspectos prácticos ha habido una división de tareas respetada con alegría: ciertos asuntos que no requieran demasiado sentido de la realidad, para Mario. Lo que implique previsión y decisión, para Luz. Una amiga que los vio vivir en su casa de Cuba recuerda una anécdota que ilustra muy bien estas diferencias. Un día, en ausencia de Luz, notan que había aparecido un ratón en la cocina, por lo que, como en los dibujos animados, Mario decide poner una trampa con queso, que cada noche es comido por el astuto animalito. En cuanto llegó Luz, con su sentido práctico, mandó matarlo. Y el otro pacto importante entre ambos es respetar siempre las manías del otro, y por lo tanto, entre otras cosas, la división en una tarea demasiado frecuente para ambos: cada uno se hacía su propia maleta. Sólo la muerte pudo deshacer esa pareja, que durante sesenta años actuó de acuerdo con una exacta definición de ese término.

Los amigos han jugado un papel en la búsqueda de hogar para Luz y Mario: la tentación de Mallorca surgió al visitar a la escritora centroamericana Claribel Alegría y su marido, Bud Flakoll, quienes tenían una casa allí; y cuando se decidieron a buscar vivienda en Madrid, encontraron que ese barrio donde vivían uruguayos como Walter Achugar, y no muy lejos del piso de Onetti, era ideal. Prosperidad es un barrio de clase media que tiene todo lo necesario para una vida cómoda: en las inmediaciones de su edificio hay un mercado para los productos frescos, pastelerías para el goloso, bancos —él trabajará con el de la esquina—, ventas de plantas y flores para la afición de Luz, una librería muy bien surtida, que forma parte de la conocida cadena Crisol (del mismo grupo que su editorial Alfaguara), restaurantes, cafeterías, una tienda de ropa íntima con el cursi nombre de Love Store, una veterinaria, etcétera. Pero tal vez lo más simbólico para situar una imagen poco conocida de Benedetti es la existencia junto a su edificio de la cibercafetería Falla, es decir, uno de esos lugares que han empezado a pulular en las grandes ciudades, llenos de ordenadores y jóvenes fanáticos de la red. No es que el escritor los frecuente, pero sí es un «converso» de las nuevas tecnologías. A los ordenadores los llama computadoras, como en Montevideo, y a la vuelta de su casa tiene un comercio que lo surte de todos los avances y «chucherías» informáticas, lo aconsejan y, cuando se da por vencido, lo ayudan a solventar los misterios de esas máquinas maravillosas e infernales que casi todos los demás mortales solamente usamos sin pretensión de entenderlas. De todo lo que escribe, sólo los poemas lo llevan a aquellas libretitas no más grandes que su mano que causaron tanta sensación en la exposición que organizamos sobre su vida, sus manuscritos, sus ediciones, en 1997, cuando se presentó su novela *Andamios*. Pero en cuanto cobran forma pasan al ordenador para ser una y mil veces corregidos, como acostumbra a hacer el escritor con todo el resto de sus textos.

Empiezan a conocer el barrio, a apropiárselo como si fueran a estar allí mucho tiempo. Desde su balcón del tercer piso, que Luz llenará de plantas enseguida, se ve una plaza que con el tiempo el Ayuntamiento transformará en canchas y zonas de juegos para los niños de la zona. Cada uno, juntos o separados, va descubriendo lugares cómodos o acogedores para sus caprichos. Enfrente hay un restaurante brasileño para combatir nostalgias, cruzando la plaza, un establecimiento de amplio horario para comer o comprar. También la gente del barrio los trata como a antiguos vecinos. Llevan una vida feliz y tranquila, cuidados por Juanita, la portera que les compraba el pan y regaba las plantas y guardaba la correspondencia cuando no estaban.

Un hito político de primera magnitud que anunciará el comienzo del desexilio para el escritor, como un anuncio del proceso de democratización interna, es la realización, en Montevideo, el 27 de noviembre de 1983, de una gigantesca manifestación, sin precedentes en la historia del país, en la que participan más o menos abiertamente todas las fuerzas opositoras. El famoso «río de libertad» de uruguayos que, visto desde arriba, se perdía en el horizonte emocionó al escritor, quien era consultado y mantenido al tanto de los acuerdos políticos que llevarían a la apertura, y que por tanto sabía del valor de los símbolos en aquel escenario decisivo. Ese día de alegría coincide con una noticia trágica que le toca de cerca, en un accidente de aviación cerca de Madrid, entre otros escritores latinoamericanos conocidos suyos, como Manuel Scorza o Jorge Ibargüengoitia, muere un amigo y un gran protagonista de la vida cultural uruguaya: Ángel Rama, quien desaparece junto a su esposa la crítica colombiana Marta Traba. Tanto él como Onetti, y tantos otros, sienten esa pérdida como injusta e irreparable en lo personal, pero también como una tragedia para el pensamiento latinoamericano.

EL COMIENZO DEL REGRESO

En febrero de 1984 llega otra mala noticia, es un final desgraciadamente esperado: la enfermedad incurable que había atacado a Julio Cortázar tiempo atrás se lo había llevado. Y Benedetti, emocionado, escribe una reivindicación, más de la persona que del escritor, tan atacado por sus actitudes políticas, «Julio Cortázar, ese ser entrañable», que publica en *El País*. Quien había sido primero un escritor admirado —objeto de su atención cuidadosa como crítico literario— fue luego un amigo cercano en sus estancias en París y Cuba, y por último un compañero en la militancia por la soberanía de los pueblos latinoamericanos, y en la lucha contra las dictaduras de sus países. Muy poco tiempo atrás habían estado juntos en Nicaragua, al lado de esa Revolución a la que Cortázar había dedicado sus últimas fuerzas.

La otra penosa muerte de ese año es la de Carlos Quijano, en México. Como el escritor señala en «Réquiem por Carlos Quijano», esa noticia fue un golpe personal, pero también el dolor de la comprobación de que «con ese hecho infausto, concluía una época: para Uruguay, para la llamada "generación de *Marcha*", para la cultura de nuestro país y también para cada uno de nosotros». Al escribir este artículo para *El País*, Benedetti consigue dar una lección de historia literaria y estética de Uruguay y América Latina, recordando la capital influencia que tuvo *Marcha*, siempre bajo la dirección de ese intelectual de firmes principios. Dice de él, quizá recordando sin mencionarlos sus desencuentros y afinidades: «Trabajar junto a él no era fácil ni cómodo, aunque siempre era estimulante». Pero este recuerdo es también un nostálgico ajuste de cuentas con su pasado: «¿Quién de nosotros podrá olvidar esos jueves casi folklóricos, en que concurríamos a los vetustos, destartalados talleres de la imprenta Treinta y *Tres* a corregir nuestras galeradas y a armar y compaginar las secciones a nuestro cargo, a veces en medio de duras polémicas internas, siempre aderezadas por el humor y la confraternidad?».

Tres libros suyos se publican este año. Después de comprobar el éxito de *Antología de cuentos,* Alianza le encarga que él mismo haga una selección de su obra poética y la edita con un prólogo de J. M. Caballero Bonald. Las lúcidas reflexiones del escritor español relacionan la poesía del uruguayo con la de ciertos integrantes de la generación del 50 en España, singularmente con Ángel González, quien, significativamente, agrego yo, había sido objeto de un enfoque crítico temprano por parte de Benedetti en un artículo de 1963, «Los ásperos mundos de Ángel González»[*]. Y Caballero Bonald logra por fin un exacto compendio de la poesía benedettiana: «Entre la reflexión justiciera y los recuentos autobiográficos, entre la intrepidez crítica y la memoria lacerante, Benedetti tiende a intercalar en su poesía con llamativa frecuencia el augurio favorable del amor».

Un libro muy diferente es *El desexilio y otras conjeturas 1982-1984*[**], colección de artículos publicados en ese lapso en *El País,* de Madrid. Ya desde el título destaca un concepto explicitado en uno de esos artículos y que con el tiempo se destacó como un neologismo afortunado, el *desexilio.*

En nuestro ámbito lingüístico Benedetti ha incidido en varias oportunidades con fórmulas que han sido acogidas con entusiasmo o que, simplemente, se han «colado» en la percepción de muchos de un modo tal que han pasado a ser repetidas casi inconscientemente en los medios de comunicación o en el habla común. Una es el mencionado *desexilio,* otra, su utilización peculiar de la palabra *prójimo,* otra es la frase *el sur también existe,* que se ha reiterado desde hace años como fórmula textual, del mismo modo de aquella *crónica de una muerte anunciada,* de García Márquez. Así se demuestra el acierto de la comunicación de ciertos escritores con su público potencial, su capacidad de influencia no sólo conceptual, sino estilística, cuan-

---

[*] Incluido en *Crítica cómplice,* Madrid, Alianza, 1988.
[**] Madrid, Ediciones El País, 1984.

do la fórmula inventada se va llenando con naturalidad de conceptos o vivencias de un nuevo hablante.

En el caso del *desexilio,* Benedetti hizo una ajustada interpretación de una situación que afectaría a muchos miles de personas, a medida que las dictaduras, principalmente del Cono Sur, fueron cayendo. Lo de menos serán los tiempos de cada uno. El problema será la decisión del regreso, y en caso de que sea afirmativa, la situación personal de cada individuo, su llegada, su acoplamiento a una realidad necesariamente diferente a la que dejó y a la que soñó. Él propone el ejercicio de una palabra clave: la comprensión, pero alerta premonitoriamente de muchos dolores, dificultades, soledades por venir. Y es que el *desexilio* es un proceso en el que ya no somos los mismos que salimos al exilio; para él, somos más complejos, mejores, y así lo expresa en el artículo «El desexilio», recogido en la publicación antes mencionada: «Así como la patria no es una bandera ni un himno, sino la suma aproximada de nuestras infancias, nuestros cielos, nuestras calles, nuestras cocinas, nuestras canciones, nuestros libros, nuestro lenguaje y nuestro sol, así también el país (y sobre todo el pueblo) que nos acoge nos va contagiando fervores, odios, hábitos, palabras, gestos, paisajes, tradiciones, rebeldías, y llega un momento (más aún si el exilio se prolonga) en que nos convertimos en un modesto empalme de culturas, de presencias, de sueños». Después veremos que, efectivamente, la experiencia era dolorosa, y él mismo la sufrió. Pero el punto de partida actual es de fuerza: «Es gracias a ese tira y afloja entre lo que se añora y lo que se obtiene, es gracias a esa compensación inacabable, que nuestra memoria y nuestra vida se enriquecen, y nuestra muerte (ese exilio sin retorno ni *desexilio*) no tiene más remedio que otorgarnos nuevas y fecundas moratorias».

El libro reciente, *Geografías,* salió al mismo tiempo en España, en la colección violeta de Alfaguara, y en México, en Nueva Imagen, con dibujos del grabador uruguayo Antonio Frasconi, amigo desde la juventud. Formalmente el libro presenta una configuración original. Se trata de catorce partes compuestas cada una de un poema y un cuento, bajo un título común a ambos, y todos relacionados con la geografía: «Finisterre», «Litoral», «Glaciares», «Cauce», etcétera. Esta alternancia de la irrupción lírica y la tersura narrativa otorga a la obra un ritmo trepidante y manso al mismo tiempo, en inextricable efecto. Tal vez se podría decir que de cada pareja significativa la unidad que ostenta la capacidad estructuradora es el poema. Puede ser una definición, como «Patria es humanidad», al mismo tiempo íntima y universal (el título pertenece a José Martí); un exorcismo erótico, como «La buena tiniebla»; una reflexión al tiempo doméstica y existencial, como «Eso dicen»; o un grito aterrador por lo inaudible, en «No lo harás en vano». El poema aquí es siempre compendio, o llamado, o apunte, que se empareja con el cuento subsiguiente por complementariedad semántica, por oposición, por alusión, o simplemente por el capricho de una vivencia o una imagen que el escritor revive.

De nuevo, éste es un libro íntimamente ligado a la experiencia personal del autor. *Geografías* aparece, dentro de la sucesión de obras de Benedetti, como el último libro de la derrota. En estos años de exilio, el escritor se ha detenido a confesar reiteradamente que la primera toma de conciencia debida por parte de los expulsados, los heridos, los pretendidamente anulados como ciudadanos, era precisamente la de la derrota. A partir de ella se puede construir, se puede soñar, asoma la esperanza. A pesar de que aquí aparecen páginas muy amargas, y a pesar también de que la esperanza nunca estuvo ausente de sus libros anteriores —con rabia, pero con seguridad—, este libro parece cerrar un ciclo bien definido de su obra.

Diez años antes había escrito «Croquis para algún día», largo y emocionante poema que dibuja el «país que es otro», un país en el que no está el padre, y no están tantos, y sin embargo en el que se ve a sí mismo yendo «de abrazo en abrazo con paciencia de ombú» porque «se acabó la derrota / en un surco cualquiera de la patria confiable / allí donde esparcimos nostalgias germinales / algo empieza a ocurrir está ocurriendo / inevitable pero lentamente»[*]. Ese día previsto, soñado tantos años

---

[*] *La casa y el ladrillo,* en *Inventario I,* pp. 231-247.

antes, está muy cerca. Y si *Geografías* es el último libro de la derrota, también podríamos decir que es el primero claramente del *desexilio*. El horror sigue presente, pero como recuerdo necesario, en sus secuelas indelebles. Todavía no es el regreso —«Quiero creer que estoy volviendo»—; los torturadores enloquecen, pero existen, son de carne y hueso; y sin embargo la gente se crea una vida, o la recupera —«Puentes como liebres»—, o vuelve desde la muerte —«Como Greenwich», «Verde y sin Paula»—. Puesto que ha reflexionado largamente sobre el *desexilio,* sabe que es difícil: o tiene raíces sangrantes, o será simplemente retorno folklórico. Por eso, *Geografías* muestra antes que nada esas raíces y proyecta hacia el futuro una esperanza modesta arrancada al horror: «vamos a merecer cada centímetro de augurio / vamos a abrir caminos a los sobrevivientes / sin guirnaldas pero con respuestas / flamantes y accesibles / vamos a reponer lo mucho que perdimos / vamos a aprovechar lo poco que nos queda»[*].

Entre exiliados, transterrados, emigrantes, circulan corrientes de comprensión. Y eso es lo que aflora en su artículo «Coruñeses y montevideanos». En él da cuenta de la presentación de una edición facsímil de la revista *Alfar,* que con una semana de festejos había tenido lugar en Galicia. El recuerdo de su animador, el poeta hispano-uruguayo Julio J. Casal, lleva a Benedetti a rescatar las facetas importantes de ese trabajo, básicamente la etapa coruñesa de *Alfar,* junto al gran pintor Rafael Barradas, también montevideano, pero con grandes vinculaciones en España. Y ese rescate no resiente su juicio crítico justamente demoledor acerca de la *Exposición de la poesía uruguaya* (1940), manual literario de Casal, incluso acerca de la época montevideana de la revista, aquejados los dos de una total y, como él dice, «candorosa» falta de rigor. Pero eso no impide que lo reconozca como ferviente promotor de actividades literarias y artísticas dignas de alabanza.

En estos años se da la coincidencia de que cuatro de los principales escritores uruguayos viven exiliados en España: Be-

---

[*] «Ceremonias», *Geografías,* p. 78.

nedetti, Cristina Peri Rossi, Juan Carlos Onetti y Eduardo Galeano. Este último había encarado una obra, monumental por extensión y trabajo de investigación, que tendría gran repercusión: *Memoria del fuego*. La pretensión del autor era «devolver a la historia el aliento, la libertad y la palabra». Será una trilogía donde la poesía se cuela por las pequeñas historias de la Historia. Y de inmediato Benedetti celebra esa «Historia marginal de América Latina», según la llama, porque en ella cabe un sueño, «el de los vencidos. Los indios, los mestizos, los negros, pero también los que amaron con fuerza incontenible, los precursores de la solidaridad, los que se dejaron matar por sus ideales»[*].

Mientras tanto, sin que tenga que hacer más que firmar los contratos, se produce una oleada de popularización de su obra: *Gracias por el fuego* es adaptada al cine y la televisión, *Primavera con una esquina rota* es llevada al teatro, y Joan Manuel Serrat se decide a pedirle que colabore en un disco conjunto.

Por otro lado, la Feria del Libro de Buenos Aires, renovada con el regreso de la democracia, lo invita a participar. Se trata de un emocionante acercamiento a la patria. Por primera vez en diez años estará tan próximo de su «paisito» que se sentirá tentado de cruzar el Río de la Plata, menos de una hora de viaje. Pero el presidente del Frente Amplio, el general Líber Seregni, le aconseja que no se arriesgue, hay que esperar más avances políticos. En cambio, se produce el movimiento inverso y tendrá numerosos y emocionantes reencuentros con familiares, amigos y compañeros de militancia que viajan para verlo.

---

[*] «Crónica de sueños no cumplidos», *Literatura uruguaya siglo XX,* Montevideo, Arca, 1988, p. 380.

CONJUGACIONES

1 (álbum)

Cómo quisiera fotografiar
minucia por minucia
pedazos de futuro
y colocar las instantáneas
en un álbum
para poder hojearlo
lenta morosamente
en un manso remanso
del pasado

Viento del exilio
Inventario I, p. 40

Capítulo 21

«... convalecientes utopías...»*

Una mañana del invierno madrileño suena el teléfono en la casa de la calle Ramos Carrión. Contesta Mario. Siempre contesta Mario el teléfono para asombro de sus interlocutores, acostumbrados a la presencia de intermediarios o a la trinchera del contestador automático, existentes con frecuencia en los hogares de los escritores muy conocidos. Se presenta una voz con acento catalán y le explica su idea. A los pocos días lo visitará. Joan Manuel Serrat había puesto música y cantado con notable éxito los versos de Antonio Machado y de Miguel Hernández, y después de leer *Inventario* quería trabajar con un poeta vivo. Lo que le planteó no era musicar poemas existentes, sino la reconstrucción de los textos para transformarlos en canción. El escritor uruguayo aceptó con entusiasmo, consciente de la dureza de la experiencia que se le proponía, pero deseoso de afrontar el desafío. Dice Serrat que los uruguayos «se toman la vida muy en serio», y que Mario es un buen ejemplo. Así el trabajo se enriquece, con rigor, pero también con flexibilidad. Durante meses se vieron en Madrid y luego también en Montevideo, y avanzaron hasta conformar *El sur también existe,* el disco que saldría al año siguiente.

El cantautor catalán subraya que esa armonía entre ambos se consiguió porque había habido previamente «años muy cómplices; sin haber relación de piel, había un conocimiento mutuo, sobre todo en las actitudes». Además de las experiencias previas, en general muy positivas, sobre todo con Alberto Favero, Benedetti siente cierta fascinación por ese proceso de creación de canciones, y por la consecuente ampliación de la comunicación

---

* «Cierre», *El mundo que respiro,* en *Inventario III,* p. 144.

con su público, a la que siempre aspira. Y ésta no será su última aventura. Serrat recuerda con mucho cariño aquel trabajo, no sólo desde un punto de vista profesional, sino también por «la bonhomía» de Benedetti. Y concluye del modo más sencillo y elocuente: «Fue como trabajar con uno mismo». El disco tiene una gran repercusión en un programa especial de Televisión Española y en las giras de Serrat, que incluyeron también Uruguay. Desde entonces crece la historia de amor del autor de «Mediterráneo» con Montevideo y sus habitantes, que lo acogen cada vez que se acerca como si fuera uno de los suyos, y lo es.

Pero en la propuesta de Benedetti hay mucho más que poemas y canciones. Como dijo Manuel Vázquez Montalbán en un artículo en *El País* de Madrid, «la metáfora del sur» sería «una larga marcha hacia una nueva conciencia crítica» que, según el escritor español, «sólo estará en condiciones de ser energía histórica, movimiento social, si se encarna en las masas y las articula hacia objetivos de supervivencia, solidaridad, libertad». Claro que el escritor es quien propone metáforas, y la gente quien debe apropiárselas. Algo de eso hubo.

Poco más tarde, las que deben de ser las canciones más caras entre todas las compuestas por Alberto Favero —fueron comentadas con Benedetti, cambiadas y perfeccionadas por teléfono, de Puerto Rico a España— componen una nueva colección, *Canciones del desexilio,* que tuvo gran éxito en el Río de la Plata.

LA LLEGADA DEL FUTURO

En noviembre de 1984 había habido elecciones generales en Uruguay, no totalmente democráticas puesto que muchos dirigentes no estaban habilitados para intervenir en el proceso, pero realizadas previo consenso de casi todas las fuerzas políticas. Era un paso hacia la normalización democrática y la entrada del nuevo Gobierno fue, como proponía la tradición, el 1 de marzo del año siguiente.

En abril de 1985, sin anuncio previo, Benedetti regresa a su país. Más de once años habían transcurrido desde su salida al exilio. El regreso no es una palabra, ni un sentimiento, ni un viaje, es sobre todo «Expectativas», como titula uno de sus poemas, que concluye: «Sé que no soy el mismo y soy el mismo / y cuando al fin se abra la muralla / la primera nostalgia entrará lentamente / con cuidado infinito y con un bastón blanco».

El regreso es, sobre todo, reencuentros y ausencias: los amigos, «los años ya sin fondo de mi madre», su gente. Así que el gran encuentro con su ciudad se produce unos días después, el 2 de mayo, cuando haga el espectáculo *A dos voces,* con Daniel Viglietti, otro retornado. Es una época de grandes emociones, los regresos desde el exilio, la salida de los presos de las cárceles, la libertad reestrenada para decir, para cantar, para abrazarse. Y en ese espectáculo en el Teatro Dieciocho de Julio, en la principal avenida de Montevideo, la gente quiere abrazarlo y se corta la calle para que quepan todos.

Tantos años, tantas noches, tantas palabras dedicadas a imaginar ese futuro, y por fin estaba ahí. Pero no tenía nada de heroico ni espectacular. Era vivir, simplemente. Y ya se sabe que no es fácil. Luz y Mario habitan su pisito de la calle Convención, ahora más atiborrado de libros, aunque en los primeros tiempos la vida tiene lugar afuera: en actos, presentaciones, reuniones.

La madre está frágil, pero está, «sólo con un bastón de diferencia»; en cambio el padre, «sonriente y luminoso», sólo encuentra su lugar en la poesía[*]. Los reencuentros son difíciles, está la historia del horror, presente en casi cualquier pasado, los niños que ya no lo son («cuando me fui eran chiquilines / tenían un rabioso / alrededor de púas»), las heridas ocultas y las que siguen sangrando, la incomprensión de algunos, la pobreza. Pero el escritor también encuentra la alegre sorpresa por la memoria llena de amor, el recuento de tantas bienvenidas, los abrazos, las esperanzas. Todo ello va dejando su marca, su queja, su interrogante, que se plasman en un libro de poemas extenso que se publicará al año siguiente, *Preguntas al azar.* Entre los reencuentros, los más emocionantes serán con los presos

---

[*] «La madre ahora», *Preguntas al azar,* en *Inventario II,* p. 326.

amigos, con los rehenes —«diez años sin espejo»—, los más cercanos, Mauricio Rosencof, Raúl Sendic.

Este último ha sido una presencia querida y admirada a lo largo de todos estos años: el cuento «Siesta»* nace a partir de una mínima anécdota personal, la última vez que se encontrara con el dirigente tupamaro más buscado, en la calle Ramón Anador, poco antes de que cayera herido y preso. Mario solía llevar cartas y paquetes a la familia de Sendic cada vez que viajaba a Cuba, donde se habían refugiado ante el acoso policial, y no dudaba en concertar con él citas clandestinas. También le dedicó la novela *El cumpleaños de Juan Ángel,* y por último, había aceptado un encargo curioso: prologar un libro suyo de economía. Después del pronunciamiento popular de 1980 contra la dictadura y aprovechando el relativo aflojamiento de las brutales condiciones de prisión a las que había sido sometido durante años, Raúl Sendic había escrito en la cárcel, usando una letra milimétrica, y había logrado sacar clandestinamente, un libro llamado *Manual práctico de economía.* En 1984 se publicó en México, Nicaragua y Argentina con el prólogo de Benedetti. Este texto está centrado en la calidad humana que el escritor, todavía en el exilio, descubre, no sólo en el libro en sí, en las preocupaciones del autor al enfocar el pensamiento económico desde una situación tan especial. Lo que conmueve al autor de *Montevideanos* es el hecho mismo de la creación, incluso la posición previa a la escritura, «... que un ser humano pueda sobreponerse al resentimiento, a la tentación del odio, a la frustración, al descalabro político, al aislamiento de la familia, al silencio obligatorio, y también, a la propia desconexión con los inevitables relevos y transformaciones que, en su teoría y en su práctica, ha experimentado el pensamiento económico en toda una década». Es la admiración por la fuerza que mueve al ser humano, por la capacidad de resistencia y esperanza, lo que expresa fundamentalmente Benedetti en ese prólogo. A partir del recuerdo lejano de él como adolescente estudiante leyendo la *Historia de Europa,* escrita por Henri Pirenne enteramente desde la cárcel,

---

* *Despistes y franquezas* (1989), p. 149.

destaca algunos rasgos que, sin lugar a dudas, podemos reconocer en su propia trayectoria vital: la tenacidad, la coherencia, el
coraje, la calidez y la comprensión. Incluso al destacar «el constante rescate de la fe en el ser humano» por parte de Sendic, aventura la novedad que sobrevendrá cuando el líder vuelva al quehacer político, vaticinio que, sin embargo, la enfermedad frustró
muy pronto.

En todos los espacios lo rodean los amigos y él colabora
en nuevos emprendimientos con entusiasmo y generosidad.
Hay un ansia generalizada de volver a leerlo de un modo libre.
Se acabó la clandestina copia a máquina o en aquellas series en
ciclostil o mimeógrafo que la gente se pasaba, especialmente con
sus poemas o sus artículos. Por ello ahora la editorial Arca, con su
amigo Alberto *Beto* Oreggione al frente, inicia el relanzamiento
de su obra, títulos antiguos o recientes, selecciones nuevas, primicias. Por ejemplo, un libro que incitaba al recuerdo militante, *Escritos políticos (1971-1985)*. Es una compilación parcial
de artículos que habían aparecido en la prensa en «los años duros», y que luego fueron recogidos en dos publicaciones que,
como hemos visto antes, tuvieron breve circulación: *Crónicas
del 71* y *Terremoto y después*. Habían sido reflejo de una especie
de prólogo «de una estirada *década infame*», como aclara en el
prefacio a esta edición de 1985, y el rescate pretende servir de
«modesto testimonio de lo que fueron aquellas jornadas de zozobra y acoso, de alarmas y muerte, y en definitiva de encarni-
zada lucha política».

En este renovado interés por su obra participará el Departamento de Publicaciones de la Universidad de la República, a veces con bellas ediciones que unen a sus textos la obra de
pintores e ilustradores prestigiosos.

Muchos antiguos colaboradores de *Marcha* se reúnen
para abrir un semanario de cultura y opinión como lo fue aquella publicación. No podrá usarse el mismo nombre, emblemático, pero igualmente nacerá *Brecha*, el 11 de octubre de 1985.
Benedetti estará entre los fundadores, durante varios años perte-
necerá a su consejo editor, y siempre colaborará de diversas maneras con esta publicación que ha intentado seguir la línea y el

nivel de su prestigiosa antecesora. Y a esos «presentes y ausentes de *Marcha / Brecha*» dedica un poema lleno de vivencias de media vida: «Jueves de imprenta», de *Preguntas al azar,* que, como en su artículo con motivo de la muerte de Carlos Quijano[*], repasa amistades, experiencias, valores, miedos y alegrías que circularon durante treinta y cinco años alrededor de *Marcha.*

Y el 31 de diciembre de 1985, en la fiesta de fin de año de la editorial Arca, culmina el encuentro de la gente de la cultura uruguaya, todavía envuelta en la borrachera de la libre expresión. Allí volvieron a verse dos tocayos, Mario Benedetti y Mario Delgado Aparaín, quienes se habían conocido en la editorial La Línea, en la terrible Buenos Aires de 1974, al comienzo del exilio de ambos. Era el toque de entendimiento entre dos generaciones de escritores.

Mientras tanto, el fin paulatino de las dictaduras en el Cono Sur provoca alegría, esperanza y deseos de colaborar entre los españoles que todavía están asentando su propia democracia, pero en un contexto de rápido despegue económico. El 2 de marzo de 1985 aparece en *El País* de Madrid un artículo de Camilo José Cela sobre el papel de España en los procesos democráticos de América Latina. Y aunque Benedetti nunca demostró aprecio personal por este controvertido escritor español, es elegido para el «Envío» de Cela: «Para Mario Benedetti, a quien tanto echo de menos en esta página, con un cordial abrazo de esperanza»[**].

El futuro se dibuja con las líneas que parten de nuestro pasado y de nuestro presente. Es, por tanto, el recipiente de nuestras esperanzas y de nuestras frustraciones, del conjunto de nuestra experiencia. Por eso, a la nostalgia de Montevideo, ahora plenamente compensada con esta realidad difícil pero jubilosa, se opone una *contranostalgia,* como él mismo lo había presagiado, «la curiosa nostalgia del exilio en plena patria»[***]. A partir del año siguiente, Luz y él empiezan a pasar algunos meses en

---

[*] «Réquiem por Carlos Quijano», *Articulario,* p. 127.
[**] Se refiere a la página de Opinión de *El País* que, como hemos visto, Benedetti había abandonado tiempo antes.
[***] «El desexilio» (1983), en *Articulario,* p. 39.

Madrid y el resto del año en Montevideo. Luz, en especial, conserva cierto amargo recuerdo hacia lo que fue una experiencia ingrata en el Montevideo de la dictadura, y disfruta mucho de sus estancias madrileñas, con algunas escapadas a Suiza.

También Mario aprovecha para aceptar invitaciones como la del Congreso de Escritores en Español que se celebró en Canarias bajo la presidencia de Camilo José Cela; o aquella que demostraba el afecto de la joven democracia española cuando celebraba el séptimo aniversario de la Constitución reuniendo a muchos intelectuales y artistas entre los cientos de concurrentes.

EL REGRESO ERA ESTO

La incipiente democracia empieza a reparar tímidamente algunas de las injusticias cometidas por el régimen autoritario. Uno de esos actos fue la restitución de los destituidos, que llegaron a ser miles en organismos públicos y especialmente en los distintos ámbitos de la educación, como había sido su caso. Quien se encargó de asesorarlo y llevar adelante las gestiones necesarias para tal acto de justicia fue el joven abogado Felipe Michelini, hijo de su amigo Zelmar, quien pronto se incorporaría a la actividad política junto a su hermano Rafael. En el mes de abril de 1986, Mario Benedetti es repuesto en su cargo de director del Departamento de Literatura Uruguaya e Hispanoamericana de la Facultad de Humanidades, aunque en su caso tal reposición es un acto simbólico puesto que decide no seguir en el cargo. En ese vaivén de emociones un poema es testigo de la profundidad de la herida causada por el asesinato de Zelmar Michelini[*], y del dolor que las nuevas circunstancias reavivan, «estás en cada pulso / en cada suerte». Ha pasado el tiempo y el dolor es suave pero definitivo: «nueve años / y las bisagras del país se quejan / rechinan dulcemente / nadie va a preguntar / cosas sabidas / pero cuántas preguntas / cuántas buenas preguntas / si estuvieras».

---

[*] «Pasaron nueve años», *Preguntas al azar,* en *Inventario II,* p. 338.

Obviamente, no se trata de un cambio revolucionario, la atmósfera popular no es de entusiasmo arrollador, si acaso, de suave esperanza. Son tiempos difíciles que no encuentran el consuelo de la reconstrucción de un país. Y en sus poemas se reflejan esos sentimientos de vacío y duda. Todavía no es el momento de la rebelión ante la amnesia impuesta, ante la falta de transformaciones, ante la incomprensión, es el momento de las preguntas, y así en el libro *Preguntas al azar* (1986) hay cuatro composiciones tituladas del mismo modo, en las que afloran búsquedas a tientas —«¿dónde está mi país?»—, indagaciones existenciales que abocan al enfrentamiento con la muerte, tema que de ahora en adelante reaparecerá una y otra vez.

Es un nuevo momento de inflexión como creador. No se trata solamente de la incertidumbre vital en relación con lo social, también se profundiza la reflexión metafísica. Mario ha atravesado la barrera psicológica de los sesenta y cinco años y, si bien su salud es igual a la que lo ha acompañado a lo largo de décadas, su mente se detiene con más frecuencia en la vejez y en la muerte. Visto con la perspectiva de los libros y los años siguientes, el tono de su obra, que se hará angustioso en mayor grado, tiene que ver más con su «soledad comunicante» que con su soledad a secas. Es decir, su pesimismo —que lucha y se rebela, como se ve en este poemario[*]— tiene sus raíces en el contexto: en la incomprensión, en las esperanzas fallidas, en la falta de memoria. Ha comenzado por la presencia del horror —que «es un túnel insondable / que asoma en las miradas»[**]—, sigue por la miseria que aplasta a buena parte de sus compatriotas[***], y, sobre todo, parece imponerse por el fin de la memoria debido al obligado ejercicio de la amnesia que el miedo impuso, en distintos grados, en todos los países que salían de sus devastadoras dictaduras.

Tal vez las canciones de *El sur también existe* sean el refugio luminoso donde encontramos de nuevo el amor, la reafir-

---

[*] «Chau pesimismo», *Inventario II*, p. 348.
[**] «Ese hilo de voz», *Inventario II*, p. 315.
[***] «Estos y otros mendigos», *Inventario II*, p. 340.

mación de los valores humanos, el orgulloso reclamo que da nombre al disco, la reivindicación de la alegría. Pero no resulta demasiado significativo pues no tenemos que olvidar que es un trabajo conjunto con Joan Manuel Serrat, quien a pesar de ser responsable de la música y la voz, bien pudo influir en la atmósfera de todo el trabajo. En todo caso y como una constante que lo acompaña a lo largo de su vida, en ése, como en otros momentos de la colección de poemas, se ve aflorar la fuerza, el espíritu de lucha, la incapacidad de darse por vencido del hombre y el poeta. Ese mismo espíritu aparece en las reflexiones vertidas por el escritor en el Seminario Internacional sobre Literatura Hispanoamericana, celebrado en Santiago de Compostela en marzo de 1985, donde se explaya sobre los momentos amargos del exilio y también del desexilio.

Y como una prueba de que puede salir del ensimismamiento, participa en el II Congreso por la Soberanía de los Pueblos de Nuestra América, inaugurado por Gabriel García Márquez en La Habana. Allí, en plena era Reagan, la situación de América Latina había empeorado hacia el norte (acoso a Nicaragua y Cuba) y había mejorado hacia su extremo meridional (desmoronamiento de las dictaduras del Cono Sur). Por ello, en La Habana, simbólicamente se encuentra dividido entre la alegría de acompañar a sus compatriotas recién salidos de la cárcel, como Mauricio Rosencof, y la angustia de avizorar más muerte y destrucción en Centroamérica, donde las masacres de El Salvador y la guerra en Nicaragua le llegan a través de testimonios directos.

EL PUENTE

Para cruzarlo o para no cruzarlo
ahí está el puente

en la otra orilla alguien me espera
con un durazno y un país

traigo conmigo ofrendas desusadas
entre ellas un paraguas de ombligo de madera
un libro con los pánicos en blanco
y una guitarra que no sé abrazar

vengo con las mejillas del insomnio
los pañuelos del mar y de las paces
las tímidas pancartas del dolor
las liturgias del beso y de la sombra

nunca he traído tantas cosas
nunca he venido con tan poco

ahí está el puente
para cruzarlo o para no cruzarlo
yo lo voy a cruzar
sin prevenciones

en la otra orilla alguien me espera
con un durazno y un país

Preguntas al azar
Inventario II, p. 298

Capítulo 22

«... el olvido es un gran simulacro...»[*]

Curiosamente, en este momento España lo empieza a tratar mejor que su país. Se suceden las reediciones, las invitaciones, habla en el Club de Amigos de la Unesco como muestra de gratitud a quienes tanto habían ayudado a los exiliados uruguayos, participa en los Cursos de Verano de la Universidad Antonio Machado, de Baeza, lugar al que viaja con emoción en homenaje a uno de sus autores amados. Esa tónica de reconocimiento español hacia el escritor continuará con el tiempo: su nombre en una calle en Valencia, en un colegio de una ciudad de la Comunidad de Madrid, la atención a su obra en las universidades, etcétera. Por fin el periódico *El País* consigue que acepte colaborar nuevamente en sus páginas y desde enero de 1986 publicará un artículo al mes con un enfoque más literario y menos de actualidad de lo que había sido su época anterior en el diario. Sus citas anuales con la Feria del Libro de Madrid, en el Parque del Retiro, empezarán a ser sagradas. Cada mayo/junio tendrá la oportunidad de relacionarse directamente con sus lectores. Y todo a pesar del cansancio de estar horas firmando sus libros.

El 7 de mayo de 1986 es invitado a dar una conferencia en el Congreso de los Diputados —circunstancia realmente excepcional— y la desarrolla bajo el título de «El escritor y la crítica en el contexto del subdesarrollo». Y muchos años después de aquel libro suyo *Letras del continente mestizo* (1967) insiste en ese concepto enriquecedor: «Pero no sólo son mestizas nuestra expresión y nuestra realidad, también lo serán nuestra búsqueda y nuestra interpretación, ya que ese mestizaje, esa impureza, esa mezcla de lenguas y costumbres, ese surtido de orígenes,

---

[*] «Ese gran simulacro», *El olvido está lleno de memoria*, en *Inventario III*, p. 381.

ese empalme de osadías, ese crisol de revoluciones, ha generado en el tiempo un estilo propio, una identidad nueva, una conciencia colectiva que nos rescata de un pasado en que nos olvidábamos los unos de los otros, y nos lanza hacia un futuro en que acabaremos por reconocernos como astillas del mismo palo». Es evidente que Benedetti no sólo ha sido un perseguidor de utopías, sino un luchador que pone toda su sensibilidad e inteligencia en el camino de alcanzarlas, y por ello propone una y otra vez una posición crítica para el intelectual.

Su relación amorosa con el cine continúa de un modo muy satisfactorio: si el año anterior se traducía en trabajo, al supervisar el guión de la película de Mario Camus *La vieja música,* este año es convocado a formar parte del jurado del Festival de Cine de San Sebastián, justo en la edición en que el invitado especial será Gregory Peck. Lo disfrutó mucho, en compañía de Paul Leduc, Julien Temple y Pilar Miró, a quien admiró sobre todo como directora de cine, aunque en el momento ocupara un cargo de gobierno.

Son tantas las propuestas y solicitudes, y es tan poca la habilidad negociadora demostrada hasta entonces a través de sus contratos e ingresos, que decide buscar un agente literario, que en España se traducía necesariamente al femenino: la inmensa mayoría de quienes tienen esa profesión son mujeres. Así empezará su relación con Mercedes Casanovas, quien tiene sus oficinas en Barcelona. En cambio, en Argentina había empezado a ayudarlo en esas funciones su amigo de años, Guillermo Schavelzon, quien con el tiempo asumirá su representación también en Europa.

En 1987, su novela *Primavera con una esquina rota* recibe el Premio Llama de Oro, de Amnistía Internacional, por sus valores en la defensa de los derechos humanos. En Bélgica lo recogió su amiga Annie Morvan.

La otra cara de su vida es la que encuentra en Uruguay. Allí, pasado el entusiasmo de la primera época posdictatorial, empieza a asomar «el legado de mezquindad» del que el escritor hablará más tarde. Por encima de una generalizada falta de expresividad, muy uruguaya, se proyecta la actitud de un grupo de jóvenes, y no tan jóvenes, de «parricidas». Es cierto que el fenómeno hacia él no era enteramente nuevo, su prominente toma de posición en la vida le había acarreado críticas personales en el pasado que siempre se disfrazaban de literarias. Pablo Rocca cita un intercambio de cartas en *Marcha*, ya en 1969, entre unos anónimos críticos y los jóvenes escritores Graciela Mántaras y Hugo Giovanetti Viola, que lo defendían*. Pero esta vez era diferente, un grupo de escritores emprendió una campaña que utilizaba armas mezquinas como el libelo y el insulto. Y si bien se trataba de un sector muy minoritario, el escenario fue de silencio. Hubo muy pocas voces que se alzaran a dar la opinión que muchos tenían dentro. Uno de los escritores jóvenes ajenos a esos ataques me reconoce que hasta mediados de los noventa «no era de buen gusto» hablar bien de Benedetti.

Hay que aclarar que hubo un sector de escritores noveles que a mediados de los años ochenta simplemente revisaron el canon, sobre todo de la poesía, y volvieron sus ojos hacia otro tipo de expresión, como me señala uno de ellos, Luis Bravo. Juan Gelman y, curiosamente, también Ernesto Cardenal y Roque Dalton les resultaban más atractivos. Digo curiosamente porque cualquiera de los dos mencionados por último no parecen muy distantes de la lírica conversacional del escritor uruguayo. Pero siempre respetaron a la persona Benedetti y su trayectoria, al mismo tiempo que sentían un gran aprecio por su labor como crítico. No podía ser menos cuando el escritor había mostrado en todo momento interés y generosidad con las generaciones siguientes a la suya. Es probable que en esa época no conociera profundamente la obra de los más jóvenes, pero los inmediatamente anteriores bien podían recordar que muchos habían sido llamados a ser jurado de los Premios Casa de las Américas, o habían obtenido un prólogo o una intercesión ante editoriales por parte del autor de *La tregua*. Pero, por otro lado y a partir de la revista *Jaque* se gestó la corriente de desprecio por su obra, que llegó a la continua descalificación sin mayor apoyatura crítica, con la aparición de ciertos personajes que han basa-

---

* Pablo Rocca, ibídem, p. 113.

do su notoriedad en el estilo zafio de sus artículos, no sólo contra Benedetti. De su generación, sólo Sarandy Cabrera, que había estado en el equipo de *Número,* hizo público su poco aprecio por la poesía de Benedetti, que según él da una «pobre imagen del uruguayo medio, de ahí su éxito», pero interrogado para este libro, expresó su respeto personal por Mario, «un tipo bien, con buenas posiciones en la vida pública».

Otros jóvenes, como Silvia Guerra, creen que eso fue una moda pasajera, que hubo una posterior reivindicación de la generación del 45, y atribuyen cierto retraso en que la misma llevase a Benedetti al éxito, tantas veces suscitador de celos y envidias. Se trata una vez más de actitudes previsibles: en el prefacio de un ya antiguo libro de Emir Rodríguez Monegal[*], se contrapone a aquellos que eliminan sin análisis y los que no son partidarios de la demolición, «los más inteligentes sólo actúan en el plano de la creación», dice el crítico. Efectivamente, los más talentosos son los que pueden ofrecer una obra veinte años después, y su análisis es matizado y cuidadoso, tal como había sido la labor crítica de Benedetti y sus compañeros de generación: fuerte pero rigurosa.

El escritor uruguayo se sintió muy dolido, demasiado según algunos, que habrían preferido cierta prescindencia por su parte. Pero da toda la impresión de que además de un acuse de recibo emocional, asoma una posición ética, un rigor que ha cultivado toda su vida y que de un modo, para algunos demasiado rígido, para otros de coherencia admirable, representa una pauta de conducta. En un artículo de 1986, «Pobreza de la cultura y cultura de la pobreza»[**], afirma: «El hecho de haber permanecido en el país o haberse desarrollado en el exilio no brinda de antemano ninguna garantía de haber adquirido un nivel de calidad óptima. Si se establece un muro entre ambas expresiones, o si el muro tiene un lado de parricidio y otro de paternalismo, jamás se logrará la integración que con urgencia necesita una cultura tan castigada [...] como la de mi país». Y pos-

---

[*] *El juicio de los parricidas. La nueva generación argentina y sus maestros.* Buenos Aires, Deucalión, 1956.

[**] Recogido en *Subdesarrollo y letras de osadía,* Madrid, Alianza, 1987, p. 219.

teriormente es más preciso: «Para nadie es edificante que una opinión crítica sea el resultado de una descarga temperamental, de una inquina extraliteraria, o, en el peor de los casos, de un crispamiento casi automático de la envidia».

Le dolió y hay testimonios de ese sentimiento en varios lugares. *Despistes y franquezas,* un peculiar libro publicado en 1989, pero que había tardado cinco años en terminar, lleva un prólogo en el que alude a «los entrañables reencuentros y algunas inesperadas mezquindades del desexilio». También habla de ello en un diálogo que mantiene con Hugo Alfaro en 1986 y que da lugar a un libro ilustrativo y cálido, *Mario Benedetti (detrás de un vidrio claro)**. Pero donde hay expresa constancia de su juicio acerca de esa atmósfera que considera mezquina e injusta es en un breve relato, «Lejanos, pequeñísimos», que aparece en la sección «Franquezas» de su libro antes citado, en el que un uruguayo habla con una española y le transmite una visión lúgubre: se trata de «un legado de resentimientos, envidias, frustraciones, pequeños rencores».

CONTRACORRIENTE

Es evidente que el escritor sintió la extrañeza de la ruptura de un pacto de décadas entre él y los montevideanos aunque sólo se tratara de una parte de ellos. Eso explica tal sensibilidad cuando, en realidad, se trataba de la repetición de ataques a sus posiciones políticas que, casi siempre, redundan en críticas a su obra, antes y después. Le ha ocurrido con políticos de derechas de su país, pero también con gentes que deberían afinar más. A partir del 2 de agosto de 1987, cuando publica en *El País* un artículo titulado «Los propietarios de la libertad», cae sobre él una verdadera avalancha de respuestas, contradicciones y ataques verdaderamente indignados. Pero él responde a algunos y sigue su camino sin mayor conmoción personal. Ese breve artículo se centraba en el compromiso del intelectual y el

---

* Montevideo, Gráficos del Sur, 1986.

concepto de la libertad como supuesto antónimo, que en los últimos tiempos se había puesto en circulación. La reciente celebración de los cincuenta años del famoso Congreso de Intelectuales Antifascistas de 1937 con otro congreso en Valencia que desmentía al original, según él, le daba pie para señalar las diferencias de actitudes de los intelectuales de ayer y de hoy. La hipocresía del silencio ante tantas situaciones de injusticia, de crímenes, de las responsabilidades muy centralmente apuntadas a los gobiernos de Estados Unidos —menciona Guantánamo, Bahía Cochinos, Allende—, será la piedra de toque de las reacciones en el mundo intelectual español. Dos «pesos pesados» de ese ambiente se lanzan en sendos artículos a responder al escritor comprometido: el filósofo Fernando Savater, en *El País,* y el historiador Javier Tusell, en *Ya.* Mientras que este último despacha su descontento aludiendo simplemente al antinorteamericanismo que detecta en el artículo, sin bajar a su contenido, Savater, supuestamente más progresista, responde a algunas de las denuncias del escritor uruguayo sobre el congreso de escritores en Valencia con un «yo estaba ahí», y responde al «descrédito del compromiso» no por lo que dice Benedetti, sino por lo que no dice. Pero Benedetti parece acostumbrado a la crítica que no implica polémica. Y seguirá impertérrito. En 1990, cuando Estados Unidos invade Panamá, escribe un artículo titulado «La náusea panameña» que empieza con un recuerdo: en 1962 el entonces secretario de Estado norteamericano, Dean Rusk, presentó una lista de las intervenciones de su país en el extranjero entre 1798 y 1945. Fueron 169, casi la mitad en América Latina. ¿Podría tildarse esa mención de antinorteamericanismo? Es cierto que en sus escritos críticos sobre temas de actualidad, políticos o sociales, hay una reiterada mención a la política exterior de Estados Unidos. Pero el escritor ha explicado en múltiples ocasiones la razón: la omnipresente intervención de la potencia norteña sobre los países latinoamericanos se transforma en una vivencia cotidiana para los habitantes de esa región. Ésa también es la razón por la que el estalinismo, «invento europeo», aunque detestado, no ocupe el centro de las preocupaciones latinoamericanas, es el centro de las vivencias de otros.

Estos próximos años en el panorama mundial serán difíciles para la expresión de la crítica social y política. La caída de los regímenes del llamado «socialismo real», la reunificación de Alemania, la desaparición de las dictaduras militares latinoamericanas, propiciaron un silencio generalizado ante las desigualdades que permanecían o incluso crecían en esos mismos países y ante el establecimiento de una única voz internacional. Pero Benedetti nunca se ha replegado ante lo que para él significa una injusticia, y los artículos que publica en ese tiempo son buena muestra de ello. La banalidad de Fukuyama, el recuerdo de las tragedias de la isla de Granada y de Panamá, la guerra del Golfo, la hipocresía del Vaticano con sus escándalos financieros, son hechos que lo llevan al juicio, pero no al pesimismo. En «La enmienda y el soneto», de 1990, luego de trazar un panorama desolador, concluye: «La derechización mundial se salteará, como siempre, los presupuestos éticos. Dentro de esa coyuntura tan desfavorable, la izquierdización de América Latina será ardua, y, en el mejor de los casos, gradual, pero la ética (política, social, sencillamente humana) será palabra clave. Por más que el presente sea de turbación e incertidumbre, y aunque hayamos perdido tantos sueños, espero que no cometamos la imperdonable tontería de perder también nuestra esperanza». Catorce años más tarde recordaríamos vívidamente esta expresión de fe, en el momento en que la fuerza política que él había ayudado a crear en 1971, el Frente Amplio, provoque un cambio histórico en su país con una victoria electoral incuestionable. Era la recuperación de un sueño.

Por si fuera poco lo afirmado hasta el momento, Mario abrirá un nuevo frente. Con motivo de su participación en los cursos de la Universidad de Verano Antonio Machado, en Baeza, hace unas declaraciones que toda la prensa española recoge: rechaza frontalmente la celebración del V Centenario del Descubrimiento de América. Cinco años antes de la efemérides se pronuncia en contra, aunque reconoce el matiz planteado por el Gobierno socialista —que él atribuye al rey Juan Carlos— al hablar de «encuentro de dos culturas». Reiterará su encono ante la celebración en un encuentro en Granada, Nicaragua, en compañía de Ernesto Cardenal, Claribel Alegría y Rafael Alberti. Mantendrá esa posición hasta 1992, denunciando la falta de un análisis sereno, objetivo y autocrítico por parte de ambas orillas. Sin embargo, no se atuvo a una posición maniquea sobre este asunto, y en noviembre de ese año aceptó participar en un seminario inaugural sobre la Comunidad Iberoamericana de Naciones, organizado en la flamante Casa de América de Madrid, que fue una de las mejores consecuencias de aquel festejo. Lo hizo con un texto lúcido y crítico, pero ello significó el comienzo de una colaboración intensa con esa Casa, una vez que comprobó que servía de verdadero punto de encuentro y diálogo entre España y América Latina.

Yesterday y mañana (1988) es un libro «colina» dentro de un espacio literario, que va a ser muy extenso, en el que predominará la decepción, la conciencia de las carencias, aunque siempre cubierto por un tul de esperanza, de optimismo, de fe en la utopía. Es éste un libro joven, cuyo título surge de la canción homónima de John Lennon, de la que extrae una lección positiva: «aprendí todo en el ayer / para que el mismo ayer no vuelva». Y es joven, aunque la otra referencia musical sea anterior, de Frank Sinatra («When you are smiling»), por el tono ligero con que trata algunos temas difíciles. Por ejemplo, el que hemos visto antes que tanto le había molestado, el ataque de los «parricidas», lo despacha con humor en el poema «Carta a un joven poeta»: «Me gusta que te sientas parricida / nos hace bien a todos / [...] / en cambio qué tristeza / sería para todos / que te sintieras / huérfano».

En el campo del ensayo la editorial española Alianza le pide una selección que se publica bajo el nombre de uno de los ensayos antiguos: *Subdesarrollo y letras de osadía*. A pesar de haber sido escrito en 1968, este título es buena síntesis de su preocupación por la realidad de la cultura latinoamericana en este momento, incluida la experiencia traumatizante del creador en el exilio. Pero su estado de ánimo actual sigue siendo combativo y en este sentido sobresale el texto final de la selección: «Los intelectuales y la embriaguez del pesimismo». En la comparación entre dos mundos, dos áreas de la sensibilidad, entre las actitudes del intelectual del primer mundo y el latinoamericano, aquello que Benedetti conoce mejor, comprueba la distancia y busca explicaciones. Es posible que el intelectual europeo esté «embriagado de pesimismo», pero el intelectual del Tercer Mundo «puede aún permitirse el pobre lujo del optimismo, aunque más no sea porque le queda aún mucho por alcanzar». Frente al posmodernismo lúdico presenta al intelectual como «protagonista de la historia», porque en «América Latina el elemento lúdico se instala sobre todo en el futuro y en todo caso su plataforma presente es la ironía», la cual incluye «una inevitable cuota de agresividad». De alguna manera, con estas reflexiones el escritor está intentando explicarse las incomprensiones y falta de diálogo que constantemente se dan entre intelectuales de ámbitos distintos.

Por razones afectivas, editoriales, tal vez de afinidades culturales, a esta altura de su vida España ocupa un lugar importante en su imaginario, no tanto como objeto de su creación —«Pausa de agosto» tal vez sea uno de los pocos poemas centrados en Madrid— sino más bien como escenario de sus montevideanos, tal como lo muestra la extensa narración «Recuerdos olvidados»*. En esa ciudad había salido poco antes una curiosa edición de *Cuentos completos***. La compilación fue ordenada por el autor de acuerdo con un criterio temático y no cronológico, y resulta interesante observar los núcleos de convergencia que encuentra Benedetti para agrupar los setenta y cinco cuentos: «Costumbres», «Retratos», «Confluencias», «Desamparos», «Ceremonias», «Dilemas», «Visiones», «Mudanzas».

Es éste un ejemplo de la relación peculiar que mantiene Benedetti con su obra, una vez escrita. No se despreocupa de ella, no la lanza al mundo editorial y se olvida, sino que busca siempre encontrar medios de llegar al lector del modo más influyente, más atractivo. Por eso acepta los encargos de seleccionar todo tipo de antologías de su propia obra, por eso sus textos

---

* Publicado autónomamente en Montevideo, Ediciones Trilce, 1988, será incluido posteriormente en *Despistes y franquezas*.
** Madrid, Alianza, 1986.

adoptan conjunciones diferentes, intentando siempre la comunicación. Por eso también le entusiasmó en cada momento la musicalización de sus poemas, y se dedicó con rigor y entusiasmo a las adaptaciones necesarias.

En México sale la primera edición de *Canciones del más acá,* en 1988. Luego se reeditará en otras capitales esta colección de poemas transformados en canciones, de textos directamente construidos para ser cantados, o simplemente de poemas que suscitaron el interés de tantos cantantes, coros o grupos que les pusieron música. Esos más de cuarenta nombres, unidos para siempre al suyo, llevan a la reflexión acerca de la carga de humanidad, inmediata, comunicable, que impregnan esos versos, cotidianos, políticos, amorosos, que creadores de ámbitos tan diferentes eligieron para cantar.

1988 es aparentemente un año más de viajes y libros. Además de a España vuela a México, Brasil y Argentina. Va también a Cuba, donde desde hacía unos pocos años encontraba al frente de Casa de las Américas a su amigo el pintor Mariano Rodríguez. Pero súbitamente recibe la llamada de su hermano Raúl: se apaga la vida de su madre. Se apresura a volver, llega a su lado y, dos horas más tarde, ella fallece. En esos últimos años poco diálogo había habido con la madre ya ensimismada, pero al menos podía elaborar el duelo desde la presencia, situación consoladora que a tantos exiliados les había faltado.

Ese año verá, asimismo, la aparición de un libro sobre su obra, engrosando una sucesión de textos críticos no muy abundante, pero sostenida. Se trata de *Mario Benedetti. Literatura e ideología,* generado en una tesis doctoral de Luis Paredes[*], quien sitúa el desarrollo ideológico del escritor, rastreado a través de sus obras, en el contexto histórico de su país y de América Latina.

Si bien el 28 de abril del año siguiente va a Cuba a recibir la Medalla Haydée Santamaría, un premio que lo emociona por el recuerdo vívido que conserva de la fundadora de Casa de las Américas, mantiene su independencia al criticar, como siempre lo ha hecho, la pena de muerte en la isla. El escándalo

---

[*] Montevideo, Arca, 1988.

del general Ochoa que llevó a los tribunales cubanos a decidir su fusilamiento es motivo de comentario en la prensa internacional. Benedetti asegura que él siempre ha estado contra la pena de muerte, en Estados Unidos, en China o en Cuba, y políticamente, además, la considera una torpeza. Para las hemerotecas quedan esas declaraciones, como antes fueron la condena de la invasión soviética a Checoslovaquia, o a Afganistán, y las críticas a Sadam Husein. Sin embargo, la idea que prevalece es que la suya es una actitud acrítica con los regímenes socialistas. Y aunque siempre denunciará esa simplificación o hipocresía, hay cierto fatalismo en sus artículos acerca de la falta de matización en el pensamiento internacional.

La caída del Muro de Berlín, el despedazamiento de la antigua Unión Soviética, con la consiguiente supremacía solitaria de Estados Unidos, junto a la moda —luego se vio que efímera— del «fin de la Historia», lo lleva a examinar «la hipocresía terminal del capitalismo hegemónico»* y llegar a una conclusión pesimista, pero llena de fuerza interior que le viene de las palabras del héroe uruguayo José Artigas que él cita: «Nada tenemos que esperar sino de nosotros mismos».

Así se inicia en Mario Benedetti una etapa vital e intelectual oscura, aunque no dramática, de apacible tristeza humana y de duda ante la esperanza histórica. Una cierta trilogía poética —*Las soledades de Babel* (1991), *El olvido está lleno de memoria* (1995) y *La vida ese paréntesis* (1998)— será prueba de ello. También la bellísima pero nostálgica novela *La borra del café* (1992) será mojón en ese camino. Menos de diez años de vivencias opacas, muchas de ellas relacionadas con lo social, pero también algunas muy personales e íntimas, como la experiencia de la enfermedad, serán su particular noche oscura. Deberemos esperar la construcción de apoyos y atajos que aparecen en la novela *Andamios* (1996), o el juguetón *Rincón de Haikus*, en 1999, para recuperar al Mario Benedetti fuerte, que mira de frente las incertidumbres del mundo y de la vida.

---

* «La hipocresía terminal», *El País,* Madrid, 1991.

LOS AÑOS

Los años se vinieron alevosos
compactos / degradantes
no reservan sorpresas
sino confirmaciones

después de todo a quién le importan
la noria de las estaciones
las tenues campanadas
los barrancos en flor

la piel es lo que importa
y tiene ultrajes
el mar es lo que importa
y simplemente ahoga

los años se vinieron
y no se van
se quedan como troncos
pesan como desdichas

yo me hago el sordo / ignoro
sus truenos y mi pulso
miro hacia el horizonte
como si le tocara florecer

Yesterday y mañana
Inventario II, p. 218

Capítulo 23

«la provisoria paz de la conciencia...»[*]

El juego no siempre implica alegría, sí, libertad, apuesta, desafío, heterodoxia, situaciones espirituales por las que está atravesando Benedetti a punto de cumplir setenta años. A ellas alude en un prólogo necesario que antecede a *Despistes y franquezas*. Éste es un libro diferente que se abre a los años noventa. Es, como él lo llama, un «entrevero»: cuentos, poemas, viñetas, parodias, bajo la advocación de una cita de José Hierro muy adecuada a intención y producto: «Cuando la vida se detiene, se escribe lo pasado o lo imposible».

Confiesa su admiración por el casi género —la miscelánea, la colección variopinta— que cultivaran Cortázar, Macedonio Fernández o Augusto Monterroso, y proclama el disfrute que experimentó al escribirlo, aunque reconoce que la alegría que habría querido para este libro, «como un brindis privado entre autor y lector, en conmemoración de nuestros cuarenta y cinco años de mundo compartido», ha sido esquiva. Pese a que no hay una dedicatoria expresa, el texto introductorio, significativamente llamado «Envío», está dirigido a *su* lector, a quien lo ha acompañado, estimulado, y sin más pudor, a quienes le han demostrado a lo largo de tantos años simplemente amor. Una breve mención aporta la clave de la emoción de este texto: ese lector «en algunos lapsos (incluido alguno bien reciente) fue mi único apoyo», dice el escritor.

La variedad de tonos, profundidad y alusiones es patente y ya estaba prevista: «Tengo la esperanza de que las discordancias en cadena generen (como a veces ocurre en la música) una nueva armonía». Pero también es cierto que esta colección presenta al-

---

[*] «Balance», *Noción de patria,* en *Inventario I,* p. 519.

gunos de los textos individualmente considerados más interesantes de su obra. Aquí está el poema «El hijo», con su bellísima disquisición acerca del nombre: «más bien le habría / colgado un monosílabo / [...] / de manera que uno pudiera convocarlo / con sólo respirar». También hay dos piezas autobiográficas muy importantes, como son «Los vecinos», clave para escuchar su niñez a lo lejos, y también «Siesta», que ya fue mencionado. El poema dedicado a Juan Gelman, «Compañero de olvido», no sólo es una nueva muestra de solidaridad y afecto por el poeta amigo en medio de su tragedia personal, sino que concentra el sentimiento que siempre experimentará acerca de la trascendente presencia de la memoria: «compañero de olvido / no te olvido / tus tormentos asoman en mis sienes blancuzcas / el mundo cambia pero no mi mano / ni aunque dios nos olvide / olvidaremos». También encontramos una insistente presencia de lo erótico a pesar de su habitual discreción sobre el encuentro sexual. No sólo el conocido «Vaivén», sino también «Un reloj con números romanos», «La víspera», «Los Williams y los Peabody».

Cuando publica *Despistes y franquezas* ya está escribiendo los amargos poemas de *Las soledades de Babel,* su vida mantiene el trajín de los viajes y la comunicación con la gente. De ahí que pase unos días en Buenos Aires, viaje a Nicaragua, por última vez sin saberlo, y termine como siempre en La Habana. La angustiosa situación de acoso que sufre la Revolución sandinista suscita en Benedetti varias iniciativas solidarias, alguna en unión del poeta español Rafael Alberti, a quien no había conocido en Uruguay, cuando este último frecuentaba el país para disfrutar de la playa de Punta del Este, mientras vivía exiliado en Argentina. Más de treinta años después, se habían dado vuelta las tornas y se habían encontrado cuando el exiliado era el uruguayo y Alberti era el poeta de la calle, el solidario de las causas latinoamericanas, ya de regreso a España al mismo tiempo que la democracia.

También junto al autor de *Marinero en tierra* dirigirá un encuentro de poetas hispanoamericanos en los Cursos de Verano de la Universidad Complutense en El Escorial, en los cuales, además, se rindió homenaje a María Teresa León, maravillosa escritora y compañera de tantos años del poeta gaditano. Al verano siguiente será invitado a inaugurar los mismos cursos de la Complutense en otra sede, en Almería. Será el momento en que lea «La realidad y la palabra», ensayo que luego dará título a un libro. Se trata de una sutil y lúcida indagación en la relación de esas dos categorías que tanto han dado que hablar. Partiendo de lo que son las últimas palabras del ensayo, «ser realidad y ser palabra son dos apasionantes maneras de ser hombre», Benedetti examina la interrelación de esa gran comunidad que habla castellano —sin olvidar, dentro del contexto americano, la presencia de tantas lenguas acosadas, las vernáculas indígenas— acudiendo al ejemplo de los escritores que se enfrentan diariamente con la realidad para expresarla. Y reivindica la utopía, no como huida, sino, por el contrario, como una búsqueda en la que la palabra es instrumento útil: «La palabra vale sobre todo por su inserción en la realidad». De ahí que se felicite del cambio en la actitud del escritor, especialmente del poeta: ahora nombra la realidad, porque «cuando pasa por la realidad, ésta suele rozarlo, aludirlo, convocarlo, acusarlo, indultarlo». Se trata de un ensayo sinfónico, bien documentado por citas de teóricos, escritores y artistas, en el que claramente subyace una concepción de la literatura y de las relaciones sociales plasmada sobre un panorama histórico continental, siempre tamizado por su visión personal explícita.

Esa insobornable tendencia a dar opinión clara, a ejercitar su capacidad crítica, sin atender a conveniencias ajenas a su propio juicio, seguramente está en la base de la virulencia de algunos ataques que ha recibido, pretendidamente sobre su obra, aunque rápidamente deriven hacia sus posiciones políticas. Ésta es una época estéticamente compleja en la que al derrumbe del comunismo como fe política sucede el doble discurso, cierta frivolidad de los noventa. En ese «hábitat hostil», como ha dicho Fernando Butazzoni[*], la coherencia de su discurso debe irritar, suena a enjuiciamiento y provoca reacciones a veces airadas. Sus

---

[*] «Benedetti en los noventa» en *Actas de las Jornadas de homenaje a Mario Benedetti*, Montevideo, Facultad de Humanidades y Ciencias de la Educación, 1997, p. 143.

críticas al posmodernismo son tildadas de antiguallas y mucho más su reivindicación del compromiso, porque como dice ese autor, «Mario Benedetti ha continuado de forma implacable con la construcción de su obra, que bien puede entenderse como una deconstrucción de nuestras sociedades y de nosotros mismos».

En un importante ensayo publicado en 1989, «Rasgos y riesgos de la actual poesía latinoamericana»*, el mismo Benedetti lo veía claro: «Entre conservadurismo ideológico y posmodernismo literario existe cierta complicidad y la clave de la misma es la simplificación, en el entendido, y más en el sobreentendido, de que un poeta sensible a su contorno está definitivamente perdido para la excelsa poesía». Y por más que argumente contra ese prejuicio y traiga ejemplos insignes de la participación de lo social en la obra de arte —«desde la *Divina Comedia* al *Guernica*»—, se mantendrá a lo largo de esa década cierto activismo anti Benedetti.

A pesar de ello el escritor mantendrá su compromiso ético con la crítica, que es en realidad un compromiso ético con el lector. Ya en 1966, para evitar el desconcierto de los críticos ante la obra de su compatriota Carlos Maggi, aconsejaba «que la crítica ajuste sus radares, detecte la invención y no sienta rubores de su propia sorpresa». En ese mismo artículo identificaba cierto motivo de la mala crítica, cuando llama al autor teatral «zarandeado hombre de éxito», que bien puede volverse su espejo ahora mismo. Eso es él casi veinticinco años después, en paralelo al reconocimiento de editores y al cariño del público.

ENTUSIASMOS Y DECEPCIONES

Si bien esta alternancia es la normal en la vida humana y Mario está bien acostumbrado a ella, las experiencias de estos tiempos son muy intensas. Pocos años después del retorno a la democracia en Uruguay sin poder ejercer ningún atisbo de justicia sobre los responsables de los horrores de la dictadura, esta impunidad provocó una campaña popular de protesta. Se trata-

---

* En *El ejercicio del criterio*, Madrid, Alfaguara, 1995, p. 135.

ba de promover un referéndum contra una ley de amnesia impuesta que ostentaba un nombre ridículo y ominoso: Ley de Caducidad de la Pretensión Punitiva del Estado. La recogida de firmas impulsando el «voto verde» (por el color de la papeleta, pero acorde con la esperanza que promovía) fue un alegre movimiento de unidad de muchos demócratas luchando contra el miedo y el aparato del Gobierno, y la primera satisfacción fue en diciembre de 1988, cuando se lograron las firmas necesarias para convocar el referéndum. Mario había participado activamente en Montevideo, incluso se había movilizado en otros ámbitos. Así había influido notablemente para que Juan Carlos Onetti, generalmente remiso a tomar actitudes públicas, aceptara presidir el comité en Madrid que apoyaba la anulación de la ley. En una carta del 9 de enero siguiente me describía el ambiente de jolgorio: «Fue una catarsis, una terapia colectiva... hacía tanto que la gente necesitaba algo para festejar». Y la decepción fue tres meses después, cuando fracasó el referéndum por apenas un siete por ciento y quedó legitimado el olvido, y todos los crímenes quedaron impunes en ese país acobardado. Deberían pasar muchos años para que algo de esa situación cambiara.

En ese momento —1989— en España apareció un nuevo periódico, *El Independiente,* con una declaración de intenciones acorde con su nombre que resultaba atractivo. Durará poco, pero Benedetti accede a escribir en él artículos de opinión. Allí escribirá una expresión de su dolor y admiración, y especialmente de su aprecio estético, cuando murió su gran amigo, el pintor cubano Mariano Rodríguez, uno de los grandes de la pintura cubana, con Wilfredo Lam y Portocarrero. No era una clásica necrológica, nunca ha podido adecuarse al género. Cada vez que le han requerido para un artículo de ese tipo ha respondido afirmativamente sólo cuando respondía a un aprecio profundo. Recuerdo que cuando Onetti estuvo momentáneamente enfermo, en 1988, un prestigioso periódico español lo llamó para pedirle una necrológica por anticipado, pero él se negó airado: «No acostumbro a escribir necrológicas sobre gente viva y menos aún si son amigos».

Otras dos muertes cercanas lo habían golpeado recientemente, su querido y admirado Raúl Sendic no había podido superar el deterioro de la salud que le había provocado la cárcel en condiciones infrahumanas. Pudo llegar, sin embargo, a colaborar en el realineamiento político de los antiguos guerrilleros, que desde entonces han hecho su contribución al fortalecimiento de la democracia en el país, participando activamente. El otro muerto fue uno de los músicos y cantautores más conocidos del Uruguay, Alfredo Zitarrosa, quien había sufrido el exilio con la depresión de los que viven en carne viva el desarraigo.

En la otra banda de la vida, el escritor, en su carácter de militante por el referéndum, había conocido a un médico oncólogo socialista, muy prestigioso en su profesión, procedente de uno de los barrios más populares de Montevideo, La Teja. También presidía un club de fútbol muy pequeño, Progreso, al que pocos años antes había conseguido llevar al título de campeón nacional, hecho que había sido considerado como un acto de afirmación popular contra la dictadura. Por el compromiso político del escritor y por su preocupación por el país será importante este encuentro: el socialista doctor Tabaré Vázquez será primero intendente (alcalde) de Montevideo, y en 2004 será elegido presidente de la República como candidato de una fuerza política liderada por aquel Frente Amplio que Mario había ayudado a fundar en 1971.

Pero todavía falta tiempo para festejar. Ésta es la época que tan bien tituló de las «perplejidades de fin de siglo», nombre de artículo y libro, donde señala «una profunda frivolidad», un «eclipse de la solidaridad» en un «estado del malestar». A medida que va enfrentando tantas muestras de «hipocresía terminal», se siente más seguro de que «no hay indulto para el desprecio», de que «se acabó el simulacro», de que no hay por qué avergonzarse de «esa vieja costumbre de sentir», y ante «los perdonados de siempre» y también ante «la izquierda y sus rubores» recomienda una «ética de amplio espectro»*. El escritor recuerda una cita del filósofo uruguayo Carlos Vaz Ferreira que pone de manifiesto en sus propios escritos: «A medida que nos

_____

* Los entrecomillados corresponden a títulos de artículos publicados en *El País* de Madrid, y recogidos luego en *Perplejidades de fin de siglo,* Montevideo, Ediciones Cal y Canto, 1993.

hacemos más hombres y estamos más de vuelta, van quedando para nosotros menos cosas y hombres respetables; pero los respetamos más». Benedetti no se siente solidario «de los desmanes de Honecker, de las barrabasadas de Ceausescu, de los crímenes de Stalin», recuerda su denuncia en el momento oportuno de las invasiones soviéticas de Hungría y Checoslovaquia, pero reivindica la lucha «por algo tan nítido e irreprochable como la justicia social». Examina la primera guerra del Golfo como una muestra de hipocresía: todos sabían quién era Sadam Husein, pero nadie se dio por aludido hasta que fue conveniente para su antiguo aliado, Estados Unidos.

No se puede esperar silencio de su parte. Contra toda conveniencia personal, como lo ha hecho a lo largo de su vida, siente el deber de pronunciarse sobre la realidad que lo rodea, como simple ciudadano y también como intelectual. Acerca de la relación entre el mundo y el intelectual escribe una diáfana aproximación, «Nostalgia del presente». Constata que «estamos recorriendo la etapa que incluye el descrédito del compromiso y la rentabilidad de la indiferencia», nada más alejado de su conducta. Contraataca enfrentando las posiciones de un James Petras y un Octavio Paz, que habían acusado a los intelectuales de los desastres del mundo, y argumenta acerca del triunfo de la injusticia del consumismo, la corrupción, la discriminación, la violencia, proponiendo acudir una vez más «a la herramienta de siempre, que es el hombre» para luchar por la justicia. Ese mismo hombre que en estos tiempos debe cuidarse de ser dueño de su pasado. Siempre ha reivindicado la memoria, como vimos en aquel poema de *Despistes y franquezas*, «Compañero de olvido», y también en un artículo anterior había proclamado la diferencia entre el amnésico y el olvidador, siendo éste el que pretende perpetuar la injusticia. Y contra ese ejercicio perverso levanta su instrumento, el de la palabra, por su propia vocación de nombrar ese pasado que fue presente. Y concluye: «Ocurre que el pasado es siempre una morada y no hay olvido capaz de demolerla»*.

---

* «Variaciones sobre el olvido», *La realidad y la palabra*, Barcelona, Destino, 1990.

En esa época en que había vuelto a escribir en *El País,* recibe las críticas de quienes le reprochan airadamente algo así como una nostalgia por el comunismo, justo él que había recibido tantos ataques por parte del Partido Comunista de su país, y también reiterados elogios por contribuir a «despertar conciencias adormecidas».

NOSTALGIAS

A pesar de ese entorno de opinión adverso, el presente profesional de Mario Benedetti no puede ser más satisfactorio. Ya hace un tiempo que sus libros se publican casi al mismo tiempo en México, Buenos Aires y Madrid, al menos, puesto que a veces también hay ediciones en Montevideo y en La Habana. Precisamente en esta capital acaba de pasar tres semanas, al comienzo de 1991, que le han supuesto un reencuentro muy especial después de casi dos años de ausencia, lapso históricamente significativo, y cuyo balance aparece en su artículo «La isla que exporta vida». Además del recuerdo de una charla de dos horas con Fidel Castro, se trae una gripe caribeña a Buenos Aires, donde tiene reuniones con sus editores. Se encamina hacia la plaza San Martín pues es portador de una carta para el actor argentino Lautaro Murúa, que vive por allí. Camina por la calle Marcelo T. de Alvear con Luz y ven un cartel de «Se vende». En el acto deciden comprar el pequeñísimo apartamento que acaban de ver. Así, en los períodos que pasen en la capital argentina, estarán en las inmediaciones de esa plaza que tan buenos sentimientos le suscita.

En este año de 1991 reúne más de ochenta poemas y los publica bajo el título de *Las soledades de Babel,* como vimos, comienzo de una etapa peculiar de su vida. Una vez más están dedicados a Luz, ahora, «mi mengana particular». Es éste un poemario melancólico, con nostalgias de valores perdidos y luchas ahora inútiles. El primer poema, «Aquí lejos», está datado con cuidado: Montevideo, 1989. Y en él aparece la tristeza de un país que es suyo y extraño, de las mezquindades, de la soledad que es una «pálida añoranza del otro», aunque hay un país que es «secreto y prójimo». No es extraño que haya tres poemas titulados «Triste», pero tampoco lo es que en el último apartado del libro, «Praxis del fulano», vuelva el juego, no solamente estilístico, sino vital. El escritor siempre extrae fuerzas de su convicción, y la soledad que vivencia se transforma en relación, puesto que la nostalgia siempre es nostalgia del otro. Como dice Sylvia Lago[*]: «Sobre la incertidumbre y la duda [...] circula un aire de esperanza que emerge del quehacer del hombre, de sus afanosas construcciones, especialmente esa tan frágil y mancillada que tiene que ver con la dignidad y los derroteros que a ella conduzcan».

Esa melancolía no le impide pronunciarse con fervor contra la conmemoración del Quinto Centenario al participar en un libro colectivo llamado *Nuestra América contra el Quinto Centenario* y colabora con iniciativas en ese sentido de jóvenes e indígenas. El 27 de febrero de 1992 Benedetti escribió en un suplemento especial de *El País* llamado *Después del V Centenario*. En ese artículo, titulado «En el 93, ¿dónde estaremos?», el autor uruguayo no entra demasiado a fondo en los aspectos históricos de la conmemoración, apenas recuerda la responsabilidad compartida, aunque sucesiva en el tiempo, entre España y los gobiernos criollos en matanzas y discriminaciones contra las poblaciones autóctonas. Pero lo que más le preocupa es la situación actual, la Ley de Extranjería, el presente y futuro inmediato de las relaciones entre los países, y propugna un esfuerzo para el conocimiento mutuo, especialmente para lo que él llama «la América a descubrir».

Los jóvenes entienden esta posición y, como testimonio, en noviembre de 1992 tendrá uno de los tantos reconocimientos con que el mundo académico lo ha distinguido: la Universidad de La Plata (Argentina) le entrega su diploma de Huésped de Honor.

Mientras tanto se estaban preparando dos trabajos diferentes sobre su obra. Por un lado, el libro de Gloria da Cunha, *El exilio, realidad y ficción*[**], que se publicará al año siguiente.

---

[*] «Mario Benedetti. Soledades y encuentros», *Brecha,* 21 de febrero de 1992.
[**] Montevideo, Arca, 1992.

Por otro, está la iniciativa española de dedicar un número especial de la prestigiosa revista *Anthropos* a su vida y obra[*]. Fue una tarea intensa para la que conté, como coordinadora del número, con toda su colaboración. El número constaba de una colección de ensayos sobre su obra de autores como Fanny Rubio, Jorge Ruffinelli, Manuel Vázquez Montalbán, Ambrosio Fornet, y otros especialistas de varios países, amén de una larga entrevista, completada por reproducciones de obras de artistas favoritos del escritor y de fotografías de diversos momentos de su vida. Iba acompañado, además, de un suplemento en el que se recogían Textos preferidos y complementarios de autor y lector, además de una extensa documentación bibliográfica, lo cual le exigió una generosa atención. En el prólogo, el escritor uruguayo afirma que «los autores no suelen ser los críticos más atinados (ni mucho menos los mejores antólogos) de su propia obra» y justifica su elección en dos ángulos bien claros: la preferencia del público y su gusto personal. Es sin duda interesante observar cuáles son sus poemas y cuentos preferidos: en especial los primeros forman un sólido itinerario vital, y sus apoyaturas autobiográficas serán esos «Cumpleaños en Manhattan», «A ras de sueño», «La infancia es otra cosa», «Casi un réquiem», «La casa y el ladrillo», «Bodas de perlas», «Preguntas al azar I» y «Peregrinación a Machado». Toda una confesión.

---

[*] *Anthropos*, n.º 132, mayo 1992: *Mario Benedetti. Literatura y creación social de la realidad.* Coordinadora: Hortensia Campanella.

LOS POETAS ANTE LA POESÍA

Marco Antonio de la Parra publicó no hace mucho en un diario madrileño un artículo en el que, con buenos argumentos, incitaba al lector a leer poesía: «Atrévase. Rompa de verdad su rutina, deje que entre en su vida amaestrada por los hábitos y la existencia programada el aliento quemante del poema. Hágalo ahora, antes de cambiar de opinión, como un impulso, antes que cambie el viento, siguiendo el siempre incierto camino de los astros, solo, en compañía, en silencio, en voz alta». Y más adelante concluía: «Lea. Poesía. Que no muerde». Todo el artículo me pareció excelente, menos el final. Porque el problema es ése: que la poesía muerde. Por ser libre, preguntona, transgresora, cuestionante, subjetiva, fantasiosa, hermética a veces y comunicativa en otras. Por eso muerde. Y por eso buena parte del público (me refiero al que lee, claro) prefiere la prosa que a menudo condene respuestas, obedece a planes y estructuras, suele ser objetiva, sabe organizar sus fantasmas y en general no muerde, especialmente cuando le ponen (o se pone) bozal. Aun en tiempos de censura, y habida cuenta de que los censores no suelen ser especialistas en metáforas, la poesía suele pasar las aduanas con mucho más donaire que la prosa.

[...]

Una curiosa característica de la poesía latinoamericana en este siglo que concluye es su diversidad, su mestizaje. Una aleación que se detecta en la zona poética de cada país en particular. Las formas y los contenidos se endosan como los cheques, hasta que alguien los hace efectivos y les otorga su mejor identidad. Sin embargo, el mestizaje estético puede aparecer en la trayectoria de un mismo poeta. Esto ya fue reconocible en los grandes nombres de la poesía latinoamericana. Verbigracia: en la obra de Neruda van desfilando las muy superrealistas *Residencias,* la magistral intensidad de «Alturas de Macchu Picchu», la conciencia política de *España en el corazón,* el erotismo de *Veinte poemas de amor y una canción desesperada,* recuperado casi treinta años después en *Los versos del capitán;* en Vallejo, el vanguardismo de *Trilce* y la entrañable comunicación de los *Poemas humanos;* en Nicolás Guillén el ritmo y la música verbales de *Sóngoro Cosongo,* junto al versolibrismo de algunos poemas de *West Indies Ltd.* y el humor travieso de *El Gran Zoo.* «Todo mezclado», escribió precisamente Guillén en un poema que hizo fortuna. Todo mezclado, pero no por ello una tendencia se estorba con la otra, más bien se complementan. Un movimiento se origina en el anterior, casi sin contradecirlo, simplemente abriendo sus cauces, generando afluentes, incorporando palabras recién nacidas.

[...]

En los últimos veinticinco años he escrito por lo menos tres poemas que pretendían ser otras tantas artes poéticas, pero creo que, después de todo, la que prefiero es la más antigua, tal vez porque es la menos explícita y, para suerte del lector, la más breve: «Que golpee y golpee / hasta que nadie / pueda hacerse ya el sordo // que golpee y golpee / hasta que el poeta / sepa / o por lo menos crea / que es a él / a quien llaman». Pero tampoco me tomen (ni nos tomen) al pie de la letra. Las definiciones de los poetas son tan indefinidas que cambian como el tiempo. Algunos días son despejadas, y otros, parcialmente nubosas: a veces llegan con vientos fuertes, y otras, con marejadilla. Pero lo más frecuente es que se formen entre bancos de niebla.

Poetas de cercanías, p. 23
(1991)

Capítulo 24

«tengo el futuro a mis espaldas...»[*]

La globalización no es simplemente una palabra. Para bien y para mal en los primeros años noventa se asiste a la aplicación de ese concepto en Uruguay. Han ido desapareciendo los viejos cafés, sitios de tertulia y reunión de tantos, incluidos los escritores, y aparecen las cadenas internacionales, las concepciones de comercio exitosas en el primer mundo. En 1989 se abre el primer *shopping center* en Montevideo, al estilo de los *malls* norteamericanos, y en 1991, el primer McDonald's. Pero también en este año se firma el tratado constitutivo del Mercado Común del Sur (MERCOSUR), uno de los intentos de integración económica que parecían tener las mejores perspectivas, que agrupa en principio a Argentina, Brasil, Paraguay y Uruguay, y que con el tiempo ha atraído a otros países como socios. Por otra parte, los compatriotas de Benedetti parecen no querer perder algunas de las concepciones más caras del Uruguay moderno y exitoso de la primera mitad del siglo xx, y cuando el Gobierno de turno intenta aplicar la misma política de privatizaciones de empresas públicas que en otros países latinoamericanos, se acude, una vez más, al mecanismo del referéndum: la población se pronuncia en contra por un porcentaje del setenta por ciento de los votos.

Pasados los setenta años, Benedetti asiste a estos cambios de un modo muy plástico: involucrándose en nuevas iniciativas y también refugiándose en su yo más íntimo. De lo primero puede ser buen ejemplo su participación en una película del argentino Eliseo Subiela, *El lado oscuro del corazón*. En principio, iban a ser solamente sus poemas los protagonistas de

---

[*] «Dos cielos», *El mundo que respiro*, en *Inventario III*, p. 16.

un film original y rompedor, que luego llegó a tener mucho éxito. Pero con posterioridad se dejó ganar por la propuesta lúdica del director y aceptó aparecer brevemente, como un viejo capitán que recita uno de sus poemas en alemán. No será la última vez que su poesía es instrumento en manos de Subiela, habrá una segunda parte de esta película, y otra llamada *Despabílate amor*, un verso del poeta uruguayo.

El intimismo, la nostalgia, el refugio en el ayer se desarrolla en su nueva novela, *La borra del café**. La historia de la edición española es fiel reflejo de la personalidad de su autor. En los años anteriores, la editorial Alfaguara se había convertido en su nueva casa y había estrechado relaciones con sus editores, tal como hace con frecuencia. En especial se sentía muy a gusto con Felisa Ramos, quien recuerda su manía por la precisión, su horror por las erratas, lo cual no impidió que una vez aparecieran unos «glóbulos rogos». Cuando Felisa pasa a otra editorial, Destino, el escritor le hace el homenaje de darle un libro de artículos —*La realidad y la palabra*— que abrió la subsección literaria de una colección de ensayos filosóficos que ella impulsaba. Y fue más allá cuando aceptó por esa única vez publicar con ella su nueva novela, *La borra del café*. De ese título recuerda la editora su discusión con el autor: «borra» usualmente es en español peninsular la pelusilla de debajo de las camas, mientras que en el Río de la Plata se utiliza para nombrar el poso del café. Y él se mantuvo inflexible: «Que aprendan una palabra más», dijo. Y así llenó de sentido la cita de Julio Cortázar que le había impresionado, tan coherente con la atmósfera de ensueño y remembranza de su libro: «¿Adónde van las nieblas, la borra del café, los almanaques de otro tiempo?».

Con un breve lapso de separación, la novela aparece en Montevideo en 1992 y unos meses después en la edición española mencionada. Demostrando una honda comprensión de las deudas que tiene un escritor, este libro está dedicado «A mis traductores, que han tenido la paciencia y el arte de reconstruir el habla y los silencios de mis montevideanos en más de veinte lenguas».

---

* Montevideo, Arca, 1992; también Barcelona, Destino, 1993.

Escrita casi enteramente desde la perspectiva de un niño-adolescente, Claudio, los avatares de ese fragmento de vida tienen grandes coincidencias autobiográficas. Es, sin duda, la novela que da más pistas de su infancia real, por más que el personaje y su entorno sean una elaboración ficcional. No sólo hay coincidencias desde el punto de vista anecdótico —las frecuentes mudanzas de la infancia, la aparición del *Grand Zeppelin*, el episodio del hundimiento del *Graf Spee* en la bahía de Montevideo, la arcadia del barrio de Capurro—, sino también desde su reacción psicológica y sus reflexiones. Y además, el personaje más destacado es la ciudad de Montevideo de entonces, un entorno urbano situado en las primeras décadas del siglo xx, con sus referencias míticas de espacios y episodios históricos más característicos. Tal vez eso haya provocado en parte de la crítica la atribución de una naturaleza autobiográfica a *La borra del café*, por esa apropiación entrañable de la ciudad que el escritor ha ido elaborando, de un modo involuntario y profundo. Resulta muy armoniosa con esa mirada hacia atrás la cita de Rosario Castellanos que encabeza uno de los cuarenta y ocho breves capítulos de la novela: «El que se va se lleva su memoria, / su modo de ser río, de ser aire, / de ser adiós y nunca».

Había habido una nueva mudanza de vivienda en Montevideo. Sigue en el centro, siempre le gustó vivir en el medio de las ciudades para ir caminando a todas partes. Así fue en Montevideo, en cuanto pudo elegir, en Buenos Aires, en Palma o Madrid; sólo en La Habana tuvo que resignarse a tener un trayecto de casi dos horas para llegar a su trabajo en Casa de las Américas. Ahora su nuevo hogar será un lugar más amplio, donde cabe su colección de cuadros queridos y sus libros, no solamente lo que él llama su «egoteca», sino su biblioteca por fin recuperada. Por una de esas coincidencias que envían señales en la vida, la calle tiene el nombre de aquel amigo tan querido, Zelmar Michelini, honrado por el gobierno municipal democrático como símbolo de los asesinados por la dictadura.

Ya establecida la cómoda alternancia entre Madrid y Montevideo que le evita el invierno, Benedetti aprovecha sus estancias en el sur para aceptar que Seix Barral inicie en Buenos Aires la Biblioteca Mario Benedetti, que reunirá toda su obra en treinta y seis volúmenes, del mismo modo que Sudamericana lo hará unos años después en edición de bolsillo. Viaja a Chile en noviembre, y es nombrado Huésped de Honor de Buenos Aires. Será el momento en que Guillermo Schavelzon organice un gran homenaje a su persona en uno de los teatros más grandes de la capital argentina. El Gran Rex desborda la noche en que poetas y cantantes dicen poemas, cantan y expresan la admiración y el cariño que sienten por Mario Benedetti. Mientras tanto, en su país siguen surgiendo sinsabores. Decide abandonar sus responsabilidades como integrante del consejo editorial de *Brecha*, del que había formado parte desde su fundación, al no sentirse cómodo por el tratamiento que la publicación daba al tema cubano. Sin embargo, continuará colaborando, especialmente con la sección de literatura del semanario.

Complementariamente, cuando viaja a España acepta la invitación de la Universidad de Alicante, joven, activa y progresista, para inaugurar el Congreso «Literatura y espacio urbano», iniciando de este modo una estrecha relación con dicha universidad, y en especial con el Departamento de Literatura Hispanoamericana. También viaja con Luz a Ginebra y París, donde se ven con Annie Morvan, ya separada de Daniel Viglietti, y con las hijas de su gran amiga Claribel Alegría.

El 2 de abril de 1993, luego de haber participado en su presentación en la Casa de América de Madrid, Benedetti publica un emocionante artículo sobre la que sería la última novela escrita por Juan Carlos Onetti, *Cuando ya no importe*. No era la primera vez, ni sería la última que escribía sobre su compatriota, admirado desde su juventud, amigo querido, incluso más cercano en el exilio madrileño. Es conmovedora la pureza de esa admiración, consciente de la distancia existente entre sus literaturas —amplificada cualitativamente por muchos críticos— y decidido a dejar clara la calidad de la obra de este ya clásico de la literatura en lengua española, que para el autor de *La tregua* es «un recorrido por la fatalidad, por el malentendido global de la existencia».

Tal vez únicamente Onetti intuía la cercanía de su muerte, pero esta vez queda claro que la novela cierra algo, ese camino que Benedetti recorre con unción, desde *El pozo,* la primera novela, siguiendo las historias de amor que subyacen a cada una de las historias de su compatriota. Se lo nota cómodo en el asedio literario, actividad de la que en los últimos tiempos se ha ido alejando, aunque nunca la haya abandonado del todo.

En cambio, la cita mensual en *El País* lo mantiene en forma con la opinión sociopolítica, siempre aguda, siempre documentada, siempre polémica. Y cuando publique en Montevideo *Perplejidades de fin de siglo,* con su habitual felicidad al elegir títulos, habrá polémica entre sus lectores, quedando él, por una vez, al margen. Pero el pesimismo que le reprochan se transforma en esperanza, en confianza, en los jóvenes, aliento que éstos siempre han sabido captar, si nos guiamos por la masiva recepción que le tributan en cualquier parte del mundo. En «Tener y no tener»[*] se hermana en la opinión de Sábato de que la única posibilidad de salvación está en los jóvenes. Y a pesar de las trampas que les tienden, expresa su fe: «Ojalá que, pese a todo y a todos, sepan rescatar su fresca identidad, y que, aun en medio de tanto fogonazo y tanto estruendo, sepan escuchar los latidos de su propio corazón. Y también los del corazón del prójimo». Muy pronto vería reafirmada su esperanza, cuando el levantamiento de Chiapas, con sus características tan peculiares, recuerde nuevamente a los jóvenes que las situaciones de injusticia y hambre están esperando algo de acción. Y sobre ese levantamiento deja caer Benedetti toda su ironía: «¿Cómo los zapatistas se atreven a hablar de democracia, libertad y justicia, cuando esas palabras sólo tienen validez en la boca inmaculada de los blancos?». Tal vez seguía sensibilizado por su estancia en Mollina, Málaga, en un encuentro de jóvenes españoles y latinoamericanos reunidos por el Instituto de la Juventud de España para discutir y también para oír a sus mayores: Jorge Amado, Wole Soyinka, Augusto Roa Bastos, Juan Goytisolo, José Saramago y él mismo. Oyéndolo estará también algún jo-

---

[*] *El País,* 18 de septiembre de 1993.

ven escritor uruguayo, como Gabriel Pereronni, que no necesita sentirse parricida.

CATARATA DE PUBLICACIONES

El año 1993 había visto la aparición en Montevideo de dos ediciones casi seguidas de esas *Perplejidades de fin de siglo,* colección de artículos periodísticos escritos para diversas publicaciones a partir de la vuelta a la democracia en Uruguay. El suceso editorial era llamativo para una plaza tan pequeña, pero los temas tocados y su lucidez en el tratamiento deben de tener algo que ver en ese éxito. El compromiso, la memoria, los jóvenes y la solidaridad, Cuba siempre, la justicia como norte, todo desde el ángulo de su honestidad intelectual, eran atractivos suficientes para los lectores rioplatenses. Incentivos no les faltaban, y él agregó otro en una de las citas elegidas para abrir el libro, la de José Bergamín: «Si hay mala fe, ¿por qué no va a haber una buena duda?».

En la misma editorial, Cal y Canto, saldría pronto *Poetas de cercanías*,* trabajos sobre poetas latinoamericanos entre los que abundan ejemplos de generaciones posteriores a la suya, como la cubana Nancy Morejón, el boliviano Pedro Shimose, el paraguayo Rubén Bareiro o su compatriota Circe Maia. Y también, *45 años de ensayos críticos**,* recopilación que reúne algunos de los mejores ensayos que han cimentado su prestigio como crítico literario, faceta que algunos de sus compatriotas anteponen a las otras de su personalidad literaria. Algunos artículos, en cambio, son inéditos en libro, como el publicado en *Marcha* en 1974 para expresar su descontento con la adaptación cinematográfica de *La tregua.*

Pero no sólo en Uruguay seguían apareciendo nuevos libros suyos. En México se publicaba una *Antología personal.* Y en España se editaba casi al mismo tiempo *Inventario Dos,* que

---

* Montevideo, Cal y Canto, 1994.
** Montevideo, Cal y Canto, s/f, selección y prólogo de Pablo Rocca.

reúne la poesía entre 1986 y 1991, el relato largo *La vecina orilla,* y *Articulario. El desexilio y perplejidades.* Este último libro, como hemos visto, reúne artículos publicados en *El País* de Madrid, excepto «Convalecencia del compromiso». Es una selección del autor para la colección El Viaje Interior, de El País-Aguilar, donde aparecen autores como Fernando Savater, Rosa Montero y Juan Goytisolo, en la que buscaba especialmente la coherencia y trascender lo fugaz. Por ello suprimió artículos sobre hechos demasiado concretos, considerando dignos de pasar a libro aquellos especialmente trabajados, porque para él «el gran riesgo del periodismo es la frivolidad».

Otro género muy frecuentado por el autor de *Montevideanos,* el cuento, fue objeto de novedad editorial en este año de 1994. Y en la Casa de América de Madrid tuvimos la suerte de asistir a la presentación de los *Cuentos completos,* de la editorial Alfaguara, que muy pronto dejarían de serlo, y que reunían más de cien relatos, desde *Esta mañana,* de 1948, hasta los cuentos del desexilio de *Despistes y franquezas.* En esas 615 páginas, con un entusiasta prólogo del mexicano José Emilio Pacheco, deslumbra ver reunidos los clásicos de Benedetti, desde «Puntero izquierdo», de *Montevideanos,* a «El césped», de *Despistes y franquezas,* por quedarnos solamente en la temática futbolística, que también ese año aparecía en la antología de Jorge Valdano, *Cuentos de fútbol.* Fue una buena muestra de su actividad prolífica como escritor, puesto que, según ha confesado, para él el cuento es el género que más lo entusiasma como lector, pero que más difícil le resulta como autor, ya que en estos textos «no son admisibles los aparentes desfallecimientos que pueden darse en una novela, donde los descensos del tono sirven para potenciar momentos más intensos». En la presentación Benedetti aprovechó para reivindicar un «género que, junto con la poesía, ha sido la Cenicienta de la literatura en España, lo que ha desmotivado a muchos autores que, teniendo condiciones de buenos cuentistas, se decidieron por la novela».

En el mes de septiembre, al mismo tiempo que cumplía setenta y cuatro años, Benedetti desplegaba su energía y sensibilidad al iniciar una gira con Daniel Viglietti y su espectáculo conjunto *A dos voces*. El recital fue el punto alto de la celebración de los treinta años de la editorial Alfaguara, y luego recalaron en el Teatro María Guerrero de Madrid, viajando con posterioridad a Segovia, Tenerife y Las Palmas. El trabajo conjunto de estos hombres extraordinarios también logró algo especial: las editoriales Visor y Alfaguara se unieron para publicar un libro acompañado por un CD con el título del espectáculo, el cual luego aparecerá también en Buenos Aires debido al sello editorial Seix Barral. Esas giras de ambos uruguayos tuvieron mucho éxito de público en muy diferentes lugares de Europa y América Latina, el cantautor simplemente con su guitarra, y el poeta sentado en una mecedora de esterilla, en lo posible igual a las que tiene en cada una de sus casas.

A pesar de que en estos tiempos sus editores lo miman, su conducta como autor siempre ha sido de exigencia y de fidelidad al mismo tiempo. En los Cursos de Verano de la Universidad Complutense de Madrid, celebrados en El Escorial, es invitado a participar en un seminario sobre «La edición cultural en nuestros días», y allí definió lo que para él es un buen editor: «un buen lector, un gozador de la buena literatura», y al mismo tiempo recordó ciertas tentativas de ejercer de censores, no sólo por parte de los gobiernos autoritarios, sino también de sus emisarios dóciles, entre ellos algunos editores. Sin duda estaba recordando experiencias propias, felizmente ya situadas en el pasado.

Aparte del trajín profesional, en 1994 sufrió un golpe que, partiendo de la realidad literaria, lo afectó personalmente: el 30 de mayo, poco después del mediodía, moría Juan Carlos Onetti en Madrid. Desde que se conocieron en los años cuarenta, ambos escritores habían sostenido una amistad respetuosa y atenta. Aunque frecuentaban círculos diferentes los dos se habían encontrado en la lectura mutua, y en la admiración por maestros de la literatura universal, y el exilio había acercado sus peripecias vitales, sobre todo cuando Benedetti llegó a Madrid, viviendo ambos en un mismo barrio, Prosperidad. El autor de *Montevideanos* había producido muchas páginas sobre la obra de ese claro referente de la literatura de su país, escritas desde la más profunda admiración, desde la consideración cuidadosa de cada obra que iba publicando el autor de *El astillero*. Las últimas, como hemos visto, habían servido de presentación a *Cuando ya no importe*, pero ahora debía escribir sobre su muerte. Como le ocurre muy raramente, dejó escapar lo que sentía cuando acababa de ver agonizar al amigo. Y se concentró en el testimonio humano, sobre aquel hombre que «nunca perdonó a los militares», «más solidario que solitario», aquel escritor «que a través de los años y de los libros ha venido afirmando su actitud corroída, melancólica, hasta transformarla, en sus últimas obras, en una depurada y consciente piedad hacia el ser humano». En el momento definitivo, esto es lo que más le importa.

Poco después, en el verano septentrional, va a Tenerife a participar en unas jornadas sobre las culturas del sur, consolidando así su relación afectiva con las islas Canarias, a las que volverá con los más diversos motivos. Junto a Jorge Edwards, José Saramago y Juan Cruz, habla de la influencia de los medios de comunicación en la vida cultural de nuestras sociedades, y ése es el momento en que tilda de «dictadura en colores» a la televisión. Éste ha sido, sin duda, el medio de comunicación menos atractivo para él, pues lo considera más fácilmente manipulable.

El final del año le trae un merecido reconocimiento por parte de un país que ha visitado asiduamente, en el que vivió momentos dolorosos y felices y donde ha encontrado lectores fervorosos e inteligentes: la Cámara de Diputados de Córdoba, Argentina, le entrega una Medalla como Visitante Argentino Distinguido.

[...]

Es cierto que la ética está enferma, pero no se trata de un mal incurable. Todavía estamos desconcertados por los cataclismos políticos de los últimos diez años. No es descartable, sin embargo, que paulatinamente empiece a declinar la vigencia de las estructuras inflexibles. Si ello ocurre, también es probable que haya espacio para matices imaginativos, para impulsos utópicos, aun dentro de las ideologías. Éstas pueden ser una base, pero no un andarivel riguroso del que no se pueda salir.

No es inverosímil que se establezca una relación osmótica entre las ideologías y las realidades. Tal vez se desarrollen rumbos ideológicos más que ideologías propiamente dichas, y gracias a esos rumbos ciertos actores de la humanidad intenten moverse hacia objetivos determinados; a veces tomando atajos, ya que en ciertos casos la línea recta puede ser obstaculizada, digamos por los tanques, los Chicago Boys o los hermeneutas del Nuevo Catecismo. Antes, las ideologías y los sistemas demasiado esquemáticos, no toleraban esos atajos, consideraban que eso era desviacionismo. No obstante, a veces hay que desviarse para poder luego retomar el camino real.

Cuando el Mambrú de la canción se fue a la guerra, lo hizo (qué dolor qué dolor qué pena) en batallas que no son la suya, a fin de que pueda aniquilar a (o ser aniquilado por) otros mambruses de signo contrario que también fueron empujados (qué dolor qué pena) a batallas que no eran la suya. Desde sus macrodespachos, los mandatarios y/o vicepaladines, impertérritos y soberbios, en ejercicio de la macroética envían a sus jóvenes mambruses a un riesgo de muerte que a ellos, por supuesto, no les roza. Y allá van los proyectos de héroes: en camiones, acorazados o bombarderos, con su devaluada microética en la mochila, conscientes de que su muerte (o micromuerte) quizás los esté esperando en algún territorio del que nada conocen. Todo cabe en la ética de amplio espectro.

Perplejidades de fin de siglo, p. 179
(1993)

Capítulo 25

«el tiempo es una calma artesanal...»[*]

Una vez más, en el mes de abril de 1995 es el viaje de Montevideo a Madrid, luego de pasar por la Feria del Libro de Buenos Aires, y en el mes de septiembre hará el trayecto inverso. En ese balanceo temporal también sus libros tendrán dos cunas, y *El olvido está lleno de memoria,* su último poemario, se publicará, como el resto de sus libros en adelante, al menos en Buenos Aires y en Madrid.

Ese libro es importante. Ya lo había dicho tiempo atrás: «El intelectual comprometido es alguien que se niega a cerrar los ojos»[**], por lo cual él mismo no sentía reparos en «tener ojos en la nuca», como lo acusaban los políticos conservadores de su país, y, por lo tanto, se niega a olvidar. La mayoría de los poemas del libro merodean por la memoria, la rescatan, la afirman. Y el reiterado verso «el olvido está lleno de memoria» puede ser un triunfo, como en «Ah las primicias», o una condena, como en «Se había olvidado». Y más adelante tendrá repercusiones extraliterarias: cuando el centro de torturas de Chile, Villa Grimaldi, se transforme en el Parque de la Paz, junto a los nombres de los doscientos treinta desaparecidos allí se grabará ese verso emblemático.

Resulta especialmente luminoso el trío de citas que encabeza el poemario. Desde el clásico Jorge Luis Borges («es una posesión, porque / el olvido / es una de las formas de la memoria, / su vago sótano, / la otra cara secreta de la moneda») al joven Rafael Courtoisie («Un día, todos los elefantes se reunirán

---

[*] «Menos tiempo que lugar», *El olvido está lleno de memoria,* en *Inventario III,* p. 453.
[**] «Convalecencia del compromiso» (1993), recogido en *Perplejidades de fin de siglo,* Montevideo, Cal y Canto, 1993, p. 179.

para olvidar. / Todos, menos uno»). Y en medio, un poeta popular, Joaquín Sabina («Más vale que no tengas que elegir / entre el olvido y la memoria»).

Si bien el motor de esa memoria tenaz es el recuerdo de la opresión, de los crímenes de las dictaduras, la convicción de que «el olvido es inútil, hipócrita y perverso»[*], hay también otros rastros de la memoria cotidiana, ecos de la vida. Hay un homenaje a Rafael Alberti («Mar de la memoria»), otro a Gabriel Celaya («Buenos días Gabriel»), un eslabón con la poesía de Juan Gelman («Si dios fuera mujer»), una juguetona alusión a las elecciones generales de 1994 («Vísperas»), cuando por fin, y a pesar de no ganar debido a las peculiaridades del sistema electoral uruguayo, el candidato de la izquierda es votado por una mayoría relativa de ciudadanos. Se abría así un todavía largo pero seguro camino hacia el Gobierno que se lograría en 2004 y para el que Benedetti augura, diez años antes, que «el ya cercano siglo XXI acoja a un Uruguay más eficaz, más justo y más solidario»[**].

Pero también hay un breve poema muy significativo en lo personal: «Poeta menor», título asimismo de un texto de Jorge Luis Borges que cita brevemente: «La meta es el olvido. Yo he llegado antes». La alusión es evidente por más que se trate de una tercera persona, víctima de un «odio manso», que se siente a gusto «en ese escalafón», que «lee y relee / a sus poetas mayores».

No sólo lee y relee a quien para él es el más grande escritor «mayor» uruguayo, Juan Carlos Onetti, sino que sostiene un diálogo en *El País* con el novelista español Antonio Muñoz Molina centrado en el autor de *El pozo*. Y de él dice que toda su literatura es «el empeño por saber el porqué de la fatalidad», mientras que Muñoz Molina recuerda lo que para él es una perfecta definición de Onetti en palabras de su compatriota: ejemplo de vocación, dedicación y profesión.

También este año la editorial española Alfaguara publica la selección más completa de sus escritos críticos aparecidos entre 1950 y 1994. Este volumen de 574 páginas recupera un

---

[*] «El elefante memorioso», *El País,* 24 de marzo de 1995.
[**] «Un país peculiar», *El País,* 30 de noviembre de 1994.

título querido por el escritor uruguayo que ya lo había utilizado para una breve selección publicada en 1981, *El ejercicio del criterio,* que como hemos visto nace de una cita de José Martí. Los textos están ordenados en tres apartados: los escritos teóricos en «Temas y problemas», y luego, «Letras de nuestra América» y «Lecturas del Primer Mundo», títulos que, unidos a la fecha al pie de cada ensayo crítico, hablan por sí mismos de su posición en cada momento, sus querencias y enjuiciamientos. Como dijo en la presentación pública en la Casa de América de Madrid: «Las modas pasan, los escombros quedan», aunque él nunca haya escrito para demoler a nadie.

En *El País* de Madrid escribirá sobre una situación escalofriante: un militar argentino, el capitán Scilingo, ha confesado la temida y terrible verdad: muchos desaparecidos fueron lanzados con vida desde aviones. Significativamente, con el tiempo, será en España donde se juzgará y castigará a este asesino. En este momento al observador atento e inflexible que es Benedetti lo que le interesa es señalar la hipocresía de quienes quieren olvidar y la fatal irrupción de esa verdad. Por eso el artículo se llama «El elefante memorioso» y concluye: «Tan importante es la memoria que, parafraseando a Courtoisie, mientras quede un solo elefante que recuerde, ese recuerdo puede llegar a cambiar la historia de un país».

Mientras se apresta a comenzar una gira por España junto a Daniel Viglietti con su espectáculo *A dos voces,* recibe una llamada desde Managua. Es la triste noticia de la muerte de Bud Flakoll, su gran amigo norteamericano. No se trata solamente de su desaparición, sino también del dolor en que queda sumida su querida amiga Claribel Alegría. Así se lo cuenta a Idea Vilariño en un tarjetón fechado en Madrid el 20 de abril de 1995, en el que también le anuncia su próximo viaje a Italia para presentar la traducción de sus cuentos. Irá primero a Salerno, luego a Nápoles, a Venecia, y muy pronto empezará a ser reconocido en aquel país, tal como comenta una de sus traductoras, la uruguaya Martha Canfield. Desde su cátedra de Lengua y Literatura Hispánica de la Universidad de Venecia, conseguirá que acepte participar en encuentros con otros poetas latinoamericanos y que haga lecturas ante los estudiantes universitarios, quienes siempre lo van a elegir como el más expresivo, el mejor lector de todos ellos.

Como diez años antes había hecho Hugo Alfaro, ahora otro amigo, el escritor argentino Mario Paoletti, de nuevo lo hace hablar en Madrid y en Montevideo, y en paralelo con la voz de sus obras, aparece otro libro biográfico, *El aguafiestas,* en un estilo brillante que sintoniza con el sentido del humor del escritor uruguayo. Surgen en él muchas anécdotas de su infancia, de su militancia, siempre envueltas en una mezcla de humor y pudor que muchas veces impide asomarnos a donde él no quiere.

A los setenta y cinco años Mario conserva una salud envidiable, su asma es igualmente resistente, pero se llevan bien. Y aunque pronto tendrá algunos quebrantos, la recuperación es excelente, según los médicos. O sea que los homenajes y premios que empiezan a acumularse desde este instante no se deben a una posible fragilidad, como a veces ocurre con este tipo de reconocimiento. Se trataría más bien del cierre expresivo del aprecio por su obra, ya completa para la historia de la literatura, aunque siga creciendo con sucesivas entregas. En Buenos Aires se reunirán representantes de la cultura argentina para festejar su cumpleaños en un acto multitudinario en el Teatro Avenida. Al año siguiente el Gobierno de Chile le entrega la Medalla Gabriela Mistral, otorgada a cincuenta poetas —entre ellos también a su amiga Idea Vilariño—, conmemorando los cincuenta años del Premio Nobel a la poeta chilena. Un poco más tarde recibirá el Premio León Felipe a los Valores Cívicos. También en su país le dan un Premio Especial Bartolomé Hidalgo por su obra ensayística, tal vez el área de su producción para la que es casi imposible encontrar objetores. El reconocimiento como Profesor Emérito de la Facultad de Humanidades y Ciencias de la Educación de la Universidad de la República, aquella en la que había entrado fugazmente justo cuando golpeaba la dictadura, tuvo un sabor no del todo bueno. Si bien él nunca habló del tema, haciendo gala de una elegante ignorancia, todos en la universidad comentaban que había sido un nombramiento menor, producto del afecto y la indignación de los miembros de esa facultad al no poder conseguir lo que realmente pretendían y el autor merecía: el Doctor Honoris Causa que universidades de otras tierras le otorgarían antes que la suya. Afortunadamente, los pequeños rencores cedieron el paso a la justicia y menos de diez años más tarde el simbólico recinto del paraninfo de la Universidad de la República se abriría para él.

MULETAS, ANDAMIOS, AFECTOS

Ya ha pasado una década desde el fin de la dictadura, desde su regreso a un país que ha sentido receloso, distante de su amor incondicional. Pero él viene y va, siempre vuelve, y se encuentra con la gente común, la que lo para por la calle, el vendedor de periódicos, el portero de unas oficinas, y cada vez hay más momentos en los que se siente bien. Como en aquel «Cuento de hadas»*: «así veo que el mundo despacito mejora / que el placer no me deja la menor cicatriz / que el azar es mi amparo y ha llegado la hora / de ser / entre otras cosas / nuevamente feliz».

El cariño conforta, sin lugar a dudas. Y hay muestras de esa calidez de ambiente en los lugares más insospechados, como fue la felicitación por su cumpleaños que recibió en el Parlamento de su país, cuando un diputado joven agradeció su postura a lo largo de los años. Dijo entonces Gabriel Courtoisie, antes de leer uno de sus poemas: «Nuestra generación, la denominada generación del silencio, tuvo durante los tiempos oscuros un puente indestructible de palabras por donde pasaban los afectos, la dignidad y la libertad». Fue noticia internacional.

La firmeza de carácter de Benedetti va acompañada de una gran sensibilidad que sólo queda al descubierto cuando se trata del dolor, la injusticia, las desventuras de los demás. Incluso en el trato amistoso y cotidiano es difícil descubrir indicios de una intimidad golpeada. La mayoría de los testimonios consultados comentan ese celo en asegurar la reserva, el pudor

---

* *Inventario III,* p. 445.

personal. La poesía es un vehículo certero para descubrir pistas, pero que pueden ser desmentidas para la investigación biográfica por la ambigüedad propia de la creación literaria.

Puede ser capaz de escribir «Che 1997», treinta años después de la conmoción que también había cantado entonces. Incluso de un modo más emocionalmente comprometido escribe «Soliloquio del desaparecido», estremecedor poema que adopta la primera persona del singular para encarnar ese drama. Pero para mencionar sus pequeños dolores, sus decepciones, acude al circunloquio, a la ambigüedad: «sabemos que en una esquina no rosada aguarda el ultimátum / de la envidia». Y si *La vida ese paréntesis* (1998) es metafísicamente una triste comprobación, desde el punto de vista del desarrollo vital del ser humano es la recuperación de la esperanza. Por un lado, aparecen poemas de amor, básicamente de amor al amor, como «Nostalgia» o «Piernas», por otro lado, el convencimiento de un futuro acorde con las ilusiones, como aparece en ese poema que rápidamente ha sido adoptado por sus más fieles lectores: «¿Qué les queda a los jóvenes?». Con más fuerza todavía propone algo así como un lema para la existencia humana, resumen de su tenacidad y de su fe en lo humano: «hay que vivir como si fuéramos inmortales». Pero siempre con lucidez e intransigencia. Por eso el libro se cierra con «Zapping de siglos», un texto lleno de preguntas exigentes, que el poeta leyó por primera vez públicamente al aceptar el título de Doctor Honoris Causa de la Universidad de Alicante. Pero a pesar del compromiso que sigue presente en su obra, el 11 de mayo de 1997 repite en una entrevista para el periódico mexicano *La Jornada* lo que había sostenido públicamente treinta años antes: la prioridad siempre es para la literatura, una obra no vale por su mensaje, sino por su calidad.

Andamios (1996) es una novela que significa la reconciliación con el desexilio. El personaje va construyendo soportes, encontrando apoyos humanos, esos «andamios» que le permiten recuperar una serenidad interior, no para volver a su mundo anterior —necesariamente perdido—, sino para construir otro nuevo en el que cabe todo el bagaje de creencias y esperanzas, tamizadas por nuevos horizontes y nuevas relaciones humanas. Su publicación es bienvenida muy especialmente en España. Con ese motivo, la editorial Alfaguara organiza una exposición sobre su vida y su obra que recorrerá Madrid, Alicante, Santander y alguna otra ciudad española. Como curadora de esa exposición, doy fe de la colaboración del escritor, cediendo manuscritos, fotos, primeras ediciones, documentos imposibles de encontrar de otro modo, objetos únicos, tales como pasaportes, condecoraciones, etcétera. Su generosidad compensó su absoluta falta de exhibicionismo. A partir de una investigación y búsqueda cuidadosa, especialmente en Montevideo, se logró una muestra muy significativa del itinerario de la extensa y profunda relación del escritor y sus lectores a través de una obra amplísima y de los avatares de una vida intensa.

Esa exposición acompañó el Congreso Internacional Mario Benedetti, organizado por la Universidad de Alicante en su moderno campus con motivo de su nombramiento como Doctor Honoris Causa. En ese encuentro participaron especialistas de todas partes del mundo que desarrollaron sus ponencias seguidos por la atención de numerosos alumnos. Ese interés y cariño por el escritor fue especialmente visible en la solemne ceremonia que, excepcionalmente, contó con la presencia de su esposa, Luz. Los jóvenes demostraban conocer de memoria sus poemas y lo rodeaban en sus desplazamientos, hacían fotos, cantaban con la tuna universitaria, en fin, lo agasajaban de un modo informal y espontáneo, pero también organizadamente a través de la Asociación de Estudiantes, presidida entonces por una estudiante de Sociología apasionada por su poesía: Leire Pajín. Apenas poco más de un lustro después, a los veintinueve años, se convertiría en secretaria de Estado de Cooperación Internacional, pero, pese a sus responsabilidades de Gobierno, seguirá fiel a su cariño y admiración por Benedetti.

A las 12.00 del día de un radiante 16 de mayo de 1997, junto al «Gaudeamus Igitur» tradicional, el coro de la Universidad de Alicante interpretaba «Te quiero», de Mario Benedetti y Alberto Favero, para culminar la centenaria ceremonia académica. Como consecuencia de esas actividades, al año siguiente aparecerá el libro *Inventario Cómplice,* en edición de Carmen Alemany, Remedios Mataix y José Carlos Rovira.

Poco después, el 11 de julio, tendrá lugar una ceremonia muy similar en la Universidad de Valladolid, «por los valores humanos, éticos y estéticos que toda su obra encarna», como describe la concesión. Así su obra fue presentada en un paraninfo repleto de emocionados estudiantes, reflejo de una concepción de la literatura «como ejemplo de libertad, como proyecto ilusionado de compromiso de la idea de lo social, y como sueño utópico de una nueva realidad erigida sobre bases más humanas». Y el 12 de diciembre ocurrirá lo mismo en la Universidad de La Habana. Casi al mismo tiempo la editorial Visor publica un libro y CD, *Poesía con los jóvenes,* grabación de una multitudinaria lectura de poemas en el Colegio Mayor Virgen de África de Madrid.

Andamios se presenta en México, y en el Palacio de Bellas Artes Benedetti da un recital de su poesía, justo antes de viajar a Cuba para participar como jurado en el Festival de Cine. Y en la capital mexicana se produce uno de esos encuentros providenciales. Una noche cena en casa de Sealtiel Alatriste, amigo y editor, con un pequeño grupo de amigos entre los que estaba Tania Libertad, la cantante de origen peruano, pero radicada en México desde 1980. Espontáneamente, empieza a cantar ella y a decir poemas él, y así surge la idea de hacer un disco, que será *La vida ese paréntesis.*

La selección de poemas parte del libro del mismo nombre, pero una de las canciones corresponde a un poema que al final Benedetti dejará fuera de la edición definitiva, «Niños y niños». El músico Víctor Merino, también peruano, logró un perfecto acoplamiento de sus arreglos musicales a los textos con una gran libertad de inspiración. Y así las canciones —no poemas musicalizados— van del bolero a la salsa, el tango, el blues, en los que la voz de Tania se adecua perfectamente, en algún caso en dúo con Joan Manuel Serrat —«Papel mojado», una sencilla y conmovedora definición del poema—, o con Willie Colón, en una «Muchacha» llena de ritmo. En la presentación del disco José Saramago acierta a describir la emoción que suscita escucharlo: «De él las palabras, de ella la voz. Oyéndolas estamos más cerca del mundo, más cerca de la libertad, más cerca de nosotros mismos».

En el pasado México siempre lo había acogido con entusiasmo, y era objeto de continuas invitaciones. Iba por lo menos una vez al año, pese a que en el D. F. lo asustaba la masividad de la ciudad, y la altura, que le hacía bastante mal por sus eternos problemas de asmático crónico. Las presentaciones en la Feria del Libro del Palacio de Minería eran tan masivas, que cada año se hacían más complejas. Después de leer poemas, Benedetti se quedaba firmando libros hasta tres y cuatro horas. Un año firmó mil ejemplares de un nuevo libro, según recuerda Schavelzon. Él y su socio Sealtiel Alatriste decidieron que la siguiente lectura se haría en el Palacio de Bellas Artes, una de las salas más importantes y amplias de México a principio de los años ochenta. Llegó el día, y la asistencia de público fue tan descomunal, que al ver la cola que unas horas antes se formaba alrededor del palacio, la dirección decidió instalar unas pantallas gigantes en la calle. Ésa fue la última presentación pública de Benedetti en México. El editor relata que en ese viaje tuvo un accidente menor pero que lo asustó mucho: caminando por la calle de San Juan de Letrán, un autobús al girar en una esquina se subió a la acera, y le dio un golpe que lo tiró al suelo. Fue leve, pero la situación le produjo un ataque de asma del que sólo salió después de ir a un hospital donde le inyectaron cortisona. Después de ese viaje Benedetti, pese al cariño que sentía por sus lectores mexicanos y la devoción absoluta de éstos, no regresó más.

El año 1997 será largo para Benedetti, sobre todo cargado de satisfacciones —como el Premio León Felipe 97 a los valores cívicos, otorgado por la fundación del mismo nombre— y de trajín fructífero, pero también con algún sobresalto. El 28 de septiembre será operado de un tumor en la vejiga en el Doce de Octubre, uno de los grandes y confiables hospitales de la red pública en Madrid. Y tanto psíquica como físicamente se recupera con rapidez: un mes después presenta los *Cuentos completos* de Sergio Ramírez, y luego viaja por distintos países de América Latina.

No era la primera vez que el escritor uruguayo se ocupaba de la obra del nicaragüense. En octubre de 1995 había presentado en la Casa de América de Madrid la novela *Un baile de máscaras,* «una demostración cabal de cómo se pueden asistir mutuamente el humor y la desgracia». En esta ocasión, Benedetti escribió en el prólogo de la colección de cuentos reunidos hasta ese momento que «Ramírez va camino de convertirse en el mejor intérprete de la realidad específicamente centroamericana», lo cual confirma, una vez más, su agudeza crítica, si valoramos el diagnóstico con la perspectiva de los años.

Son tiempos en los que participa activamente en la vida cultural española, incluso en su propia ciudad, al asistir a la presentación de dos libros de Arturo Pérez-Reverte cuando éste viaja a Montevideo. En Madrid celebra el resurgimiento de un centro cultural de tanto linaje como el Círculo de Bellas Artes, adonde volverá en numerosas ocasiones; participa del III Encuentro con la Poesía organizado por la Fundación Rafael Alberti, en El Puerto de Santa María; nuevamente asiste a un Curso de Verano en El Escorial, en esta ocasión homenajeando a Juan Rulfo y, con él, al cuento latinoamericano; dicta un taller literario en la Casa de América y un curso sobre literatura cubana en la Universidad de Alicante.

Siempre atiende a los jóvenes. Como lo ha hecho a lo largo de su vida con sus compatriotas menores, también hay escritores jóvenes españoles —Alejandro Gándara, Benjamín Prado— que fueron presentados por él en distintas circunstancias. Y se emociona cuando la ciudad de Rivas-Vaciamadrid, en la Comunidad de Madrid, decide dar su nombre a un colegio público.

En Madrid se estrena la película *Despabílate amor* del director argentino Eliseo Subiela, que toma no sólo el título de un verso de Benedetti, junto con muchos otros poemas, también aparece la atmósfera del montevideano. El crítico de *El País* Augusto M. Torres observa que el autor hace un «curioso canto a la nostalgia, pero al mismo tiempo previene de alguna manera contra ella y nos pone en alerta ante las discutibles situaciones que puede llegar a provocar». Como en *Andamios.*

Entre las ediciones de obras suyas de la época, varias en braille, sobresale la antología *El amor, las mujeres y la vida,* y su participación en un libro con José Saramago y el teólogo brasileño Frei Betto, *Che siempre*. Durante varios años, además, forma parte del jurado del prestigioso Premio de Poesía Jaime Gil de Biedma, dándose el gusto de otorgar el galardón a poetas muy apreciados por él, como el gaditano Fernando Quiñones.

En Buenos Aires participa como jurado del Premio Planeta de Novela, que será concedido a *Plata quemada,* de Ricardo Piglia. Afirmará que era la mejor novela de las presentadas, pero años después vivirá con disgusto, aunque desde lejos, los avatares de una impugnación presentada contra ese fallo. También en Argentina aparece un hermoso libro, *Poemas revelados,* del fotógrafo Eduardo Longoni, en el que hay textos de Benedetti y fotografías suyas y de su entorno con un resultado final de gran calidad.

En 1998 se permite otro gusto. Lo invitan a presidir el jurado del 43.º Festival de Cine de Valladolid, ocupación que, como hemos visto, disfruta mucho. Para completar el viaje, el premiado es su admirado Ken Loach. Es, asimismo, un acontecimiento de público porque, con buen criterio, los organizadores plantean una retrospectiva sobre Benedetti y su influencia en el cine.

Pero ese año de 1998 había comenzado con una mala noticia, la muerte de Jorge Onetti, hijo del autor de *El pozo,* uno de los jóvenes narradores de Uruguay que en el pasado Benedetti celebrara. En esas circunstancias, señala la injusticia del silencio que rodeó los últimos años de vida de este escritor original. Y termina con una muy buena noticia: el Premio Nobel de Literatura para José Saramago. En su artículo «La persona Saramago» el escritor uruguayo celebra la calidad de la narrativa del escritor portugués —tan ajena al realismo socialista— a pesar de las críticas recibidas por su declarado comunismo, pero se detiene especialmente en su calidad humana, en «su coherencia y su valor para defenderla». Y hay algo muy especial que permite vincular la posición del reciente Nobel y la del escritor uruguayo y es la atención hacia los jóvenes, pues para este último «la actitud normal y sin tapujos de Saramago es un directo a la conciencia». «Quiero que los jóvenes sepan que los viejos estamos aquí para trabajar», recuerda que dijo el portugués.

PEQUEÑAS MUERTES

Los sueños son pequeñas muertes
tramoyas anticipos simulacros de muerte
el despertar en cambio nos parece
una resurrección y por las dudas
olvidamos cuanto antes lo soñado

a pesar de sus fuegos sus cavernas
sus orgasmos sus glorias sus espantos
los sueños son pequeñas muertes
por eso cuando llega el despertar
y de inmediato el sueño se hace olvido
tal vez quiera decir que lo que ansiamos
es olvidar la muerte
apenas eso

La vida ese paréntesis
Inventario III, p. 238

Capítulo 26

«... el latido del amor...»*

En pacientes con patologías crónicas específicas, como es el asma, con episodios de disnea frecuentes durante períodos prolongados —más de sesenta años—, la situación puede derivar hacia bloqueos cardíacos, con síntomas de edema masivo y riesgo de disfunción renal. Una primera aproximación será la colocación de uno o varios marcapasos cuyo implante corrige las arritmias cardíacas, sustituyendo con sus impulsos eléctricos el control natural del ritmo del corazón.

Más o menos eso es lo que le ocurrirá a Mario Benedetti justo al llegar de Montevideo a Madrid. Alarmantes síntomas que llevan a su amigo Juan Cruz a recomendarle la consulta con médicos del hospital Doce de Octubre. Aparte de sus malas relaciones con las dictaduras del Cono Sur, éste será el momento en que sienta su vida más en peligro, con una sensación de mayor desvalimiento puesto que no hay nada que dependa de su decisión para salvarse. Y con él, todos los que estamos cerca suyo. Su confianza en los médicos y el apoyo de Luz —que adelgazó siete quilos en esas semanas— y de amigos como Chus Visor, el mismo Juan Cruz, compañero de asma, y tantos otros, posibilita que, a pesar de una recaída, al cabo de unos meses esté recuperado. Eso sí, deberá pasar tiempo para que se dé cuenta de que es necesario seguir las indicaciones de los médicos y bajar en gran medida sus actividades, negarse a participar en muchos eventos de los que se siente muy cercano, no acompañar a todos sus amigos en encuentros y presentaciones, y, lo más importante, dosificar lo que más le gusta: el contacto directo con sus lectores. Atrás quedará su asistencia puntual los

---

* «Como si nada», *La vida ese paréntesis,* en *Inventario III,* p. 235.

cuatro fines de semana de primavera, mañana y tarde, a la Feria del Libro de Madrid, donde las largas colas de lectores en el Parque del Retiro le traían anécdotas y comentarios, y donde su obsesión por el control le hacía marcar «palitos» por cada libro que firmaba. Claro que le resultará imposible abandonarlos totalmente y siempre habrá un momento para la firma en sus mayos madrileños.

Su sentido del deber, de lealtad con la palabra dada, hace que asista en noviembre de ese año a la Bienal de la Poesía Latinoamericana, organizada en la Universidad de Venecia por Martha Canfield. Allí se encontró con viejos amigos como el ecuatoriano Jorge Enrique Adoum, Carmen Boullosa o Álvaro Mutis, quien a pesar de la gran distancia ideológica que los separa, ha expresado su admiración por la obra del uruguayo: «Ésa es la poesía que va a quedar», dijo. Y de allí saldrá una antología bilingüe, y más tarde una edición de *Inventario,* que da título a una antología en italiano con prólogo de Manuel Vázquez Montalbán. A estos encuentros, que se repetirán en 2000 y 2002, siempre debidos al amor por la poesía latinoamericana de esta uruguaya instalada desde hace mucho tiempo en Italia, acude Benedetti, al fin reconciliado con la acogida que le dan los compatriotas de sus antepasados. En *Il Sole 24 Ore,* el diario con la mejor sección literaria, se publica un comentario cuando en el año 2000 sale una traducción de *Buzón de tiempo:* «Pobre Benedetti, en todas partes se dan codazos para oírlo y en Italia no lo conocen».

Siguen los honores, algunos realmente llamativos, como la Orden de la Democracia en el Grado de Gran Cruz de la Cámara de Representantes de Colombia. Otros en su país, como el de Académico de Honor, o el Gran Premio de las Letras, compartido con Julio da Rosa. Por problemas surgidos de sus viajes que no cesan la ceremonia de recepción del Académico de Honor Mario Benedetti se retrasará. El 28 de marzo de 2003, a las seis de la tarde, la Torre de los Panoramas, antigua casa del poeta Julio Herrera y Reissig y sede actual de la Academia Nacional de Letras de Uruguay, estaba llena de escritores de todas las edades. Fue una especie de reconciliación de la cultura uruguaya hacia el escritor nómada y sin embargo tan montevideano.

Indudablemente, aunque a todos responde con gratitud, habrá algunos que le toquen más de cerca, como la creación del Centro de Estudios Latinoamericanos Mario Benedetti, en la Universidad de Alicante, dirigido por una estudiosa de su obra, Carmen Alemany. Y su satisfacción tiene que ver con la vitalidad de un centro adonde acuden cientos de estudiantes para formarse en esa literatura que él ama. Y a él volverá cuantas veces se lo requiera para dar cursos, especialmente sobre mujeres escritoras, esa riqueza que tiene ante todo la poesía latinoamericana. Abundando en ese tema que tanto le interesa, prepara, además, una antología de la poeta cubana Nancy Morejón.

En junio de 1999 es elegido para otorgarle el máximo galardón que le había sido concedido hasta entonces, el Premio Reina Sofía de Poesía Iberoamericana. Aparte de su dotación económica —seis millones de pesetas entonces, más de treinta y seis mil euros—, la relevancia del premio está dada por sus seis primeros ganadores, poetas de la máxima relevancia, Gonzalo Rojas, Claudio Rodríguez, João Cabral de Melo Neto, José Hierro, Ángel González y Álvaro Mutis. También debió de importarle la composición del jurado, en el que aparecían dos premios Nobel, Camilo José Cela y José Saramago, y poetas a quienes admira, como José Hierro y José Ángel Valente. Fue una sorpresa para él, «no estoy acostumbrado a que me den premios», declaró al enterarse. Y ha seguido siendo así: cada año está en las quinielas para el Premio Cervantes y no pasa nada. Años más tarde, España volverá a darle un premio importante: en 2005 recibirá el Premio Internacional Menéndez Pelayo, «como reconocimiento a su compromiso con lo humano en su concreta circunstancia histórica y a su trayectoria literaria». Al hacer el anuncio del Premio Reina Sofía, Saramago se congratuló de que el premio hiciera justicia a un poeta «de una humanidad extrema», cuya obra «interpela al lector y a la sociedad entera, y lo hace no de una forma elemental, sino jugando con el lenguaje y la forma».

Para recibir el premio de manos de la reina de España extiende un poco su estancia en Madrid, que habitualmente llegaba sólo hasta octubre, y en el mes de noviembre, en el Palacio Real, tiene lugar la tradicional ceremonia de entrega. Rodeado por gran cantidad de colegas de la literatura y el periodismo, pronuncia el discurso «Poesía, alma del mundo». Se trata de un emocionante elogio de la poesía como «el género de la sinceridad última, irreversible», una convocatoria al poeta atrapado por la realidad como «una malla de sentimientos». En sus palabras se rodea de los escritores admirados, Joaquín Pazos, José Emilio Pacheco, Claribel Alegría, Carlos Fuentes, María Zambrano, José Hierro, para afirmar que «la marginalidad a que se la somete [a la poesía] le otorga una libertad incanjeable». Y celebra por fin que sea «en la actual poesía latinoamericana donde la realidad aparece más y mejor ligada a la palabra, y donde ésta asume, sin aspavientos y con sencillez, su responsabilidad esclarecedora y comunicante». Por fin el compromiso visita el Palacio Real.

EXPERIMENTAR A LOS OCHENTA

Con un intervalo de un mes Benedetti va a presentar en España dos libros peculiares, una colección de cuentos, *Buzón de tiempo,* y un libro de poemas, *Rincón de Haikus*.

Hacía diez años, desde el libro-mosaico *Despistes y franquezas,* que no publicaba cuentos en libro. Y ello a pesar de su gusto por el género que, según él, aprendió leyendo a los maestros. Decía: «De Maupassant aprendí el rigor en sus finales; de Chejov, la creación de una atmósfera; de Hemingway, la maestría en el diálogo». Y de nuevo éste es un libro atípico compuesto por cuatro poemas y veinticinco cuentos, muchos de los cuales adoptan la forma epistolar, fieles recipientes de sentimientos. Los temas de las narraciones tienen que ver especialmente con las relaciones humanas, los conflictos de la soledad, el amor y la muerte, y en ellos aparece con frecuencia un tono irónico, desapegado. En la presentación dio una explicación muy humana: «A los setenta y nueve años se empieza a convivir con la muerte, por eso en el libro hay un intento de comprensión». Es sin duda un libro vital, lleno de humor, porque, como dice el poema que lo abre, «los signos en el aire / son señales de humo / pero el humo / lleva consigo un corazón de fuego». Como otro rastro de coherencia personal, pese a la ausencia casi total de problemática política en los cuentos, la dedicatoria general del libro es «A los amigos y compañeros de la Casa de las Américas en sus cuarenta», aludiendo al 40.º aniversario de aquella institución cubana tan querida por él.

En medio del trajín de las presentaciones de sus libros ocurre, en octubre de 1999, la muerte de Rafael Alberti, durante años, como se ha visto, amigo y compañero de iniciativas y proyectos caros a dos «poetas de la calle», como gustaba llamarse el poeta gaditano. No por esperada fue menos penosa la noticia de la muerte de Alberti, y, como tantos españoles, Benedetti la lamentó desde el afecto personal y también desde la admiración: «tenía la poesía metida en el alma», dijo.

En noviembre de 1999 de nuevo la Casa de América de Madrid alberga a una pequeña multitud que rodea a Benedetti al presentar un nuevo libro. Se trata de un raro ensayo, tal como lo adelanta el título, *Rincón de Haikus*. Un nuevo experimento trae al poeta de siempre: riguroso en la escritura, juguetón, irónico, comprometido, humano en los contenidos. Tal como explica en un breve pero erudito prólogo, esta iniciativa es fruto a partes iguales de la fascinación que hace tiempo le producía esta brevísima forma poética japonesa, tan admirada por poetas de nuestra lengua como Octavio Paz y Juan José Tablada, y la tentación de la dificultad. Después de leer múltiples traducciones y versiones escribió más de cuatrocientos poemas, de los cuales seleccionó los doscientos veinticuatro publicados. E insiste en que ha querido atenerse estrictamente a la métrica clásica: tres versos con diecisiete sílabas, cinco-siete-cinco, puesto que lo que lo atraía era la rigidez de la forma, mucho mayor que la de su otra pasión, el soneto, a la que se dejó arrastrar en muchos momentos de su vida. La enorme aceptación que tuvo este libro, que se colocó durante meses en las listas de los libros más leídos, como si se tratara de una novela diáfana, demostró que sus lectores valoraron la audacia de la creación, la autoexigencia en el trabajo, la coherencia del mensaje. Sentimientos, sentencias, ironías, el mundo reconocible de Benedetti, están volcados en este libro, incluso la paradoja, porque como dijo en la presentación: «La paradoja es el refugio más bello de lo breve». Y puesto que es un autor de muchos lectores, como señalaba el poeta español Luis Antonio de Villena en un comentario publicado en *El Mundo:* «Ésa es la cruz y el honor que nunca se quitará de encima: "el alto y raro privilegio de ser un poeta popular", también haciendo haikus». Resulta nuevamente sorprendente la capacidad de innovación del escritor ya hecho, maduro, con tantos títulos y experimentos a sus espaldas, quien confiesa que descubrió esta forma lírica tan peculiar en un título póstumo de Julio Cortázar, *Salvo el crepúsculo,* verso de un haiku de Matsuo Bashoo.

El año termina con malas o buenas noticias políticas. En las elecciones de su país, las fuerzas de izquierda logran la mayoría de votos sobre cada uno de los dos partidos. Pero la previsora introducción de una segunda vuelta o *ballottage* por parte de los partidos tradicionales impide el triunfo del Frente Amplio. Entre las dos instancias electorales Benedetti analiza la situación con firmeza y esperanza. No tanto porque esperara un vuelco favorable, sino proclamando la necesidad de superar dogmatismos y depresiones, para preparar otro futuro, ese que se concretaría en 2004. En un artículo titulado «El Uruguay Real y el Otro», en *El País* de Madrid, repasa la historia de Uruguay, breve, pero que creó «poco menos que un país de utopía», y alerta sobre la presencia de ese Otro País en que «el mercado es nuestro dios y el confort es su profeta». En el triunfo del País Real sobre el País Otro reside la esperanza, augura.

EL 2000

Así llega una fecha especial, el 14 de septiembre de 2000 cumple ochenta años. Ese día se aísla del mundo, pero el resto del tiempo no tiene más remedio que oír hablar del asunto. Lo más que puede hacer es negarse a que la semana que la Casa de

América quiere dedicarle se llame «homenaje». El nombre será «Mario Benedetti en la Casa de América» y durante una semana todo girará alrededor de él: habrá una exposición de fotos y ediciones, un encuentro de críticos sobre su narrativa, otro de poetas sobre su obra lírica, otra mesa sobre su actividad periodística, la puesta en escena de *Pedro y el Capitán,* una lectura suya y un fin de fiesta con algunos creadores e intérpretes de sus poemas como canciones: Tania Libertad, Joan Manuel Serrat, Luis Pastor, un grupo joven roquero, etcétera. Esta serie de actos tuvo mucho público porque los madrileños lo siguen siempre, pero sobre todo por sus especiales características de celebración, que incluía la presencia de invitados muy relevantes de diferentes países. Cada una de las mesas contó con el interés de muchos, pero lo que desbordó todas las previsiones fue su lectura. A pesar de haber sido designada para presentarlo, mi renuncia expresa a hacerlo me ganó la mayor ovación que haya recibido en mi vida: todo el mundo quería oírlo sólo a él, para aplaudirlo, para, ahora sí, homenajear al escritor querido.

Hacía poco tiempo que en un encuentro con nuevos narradores hispanos el escritor había instado a los jóvenes autores a luchar por la ética, y se había preguntado: «Algunos dicen que las grandes utopías ya no tienen vigencia, pero ¿y las pequeñas?». Viendo la movilización de tantos jóvenes alrededor de, podríamos decir, simplemente un poeta, uno tiene la tentación de creer en la posibilidad de la consecución de alguna de esas pequeñas utopías, por lo menos la de huir de la indiferencia, la de entusiasmarse con la honestidad, la de creer en el amor por «el próximo prójimo», para decirlo con sus palabras. Lo único seguro es que, a pesar de su habitual serenidad aparente, hubo varios momentos en que los que estábamos en la Casa de América notamos su emoción.

Su presencia en proyectos colectivos es siempre generosa y así se incorpora a una iniciativa de la Unesco y de su secretario general español, Federico Mayor Zaragoza. El libro *Ecología y Literatura,* monográfico de la revista *Ánfora Nova,* de Andalucía, reunió a cuarenta y seis escritores y veinticuatro ilustradores para dar una voz de alerta ante problemas del medio ambiente que no hicieron más que agravarse con el tiempo. No podía estar en mejor compañía que con José Saramago, Rigoberta Menchú o Pablo García Baena. También junto a poetas estará en la mítica Residencia de Estudiantes, donde se grabaron poemas en la voz de sus creadores. Esa situación no es del agrado de muchos poetas, pero Mario dice muy bien sus versos y sus lectores lo prefieren frente a recitadores profesionales.

En cambio, nunca pudo llevarse bien con los embajadores de su país en España, quienes casi siempre se sintieron obligados a dar la versión oficial ante cualquier análisis u opinión sobre la realidad uruguaya que el poeta se atreviera a hacer en sus habituales intervenciones públicas. En estos días uno de ellos, de quien pocos recordarán su nombre, habló en una carta al director de *El País* de los «dislates» de Mario Benedetti: no hubo respuesta por parte del escritor.

Han pasado cincuenta y cinco años desde que se casara con Luz, y sigue dedicándole todos o casi todos sus libros de poesía, y así es una vez más: «A Luz, 55 años después», reza la dedicatoria de *El mundo que respiro* (2001), su nuevo poemario. Dividido en tres partes, anteceden a cada una de ellas citas de tres de sus escritores queridos: Miguel Hernández, Elías Canetti y Juan Gelman, que nos introducen en la atmósfera del libro, una delicada melancolía, una disconformidad sin estridencias, siempre el humor como trasfondo filosófico. La experiencia de vida se filtra en los versos confrontando el optimismo, pero siempre queda la esperanza del amor y de la creación: «... la poesía / hace posible que esto siga / cruce la historia en un fulgor / deje al pasado en su hojarasca / y le haga guiños al futuro». Precisamente el poema que da título al libro parte de la comprobación del olor a basura para llegar a la dualidad que nos rodea permanentemente: «El mundo que respiro / es de nadie / es de todos / me ahoga o me libera / me exige / me conmina / me agobia con noticias / con odios / con ternura». Y detrás de la ironía del título que señalaba Juan Cruz al recordar el asma del autor, está la sabiduría de un poeta.

Este libro provoca gran expectativa a ambos lados del Atlántico. En Argentina, la publicación de un número especial del periódico *Clarín* por los ochenta años del escritor había traído un anticipo de estos poemas, y en Madrid nuevamente un libro de poemas de Mario encabeza la lista de los más vendidos.

En un mundo paralelo a las listas de ventas, el académico, también hay novedades que le atañen, dos libros publicados por la Universidad de Alicante: *Mario Benedetti y la nación posible,* otro estudio de Gloria da Cunha-Giabbai y el *Homenaje a Mario Benedetti,* con textos de Eva Guerrero, Francisca Noguerol, María Ángeles Pérez López y José Carlos Rovira.

OCTOGÉSIMO

A los ochenta años uno empieza
a olvidar las ausencias / los vacíos /
los orificios de la duda
los nombres de las calles
el motivo irreal de las nostalgias
las lagunas del tiempo pordiosero

después de todo hay que aceptar
que esa desolación ya no hace daño
más bien ayuda sin quererlo
a que la talla espiritual se pula
y hasta la soledad se vuelva amena

a los ochenta ya no es necesaria
la respuesta humillante del espejo
uno ya sabe la orografía de las arrugas
la mirada sin fe de los insomnios
el fiordo inaugural de la calvicie

el futuro se ha vuelto milimétrico
no conviven en él dulces sospechas
las expectativas son flaquísimas
y uno se va habituando a una quimera
tan breve como inmóvil

a los ochenta las paredes miran
y a veces hablan y aseguran

341

que todavía no van a derrumbarse
pero uno por si acaso sale a la intemperie
y encuentra que es un refugio acogedor

El mundo que respiro
Inventario III, p. 142

Capítulo 27

somos tristeza
por eso la alegría
es una hazaña[*]

Los grandes premios de literatura —excepto el Premio Reina Sofía de Poesía Iberoamericana— han pasado a su lado y siguen haciéndolo. Él siempre ha dicho que su mayor premio es tener lectores, y eso sin duda lo ha conseguido plenamente. Pero también es verdad que ha ido recibiendo innumerables premios o distinciones de diversos países que reconocen su influencia en sus nacionales, o de organizaciones internacionales, o tributos de grupos sociales que aúnan la admiración por su literatura y por su compromiso con la causa de los pueblos. Y si el año anterior fue Premio del Festival Son Latino en Tenerife, en 2001 la Fundación Cultural y Científica Iberoamericana José Martí le otorga un premio que implica seis millones de pesetas (treinta y seis mil euros), el cual, consecuente con sus ideas, decide donar a la Asociación de Madres Familiares de Detenidos Desaparecidos de Uruguay. Su ayuda es una forma de testimoniar una vez más cuál es su posición en un escenario de confrontación entre amnesia impuesta y lucha por la verdad, que es de ese momento en su país.

Hacía ya tiempo que el escritor uruguayo vivía de sus libros. Luego de momentos de angustia económica al principio de su exilio, el éxito de sus ventas y las diversas propuestas que ese éxito suscita le han dado cierta tranquilidad, sobre todo si tenemos en cuenta la austeridad de sus costumbres. Se acumulan las solicitudes para trasladar su obra al cine, a la televisión, para utilizar sus poemas en calendarios u otros soportes populares. Al menos, así se evita en parte la sorpresa de ver sus palabras —incluso con errores, que era lo que lo indignaba— en carteles, tarjetas, etcétera.

---

[*] *Rincón de Haikus, 133,* en *Inventario III,* p. 195.

Esa popularidad del escritor tiene efectos derivados muy positivos a veces. En 2001 se había producido una crisis económica de aterradoras consecuencias en Argentina. El cierre de bancos, las medidas de contención que implicaban la pérdida o el aplazamiento de la retirada de ahorros de miles de personas (el famoso y a veces dramático «corralito»), el brusco empobrecimiento de grandes masas, tuvo una honda repercusión en el sistema social y político del país; también en toda la región, especialmente en Uruguay, con sus secuelas de marginación, cierre de empresas con pérdidas de puestos de trabajo. En ese contexto, la publicación por parte de una editorial con sede en Buenos Aires de la obra completa de Mario Benedetti en edición de bolsillo se constituyó en la salvación de esa empresa debido al monto de ventas que tuvo en toda Sudamérica.

Recién llegado a Madrid en 2001, como cada año, el polen de la primavera agrava su asma, pero este habitual sobresalto se convierte en uno mayor. Nuevamente es ingresado en el hospital Doce de Octubre, y a su salida le aconsejan reposo. Así que su habitual firma en la Feria del Libro de Madrid y sus planes de concurrir nuevamente a los Cursos de Verano de la Universidad Complutense de Madrid quedan pospuestos. Una vez más, su recuperación es rápida, su ánimo, intacto, a pesar de la recomendación de tranquilidad. Y como siempre, su salvación está en la literatura: en 2002 se publicará un nuevo libro de poemas, *Insomnios y duermevelas*.

La dedicatoria lleva rastros de los momentos difíciles por los que acaba de pasar y por su gratitud filial filtrada por el humor: «Para luz y raúl de mario su agradecido sobreviviente».

El libro está dividido en tres partes de textos en verso —con alguna excepción— y una última parte en prosa, todas ellas precedidas por citas de escritores amados. La primera de ellas, inaugurando el libro, es de José Hierro e ilumina el mundo que nos espera: «Rescaté, lúcido y sonámbulo / los vestigios que la marea / llevó a mi playa de despierto; / con ellos construiría un puente / desde el soñar hasta el velar».

Las citas que encabezan la mayoría de los poemas y muchos de los libros de Benedetti configuran un conjunto riquísimo de sugerencias no sólo de las lecturas del escritor, de motivos o impulsos para la creación, sino simplemente y tanto, de reflejos, reconocimientos, voces hermanas y «prójimas» que el autor descubre y resalta para explicarse a sí mismo y explicarnos su mundo. Esas citas, que van de Eliot a Cátulo Castillo, pasando por Borges, Machado, Gelman, Joaquín Sabina y tantos otros, son signos de una sensibilidad que llevan directamente al hombre. Por un lado podemos pensar que nuestro escritor ya está convencido de la verdad de los versos de Álvaro Mutis que eligió como acápite de uno de sus poemas del regreso más conocido, «Pero vengo»:

En dondequiera que se viva, comoquiera
que se viva, siempre se es un exiliado

O tal vez podríamos creer que en esa superación de espacios que va de libro en libro, Benedetti se inclina más por los versos de Neruda que encabezan la sección de *Yesterday y mañana* titulada «Sucede»:

Si me preguntáis en dónde he estado
debo decir: «Sucede».

En *Insomnios y duermevelas* la selección de citas es certera. La sección titulada «Papel en blanco» la antecede una de Jaime Sabines: «Cuando estés triste ponte a cantar. / Cuando estés alegre, a llorar. / Cuando estés vacío, de verdad vacío, / ponte a mirar». «Lugares comunes» la abre una breve cita del cubano Eliseo Diego: «Aquí no pasa nada, no es más que la vida, / pasando de la noche a los espejos». Julio Cortázar nos inicia en «Poemas a la intemperie»: «Mar de oídos atentos, ¿qué te dice la piedra?». Y «Galerías» se abre con Fernando Pessoa: «Morir es acordarnos de que olvidamos algo». Durante más de un año este libro estuvo, insólitamente para los de poesía, en la lista de más vendidos. Seguramente esto fue por la profundidad de su poesía y por el aura que tiene entre sus lectores mayores y entre los que empiezan a serlo. Porque a los seres humanos nos conmueve la calidez, la atención, la inmediatez del otro, y en eso Benedetti siempre ha sido fiel a aquellos versos de Octavio Paz que puso al frente de sus *Poemas de otros:*

> Para que pueda ser he de ser otro,
> salir de mí, buscarme entre los otros,
> los otros que no son si yo no existo,
> los otros que me dan plena existencia.

PEQUEÑAS UTOPÍAS

Algunos de los poemas de *Insomnios y duermevelas* fueron escritos después del atentado contra las Torres Gemelas de Nueva York y antes de la invasión norteamericana a Afganistán. Hay momentos de indignación, de zozobra, y el recuerdo de otro 11 de septiembre aflora ineludiblemente en el escritor que tanto sintió y escribió sobre la tragedia de Chile.

Su reflexión oscila, como tantas veces, entre la conciencia de la soledad y la ambición de la utopía. Junto a la muerte está el amor, pero también hay una novedad: la inusual presencia del paisaje. No se trata solamente —pero también— de la soledad existencial, aquella que lo induce a precaverse: «... si abro / de par en par la soledad / cerraré por las dudas / los postigos del sueño». Es el vacío que va dejando el abandono de quienes ha amado, o de quienes ha aprendido, y nuevamente la enumeración es, además de un recurso estilístico, un documento, un acto de lealtad.

> Me he ido quedando sin mis escogidos
> los que me dieron vida/aliento/paso
> de soledad con su llamita tenue
> y el olfato para reconocer
> cuánta poesía era de madera
> y crecía en nosotros sin saberlo
>
> me he quedado sin proust y sin vallejo
> sin quiroga ni onetti ni pessoa

ni pavese ni walsh ni paco urondo
sin eliseo diego sin alberti
sin felisberto hernández sin neruda
se fueron despacito en fila india.

En el verano de ese año, además de leer sus poemas y
responder preguntas de los estudiantes de los Cursos de Verano
de la Universidad Complutense en El Escorial, el 19 de julio
sostuvo en esa misma sede un diálogo muy rico con un colega
que mucho apreciaba, Manuel Vázquez Montalbán.

Este novelista, poeta y periodista fue de los primeros
españoles que admiraron públicamente la obra de Benedetti, y
además compartían una similar concepción del compromiso
del escritor. Ante más de cuatrocientos cincuenta jóvenes que
se apiñaban en el Aula Magna del Real Colegio María Cristina
de San Lorenzo de El Escorial, fueron convocados por la editorial Random House Mondadori, dentro del ciclo «Diálogos sobre el Atlántico», para hablar sobre «Optimismos y utopías».

«Las utopías más originales suelen nacer del asco. Ahora somos víctimas de la globalización imperialista, que provoca
asco en los sectores progresistas de este pobre mundo; y la utopía echa mano de la solidaridad», señaló Benedetti, y en una
suerte de exhortación, dijo que tenemos que «tirar de nuestros
propios pelos para salir del pozo». Y al hablar sobre optimismos, los dos escritores lo definieron como categoría de la voluntad, pero en un contexto de injusticia y violencia. Y para
terminar Benedetti recordó uno de sus haikus más celebrados:
«un pesimista / es sólo un optimista / bien informado».

Este mismo año Vázquez Montalbán había prologado
una antología bilingüe que se había publicado en Italia merced
al trabajo de Martha Canfield. Y a pesar de su cansancio, el escritor uruguayo viaja a Venecia a su presentación. Se unen así
su reconocimiento a amigos y lectores y su optimismo, porque,
como dice en uno de los poemas de su último libro, la historia
«estaba llena de resurrecciones».

Cuando presenta su último poemario en Alicante, en octubre de ese año, seguido de una nueva edición de su concierto

A dos voces, con Daniel Viglietti, hace un anuncio que va a devenir en curiosidad. Dice que su próximo libro será de cuentos y se llamará *La tristeza y otras alegrías.* Sólo podemos atribuirlo a un cambio de título de última hora, cosa que rara vez le ocurre. *El porvenir de mi pasado,* tal como se llamará su próximo libro narrativo, conservará una sección titulada «La tristeza», pero las otras alegrías se han disuelto en el espíritu del escritor.

Antes de abandonar como cada año Madrid, ve el resultado de una aventura impulsada por dos amigos, su editor Chus Visor y el poeta Luis García Montero. En conjunto con la Casa de América de Madrid salía *La Estafeta del Viento,* una revista literaria a la que él apoyará en todo momento.

Al regresar a su país, lo espera una emocionante sorpresa: el 19 de noviembre es nombrado Ciudadano Ilustre de Montevideo, la ciudad que ama y cuyo nombre ha dispersado por todo el mundo en multitud de lenguas.

Es el momento, asimismo, de declarar su alegría por el triunfo de Lula en Brasil. La llegada al poder de un líder obrero en un país tan decisivo dentro de América Latina, y limítrofe con Uruguay, significaba en ese momento un fuerte indicio del cambio político en el continente que llegaría también a su país. Pero su entusiasmo no le hace olvidar el contexto más amplio de la política internacional, y así no perderá oportunidad de condenar la campaña que Estados Unidos ha emprendido contra Irak, con falsas denuncias y que desembocarían en la segunda invasión a ese país en los primeros meses del año siguiente. Tal vez ni siquiera en momentos de pesimismo Benedetti avizoraría el desastre humano y material que aguardaba a Irak, incluso después de que cayera el Gobierno de Sadam Husein, a quien, por cierto, nunca defendió.

Su amigo, editor y agente, Willie Schavelzon, abre oficina en Barcelona, y muy pronto representará sus intereses literarios en todos los ámbitos. Le ayudará asiduamente cada vez que tenga un encontronazo con la realidad.

Los poemas de Benedetti, esa «inmensa capacidad poética» que le hizo decir a Vázquez Montalbán que leerlo era «como escuchar el mar o mirar un campo de flores», tendrán en esta época otros canales de difusión. Por un lado, Eliseo Subiela dirige *El lado oscuro del corazón 2,* y en ese film, lleno de la mejor poesía en castellano, sobresalen nuevamente los poemas de Benedetti. Y por otro, Nacha Guevara hace el espectáculo y el disco titulados *Sesenta años no es nada,* en el que vuelven a aparecer poemas de su antiguo amigo, aunque en ese momento esa relación se hubiera enfriado considerablemente.

En 2003 aparece en España el tercer tomo de *Inventario,* la colección de sus últimos libros de poesía, tal como viene haciendo desde 1980. Reúne así todos los libros desde 1995 hasta 2001: seis años, 527 páginas. En este momento *Inventario I* consta de setenta y siete ediciones, diecisiete en España, e *Inventario II* lleva veintitrés ediciones, siete en España. Pero si esas cifras son impresionantes, debemos recordar que el conjunto de su obra superará los noventa títulos con más de mil trescientas ediciones, varias decenas de las cuales corresponden a traducciones en más de quince idiomas. Y continúa la escritura...

Esa identificación masiva con la obra de Benedetti, en especial con su poesía, que muchas veces ha sido tratada con desdén por parte de algunos colegas y algunos críticos, como signo de una presunta falta de calidad, responde a una apreciación, profunda y verdadera, de la coherencia del autor tanto en su trabajo literario como en su quehacer humano. El lector que se sumerge en esa obra aprecia y agradece ese compromiso ético y estético del autor de *Gracias por el fuego.*

«Mi primer compromiso es con la literatura», ha dicho el autor uruguayo en múltiples ocasiones. Esto funciona como una definición apasionada al principio, pero luego resulta una desesperanzada insinuación de que lo lean antes de ponerle fáciles etiquetas, tal como ocurre con frecuencia en el caso de los escritores en los que resulta visible el peso del contexto, de la realidad. Del diálogo constante que mantiene el hombre y el creador con ese contexto extrae no sólo temas, personajes o tonos, sino algo mucho más trascendente y universal: la búsqueda, el éxtasis, la incertidumbre del ser humano, temas en los que cada uno se reconoce. Y además nos transmite que la vida es una búsqueda, sí, pero lo bueno es que se encuentra: pistas, asombros, refugios. Como se lo ha dicho su admirado poeta Humberto Megget, a quien cita en su novela *Andamios:*

> y encontré el molde de unos pies
> y encontré luego el molde de un cuerpo
> y encontré luego el molde de unas paredes
> y encontré luego el molde de una casa que era
> como mi casa

Esa empatía que logra con el lector es lo que lo ha convertido en el primero de aquellos poetas que él mismo había destacado en su libro de entrevistas *Los poetas comunicantes.*

EL CORAZÓN Y LA PIEDRA

> —Tu profecía, poeta.
> —Mañana hablarán los mudos:
> *el corazón y la piedra.*
> ANTONIO MACHADO

Con la mudez del corazón se aprende /
la de la piedra es un pecado inútil /
hay piedras que parecen corazones
y corazones duros como piedras

piedras y corazón complementarios
como el árbol y la sombra del árbol
como el cordón umbilical y el niño
como el crimen perfecto y el suicidio

un corazón mudo de nacimiento
también puede latir amordazado
y así callar sus culpas vacilantes
o vacilar ante el primer recelo

la piedra en cambio tiene la misión
despreocupada de ser sólo piedra
arriba pasa el cielo / abajo el río
la llovizna acaricia su apatía

ah corazón y piedra / qué amalgama
qué obligación del hombre y su destino

qué fiel contradicción / qué disparate
qué poquito nos queda en este soplo

El mundo que respiro
Inventario III, p. 37

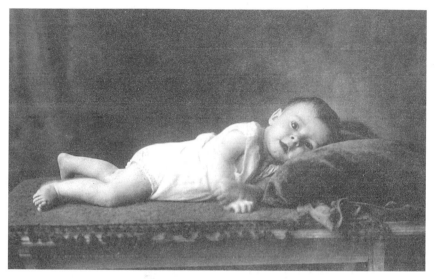

Mario Benedetti de meses.

Mario a los dos años
y medio, disfrazado.

Mario a los seis años.

Jugando con sus compañeros del Colegio Alemán, 1933.

Colegio Alemán, 1934 (penúltimo de la derecha, sentado).

Atrás, de izquierda a derecha: la madre de Mario, Matilde Farrugia; su tía, Flaminia Benedetti, y su padre, Brenno Benedetti. *Sentados, de izquierda a derecha:* sus abuelos paternos, María Marziali y Brenno Benedetti, y Mario. *Adelante, de pie:* su hermano Raúl. En el Castillo Mauá, Estancia Santa Blanca, Mercedes, Soriano.

Colegio Alemán (3º a la
izquierda, en cuclillas).

Brenno Benedetti,
abuelo de Mario.

Grupo de la revista *Número* con Pablo Neruda (centro): Mario,
Manuel Claps, Emir Rodríguez Monegal, Idea Vilariño y María
Carmen Portela, 1952. La foto fue tomada por otro integrante
del grupo: Sarandy Cabrera.

En París, 1966.

Mario, sus padres
y su hermano
Raúl, 1946.

En Alemania, 1957.

Con Luz en el
Puente de Rialto,
Venecia, 1957.

En la Plaza de la Catedral,
La Habana.

En el monumento
a Goethe.

Con su esposa,
Luz.

Con Nacha Guevara
y Alberto Favero, 1972.

Con Jorge
Enrique
Adoum,
1968.

Con una campeona
cubana de ping-pong.

Comité de la revista *Casa de las Américas*, 1971.

Con Haydée
Santamaría y Alejo
Carpentier, Casa de las
Américas, Cuba,
1978.

Con Luz y Nicolás Guillén.

Con su padre.

Con Eduardo Galeano.

Con Juan Gelman, Luz y Jorge Ruffinelli en México.

Con Mario
Vargas Llosa
(izquierda) y
Carlos
Fuentes,
París, 1966.

Con el pintor
cubano Mariano
Rodríguez, La
Habana, 1978.

Con Hugo
Alfaro.

Con Rafael Alberti,
Madrid, 1982.

Con Luz en Grecia.

Con Fidel Castro,
Ernesto Cardenal,
Antonio Saura,
Alfredo Bryce
Echenique y
Armando Hart
(derecha, fila
inferior).

Con Ernesto
Cardenal.

Con el general
Líber Seregni
y el doctor
Edgardo
Carvalho,
Madrid, 1984.

Con Pilar Miró
en el festival de cine
de San Sebastián,
1986.

Con Nicolás Guillén
y Juan Carlos
Onetti.

Con Roberto
Fernández
Retamar.

Con Luz y Fidel Castro.

Con Daniel
Viglietti.

En la Feria del Libro
de Madrid (foto
de Carlos de Andrés.)

Con *Chus* Visor,
Nancy Morejón
y Ángel
González en
El Escorial,
1993.

Con Luz.

Con el doctor Tabaré Vázquez (izquierda).

Autorretrato, publicado
en *Marcha,* 1958.

Mario por
Hermenegildo
Menchi Sábat.

EL SUR TAMBIÉN EXISTE

Mario por Fermín
Hontou, *Ombú.*

Con Daniel
Viglietti.

Con Joan
Manuel Serrat.

Capítulo 28

«... en el borde de otro sueño...»*

Un libro de cuentos largamente esperado apareció en 2003: *El porvenir de mi pasado.* Si bien la felicidad en la elección de títulos está bien demostrada a lo largo de los más de ochenta libros de Benedetti, en esta ocasión se inspira en un verso de su amigo el poeta mexicano José Emilio Pacheco: «¿Cuál será el porvenir de mi pasado?».

Después de *Buzón de tiempo* el escritor se había concentrado en la expresión lírica, tal vez más acorde con su situación espiritual. Pero mientras publicaba libros de poesía, iba escribiendo los textos que ahora aparecen, puesto que el conjunto reúne cuentos escritos entre 2000 y 2003, excepto «Niñoquepiensa», muy antiguo (1956), pero que nunca había sido recogido en un libro de cuentos. Es un libro que tiene mucha relación, una suerte de continuidad, con su reciente poemario *Insomnios y duermevelas:* no sólo desde una atmósfera común, sino debido a la voluntad expresa del autor al repetir uno de los textos: «Túnel en duermevela». En el terreno de los afectos, el libro está dedicado a Beto Oreggioni, querido amigo y editor uruguayo, muerto inesperadamente en 2001. Aunque se conocían desde antes de su partida hacia el exilio, fue a su regreso que Oreggioni había tenido buenas ideas editoriales para presentar al público uruguayo algunos textos de Benedetti difíciles de encontrar u olvidados.

El porvenir de mi pasado consta de una «Nota previa», puramente explicativa, un breve texto introductor con el mismo título, más lírico que narrativo («Eso fui. Una suerte de botella echada al mar. Botella sin mensaje»), y cuatro apartados: «El gran quizás», «Utopía», «Brindis» y «La tristeza», que

---

* *Rincón de Haikus, 133,* en *Inventario III,* p. 195.

agrupan textos narrativos de distinta extensión, los tres finales precedidos de un poema cada uno. De este modo, Benedetti vuelve a experimentar con estructuras y medios expresivos diferentes. Varios de los textos tienen como punto de partida, o como andamiaje, anécdotas autobiográficas. «Taquígrafo Martí» remite a uno de sus primeros oficios, «Amores de anteayer» parte de su trabajo en la Contaduría General de la Nación, incluso una de las historias de «Otras alegrías» realmente le sucedió al escritor, y lo mismo pasa en «Voz en cuello». Es así como esas cosas del pasado, que residen en todos nosotros, «se abren paso hacia el futuro», tal como definió en la presentación del libro en Madrid, en el Círculo de Bellas Artes, en diálogo con la periodista Concha García Campoy. Nuevamente el humor tiende su manto protector sobre un escenario penoso, poblado de malas noticias ajenas y de interpretaciones personales pesimistas. Pero siempre aparecen inquietudes brillantes desde el punto de vista estilístico o arriesgadas conceptualmente. En «Conclusiones», por ejemplo, aparece un personaje, la muerte: «Menos mal que no hay Dios, masculló la muerte con su voz cavernosa. Si hubiera Dios y viniera a disputarme el azar, no tendría más remedio que morirme». De esta ocurrencia dijo el crítico Edgardo Dobry: «Sólo un poeta bendecido por el don narrativo podría acometer la osadía de pensar en la muerte de la muerte».

Mientras tanto el mundo se empeña en mostrarle su cariño y admiración. Obviamente no hay una concertación previa, pero son momentos que se prolongarán con los años en que aquellos a quienes él entregó tanto —sus lectores, sus «prójimos»— lo rodean con amor. En el mes de marzo, el Festival Iberoamericano de Teatro de Cádiz le rinde homenaje. En mayo le piden desde la Casa de América de Madrid que participe en un encuentro con veinte poetas iberoamericanos, «La poesía tiene la palabra». En julio lo llaman para el inicio de los Cursos de Verano en Alicante, e inaugura las nuevas instalaciones del Centro de Estudios Iberoamericanos Mario Benedetti de la Universidad de Alicante, un espacio vivo y creativo que ha ido creciendo con los años.

Desde el punto de vista internacional 2003 es un año complicado para Cuba, y el escritor uruguayo es sensible a esa situación. Luego de la decisión de la Unión Europea de adoptar sanciones económicas contra el Gobierno de Cuba se levantan voces acusando a los gobiernos europeos de seguir la línea de actuación de Estados Unidos. Benedetti firma un llamamiento, «A la conciencia del mundo», promovido por intelectuales del mundo, pero especialmente latinoamericanos, que denuncia el acoso a la isla. El episodio de tres fusilamientos en aquel país produjo reacciones encontradas y el escritor uruguayo razona en numerosas entrevistas su constante apoyo a la Revolución cubana, aunque también se pronuncia contra la pena de muerte allí como en cualquier otro lugar del planeta. Precisamente la existencia de la pena de muerte en tantos países, señaladamente en Estados Unidos, lo lleva a calificar de hipócritas las críticas. Incluso se desmarca de la posición del Premio Nobel de Literatura José Saramago, por otra parte buen amigo suyo, que rompió públicamente con el Gobierno cubano, y asegura que se trata de un error muy grande de Fidel Castro el mantener la pena de muerte, puesto que, junto precisamente a Estados Unidos, serían los únicos países en el continente que la conservan.

Si unimos esta actitud a su reciente activismo con respecto al drama del *Prestige,* se comprenderá que en las esferas oficiales españolas, siendo un Gobierno muy conservador, su nombre sea muy mal visto. Si bien el escritor fue siempre muy cuidadoso y se abstuvo de opinar sobre temas internos españoles por respeto al país que lo había acogido como exiliado, en este momento había otros elementos en juego. Cuando el petrolero *Prestige* se partió en dos delante de las costas gallegas, anegándolas de una marea negra que provocó un desastre ecológico de gran magnitud, se levantó un clamor popular contra quienes en el Gobierno, por falta de medidas adecuadas, por negligencia o por mal juicio, no habían sabido evitar la catástrofe. La contramarea blanca de «Nunca Máis» —así llamada por el color de los uniformes que usaban los voluntarios que por miles se pusieron a trabajar para limpiar la costa— contó con la solidaridad de mucha gente, también con la de Benedetti, quien incluso participó en un libro titulado *No país do Nunca Máis.*

En cuanto a su obra literaria, se encuentra en un momento fructífero, y así lo explica en una entrevista en el periódico *El País* en julio de 2003. Acababa de salir *Inventario III,* que reúne sus últimos libros desde 1995, todavía se estaba comentando su poemario *Insomnios y duermevelas,* ya tiene en imprenta otro, *Existir todavía,* y en pocos meses saldría, como hemos visto, *El porvenir de mi pasado.* Escribe más poesía, sin duda, y lo anuncia por cierta necesidad de autoexplicación: «En la poesía soy más yo mismo», dice en la citada entrevista. Mientras en los otros géneros hay más ficción, en la poesía «está mi propia vida, allí sólo se inventa la forma». Y acepta que últimamente —«a partir de los ochenta»— sus poemas son más existenciales. Y en cuanto a su actitud cívica proclama: «Mi única religión es la conciencia, y la poesía tiene mucha relación con la conciencia».

Hacia fines de año aparece un libro sobre un amigo: *Joan Manuel Serrat (a los sesenta años),* que es la puesta al día de la biografía que publicara Margarita Rivière en 1998. Por supuesto, Benedetti escribe el prólogo.

De inmediato viaja a Piacenza, Italia, a recibir el Premio Nicolás Guillén, distinción que lo sorprende y lo emociona al recordar su larga amistad con el poeta cubano. Y casi directamente viaja a Buenos Aires, donde lo esperan sus editores latinoamericanos con las novedades que están saliendo en España; el 12 de diciembre llega a Montevideo.

UNA POESÍA TEJIDA A LA SOCIEDAD

En septiembre, coincidiendo con su octogésimo tercer cumpleaños, sale publicado un libro especial: *Memoria y esperanza. Un mensaje a los jóvenes.* El prólogo, fechado ese 14 de septiembre, es más bien una dedicatoria que reafirma sus valores, sostenidos a lo largo de una ya larga vida, los opone a la situación que prevalece en las sociedades que lo rodean y termina con un discreto relevo: «Soy un poeta viejo y un viejo poeta, que en lugar de pensar —como muchos de los de mi generación— que los viejos somos sabios, me pregunto, cada día que pasa, si el mundo no estará así porque no les dejamos lugar a los jóvenes». El contenido del libro, editado por Destino en gran formato y con fotos ilustrativas, es un recorrido en buena parte por textos muy antiguos del escritor, otros recientes e incorporaciones que vienen muy a tono con el tema. Desde su conocido poema «Qué les queda a los jóvenes», que aquí aparece bajo el título más simple «Con los jóvenes», hasta prosa periodística, o «reflexiones nuevas de pensamientos viejos». Y siempre presente la afirmación: «Para la mayoría de los actuales adultos la conciencia es un contratiempo del pasado, una voz fastidiosa que exigía conductas intachables pero casi siempre incómodas, trozos de sacrificio o penitencias del alma. Por lo general, se trata de sumergirla en el olvido, pero es obvio que el olvido está lleno de memoria.

»En los jóvenes la conciencia no está dormida: aquí y allá dispara sus dardos morales, sus reproches y sus anuencias. De algún modo es un amparo, un sostén».

Más allá de los éxitos de venta de los libros de Mario Benedetti, más asombrosos si hablamos de sus numerosos poemarios, ese género al que los libreros generalmente atribuyen una escasa difusión, debemos considerar la incidencia de su obra en otros vehículos de expresión, como hemos visto con anterioridad. La actitud del escritor ha sido siempre muy liberal, y también generosa, cuando le han solicitado autorización para iniciativas excéntricas: letras de rock, calendarios, etcétera. Ni habla de homenajes anónimos como le hace un hotel rural «con encanto» en los Pirineos de Huesca, donde cada una de las pocas habitaciones lleva el nombre de un escritor: el suyo no podía faltar.

Pero hay otras instancias en las que en especial la poesía de Benedetti se encuentra indisolublemente ligada a los sentimientos de la gente. Y eso ocurre en muchos países, en especial en aquellos en los que la misma lengua sirve de armoniosa comunicación. Se puede tratar de un acto en el que se protesta por la violencia doméstica, se reivindican soluciones legales y sociales y alguien dice que las mujeres son «militantes de la vida» y se lee a continuación el poema. En una época en la que la protesta y la lucha contra la guerra se hizo urgente, fue común la lectura de ese poema antibelicista, «La vuelta de Mambrú». También en muchas bodas o ceremonias de unión de carácter civil, la lectura de poemas de Mario promueve la emoción de los asistentes. Y si en España eso ha ocurrido mucho en el pasado, también cuando se legisló sobre matrimonios entre personas de un mismo sexo, en la primera ceremonia que hubo se leyeron algunos de sus poemas de amor. Igualmente, aparecen fragmentos de sus obras en felicitaciones de fin de año, en carteles conmemorativos, etcétera. Se trata sin duda de eso que las personas comunes señalan habitualmente: el poeta lo expresa tal como yo lo habría querido hacer. O sea, la comunicación es tan fluida que la palabra poética se inserta con toda naturalidad en la expresión de los sentimientos de muchas personas. También ha ocurrido en Uruguay, donde la iniciativa de apoyo a jóvenes drogodependientes Portal Amarillo ha señalado su marcada preferencia por los poemas de Benedetti, en especial por «Táctica y estrategia».

Mención aparte cabe a la cita por parte de colegas, periodistas o gente común de algunos de sus poemas o de sus expresiones que se han introducido con naturalidad en el habla escrita o hablada. Ya mencionamos la felicidad de términos como «paisito», o de frases como «el sur también existe», usada esta última en los más diversos contextos, incluso como título de un manifiesto elevado a las autoridades europeas acerca del problema de la inmigración. También hay títulos que se convierten en frases acuñadas, adecuadas para una expresividad concentrada, como «Canciones del más acá», «Poetas comunicantes» y, muy especialmente, «El olvido está lleno de memoria». Sin olvidar el título inspirador de una película exitosa: «Despabílate amor».

Es inútil preguntar al escritor sobre este fenómeno. Simplemente lo constata diariamente y, dentro de su modestia, lo disfruta. Tal vez debamos acudir a unas palabras de José Saramago en el año 2000 sobre Benedetti: «Sin duda algunos hombres, los mejores, han encarnado el sueño de José Martí de que patria sea humanidad». «Benedetti descubrió la gloriosa humanidad de los hombres y mujeres que cada día, juntando afán con afán, pretenden construir otra norma y otra forma de mirar y de mirarse.» «Por eso todos sentimos que algo dentro de nosotros se nos ensancha cada vez que leemos una página suya, un poema, un cuento, la lección moral que nos alumbra.»

CON LOS JÓVENES

¿Qué les queda por probar a los jóvenes
en este mundo de paciencia y asco?
¿sólo grafitti? ¿rock? ¿escepticismo?
también les queda no decir amén
no dejar que les maten el amor
recuperar el habla y la utopía
ser jóvenes sin prisa y con memoria
situarse en una historia que es la suya
no convertirse en viejos prematuros

¿qué les queda por probar a los jóvenes
en este mundo de rutina y ruina?
¿cocaína? ¿cerveza? ¿barras bravas?
les queda respirar / abrir los ojos
descubrir las raíces del horror
inventar paz así sea a ponchazos
entenderse con la naturaleza
y con la lluvia y los relámpagos
y con el sentimiento y con la muerte
esa loca de atar y desatar

¿qué les queda por probar a los jóvenes
en este mundo de consumo y humo?
¿vértigo? ¿asaltos? ¿discotecas?
también les queda discutir con dios
tanto si existe como si no existe
tender manos que ayudan / abrir puertas

entre el corazón propio y el ajeno /
sobre todo les queda hacer futuro
a pesar de los ruines del pasado
y los sabios granujas del presente

La vida ese paréntesis
Inventario III, p. 352

Capítulo 29

«... a solas con la noche»[*]

Hacía tiempo que Luz parecía oír peor que nunca. Desde muchos años atrás habían buscado diversas soluciones para una sordera que ella tomaba con el buen humor que la caracterizaba. Tal vez ese problema había influido en cierto retraimiento por su parte, sobre todo cuando se trataba de reuniones numerosas donde le costaba seguir las diferentes conversaciones.

De todas maneras, había sido su costumbre, y era un acuerdo tácito entre ambos, el que su compañía era permanente en lo personal, pero muy esporádica en lo profesional. Se había saltado esa norma en 1997, cuando la Universidad de Alicante le había otorgado el Doctor Honoris Causa en su paraninfo, pero ni en firmas ni en presentaciones aparecía la esposa de Benedetti. Fue la única persona a la que consulté para esta biografía que no quiso hablar sobre Mario, hasta tal punto separaba su carácter de compañera de vida de los avatares profesionales del escritor. Después de tantos años de relación, una sonrisa y una broma efusiva fue la respuesta a mis preguntas.

Además de no entender algunas preguntas, empezó a olvidar dónde dejaba cosas, y al principio parecía un juego el buscarlas. Pero poco a poco se fue hundiendo en la noche de la enfermedad y Mario tuvo que aceptarlo.

A principios de 2004 todavía seguían disfrutando del verano uruguayo y el 22 de marzo tenía lugar una ceremonia muy emocionante para Benedetti: la Universidad de la República le otorgó el título de Doctor Honoris Causa. La única universidad pública del país, reducto de luchas estudiantiles antes y durante la dictadura, estaba muy cerca de sus afectos y experien-

---

[*] «Botella al mar», *Preguntas al azar*, en *Inventario II*, p. 373.

cias. Había sido profesor de una de sus facultades por un período muy breve justo antes de marchar al exilio y, aunque nunca lo dijo, debía de sentirse dolido del olvido de esa casa.

Pero ese 22 de marzo era un día de fiesta. Con una multitud juvenil, y no tanto, que no cabía en el paraninfo de la universidad, y que se extendía por la principal avenida de Montevideo, acompañado por autoridades y por amigos, recibió su distinción emocionado. Dijo: «Esta universidad es la mía. He recibido doctorados en tres universidades muy queridas, Alicante, Valladolid y La Habana, pero este honor que me otorgan viene de esta universidad que es como el corazón de mi país. Ahora ella pasa a ser el huésped de mi corazón».

Viajan a España, como cada año, y también como cada año firma en la Feria del Libro de Madrid, nadie sabía, tampoco él, que sería la última vez. Durante más de dos décadas fue fiel a esa instancia de encuentro multitudinario de autores y lectores, y de éstos con los libros, simplemente. Atravesando el Parque del Retiro, en el centro de Madrid, se extienden cada mayo filas que parecen interminables de casetas que albergan, por sorteo, a editoriales, librerías e instituciones relacionadas con el libro. Y el ritual es el de decenas de autores firmando, unos poco o nada y otros muchísimo, los libros que compra el público. Se trata además de un paseo primaveral que atrae curiosos que, ante la presencia de un nombre admirado, se entusiasman y se acercan a saludar. Allí Benedetti ha estado, generoso y disciplinado, las mañanas y tardes de los fines de semana de la feria, enfrentando a largas colas de gente de todas las edades y procedencias, que le cuentan historias que tienen que ver con sus obras y le piden por fin que les dedique un libro, muchas veces para otra persona. En julio, en Jaén organizan un homenaje dedicado a su vida y su obra dentro del Festival Etnosur de Alcalá la Real. Será otro de los premios, reales o simbólicos de ese año: en la Comunidad Valenciana distinguen un corto realizado sobre uno de sus cuentos, «Miss Amnesia», y el VIII Congreso de Comisiones Obreras (CC OO, una de las dos centrales sindicales más importantes de España) se inicia con la lectura por parte del joven actor Juan Diego Botto de uno de sus poe

362

mas contra la guerra. Otro dato que debería congratularlo, si no estuviera con otras preocupaciones, lo da la Biblioteca Virtual Cervantes. Creada apenas cinco años antes, acababa de llegar a cien millones de páginas servidas a sus lectores. Y de los doce mil textos que ofrece puede establecer los más visitados. Después del *Quijote* y Pérez Galdós, aparece Mario Benedetti, en gozosa compañía, entre *La Celestina* y Lope de Vega. Al año siguiente, se duplicará el ingreso de lectores y el escritor uruguayo seguirá estando entre los más buscados.

2004 asimismo es el año en que se presenta *Palabras verdaderas,* un documental del uruguayo Ricardo Casas, un testimonio sobre su figura y su obra a través de sus palabras, y las de escritores que lo han conocido muy de cerca. Así, Juan Gelman, Eduardo Galeano, José Saramago, Manuel Vázquez Montalbán dibujan un retrato entrañable. No es menor el acierto de incorporar sus textos, con una memorable lectura del actor Miguel Ángel Solá.

Acaba de salir publicado un nuevo libro, *Existir todavía,* como siempre en España en la editorial Visor. Contiene ochenta y tres poemas, uno por cada año de vida, pero su obsesión no es existencial, o al menos en cuanto a su persona, deja de lado la presencia de su propia muerte para expresar la angustia que le produce observar cómo los humanos labran su destrucción. De sus versos dijo el poeta granadino Luis García Montero: «Los poemas de Benedetti no se quedan nunca dormidos, son una agitación de humor, música, ideas y sentimientos que abren sus ojos para ver cómo las locuras públicas afectan a la gente normal y las rutinas privadas se convierten en una consigna política. Son actos de lealtad a sílabas contadas».

ENTRE LA EXALTACIÓN Y LAS TINIEBLAS

En medio del verano madrileño los amigos y los médicos lo convencen. Luz necesita cuidados permanentes y decide volver a Montevideo, ya no se separará de ella y no volverá a viajar fuera de su país.

Poco después de llegar a su ciudad, recibe un golpe muy fuerte: el 31 de julio de 2004 moría el general Líber Seregni, fundador del Frente Amplio, gran amigo y persona muy admirada por el escritor. Ya en 1981 Benedetti había escrito sobre él: «Pienso que Seregni es en sí mismo, por su sereno coraje y su templanza consciente, por su estilo sobrio y su lucidez realista, una buena síntesis de nuestros mejores rasgos como pueblo, y es posible que su innegable prestigio en las masas se deba a que éstas así lo entendieron y se sintieron representadas». Y una de las personas más aplaudidas por la multitud que quiso acompañar la ceremonia fúnebre fue Benedetti, como ejemplo de dignidad y coherencia al igual que el líder muerto.

A ese dolor se contrapone la promesa de concreción de un futuro deseado: el país entero está envuelto en una campaña electoral que augura el triunfo del Frente Amplio. Por primera vez la izquierda avizora con claridad la posibilidad de llegar al Gobierno y cumplir el sueño que habían iniciado tantos, incluido el escritor y el militar, más de treinta años antes. Benedetti lo vive con alegría y dolor, pero sin desfallecer.

Siempre la escritura ha sido para este autor de más de ochenta y cinco libros la razón de ser, el salvavidas, también como dice en su poema «Agenda», «válvulas de escape». Por eso en 2004 saldrán dos poemarios: *Defensa propia* y *Adioses y bienvenidas*. Los dos están dedicados, como casi todos, a Luz, el primero «en nuestro 58º aniversario», y el último «A Luz, como siempre». Incluso después de su muerte, ocurrida el 14 de abril de 2006, le dedicará *Canciones del que no canta:* «a Luz, que ya no está pero estará siempre, en memoria de nuestros 60 años de buen amor».

Defensa propia se anuncia como «60 poemas y 85 bagatelas», esta última parte dedicada a su hermano Raúl, con quien, en la desgracia cotidiana, ha ido estrechando la relación. Son poemas de la tristeza y el paso del tiempo, de la ausencia, y el asomo de lo exterior es tamizado por una mirada cansada y escéptica. Ni siquiera esas bagatelas que se quieren livianas y juguetonas llegan a teñirse verdaderamente de humor, sino que aparecen como definiciones sarcásticas o amargamente reales. La alegría sólo se menciona como recuerdo o como afirmación vital. El amor es melancólico o «en defensa propia» y convive con las ausencias y la tristeza.

Adioses y bienvenidas ofrece también una estructura heterogénea: «84 poemas y 80 haikus», asimismo dedicados a su hermano Raúl. El tono es tal vez más triste, pero no desesperado. En paralelo sigue el proceso de la enfermedad de alzheimer en Luz y la euforia política de quienes ya deben preparar el Gobierno que asumirá sus funciones el 1 de marzo de 2005, ambos extremos afectan de distinto modo al escritor, que encuentra en su hermano y en los amigos compañía para sobrellevarlo. Como confiesa en «Cómplice»: «Todos necesitamos alguna vez un cómplice / alguien que nos ayude a usar el corazón». Sin duda por eso en un poema que aparecerá luego de la muerte de Luz, «Epílogo», dirá: «de ahora en adelante / aunque comparta el tiempo con cercanos / con los míos de siempre / y pregunte y responda y hasta ría / mi alma estará sola en su guarida / con su resignación involuntaria / rodeada de memorias imborrables / e insomnios invadido de tristeza».

No hay hipérbole, sin duda la muerte de Luz significará un adiós a mucho que tiene que ver con el mundo exterior, y con los sentimientos. A partir de entonces, más concretamente desde el 6 de mayo de 2006, la presencia de alguien de confianza a su lado, su secretario, Ariel Silva, será su escudo y su instrumento para lidiar con el malestar de la realidad. Y su escape será la escritura. Su decisión será la de ir abandonando ataduras materiales: ya no le interesarán sus viviendas de Madrid y Buenos Aires y donará la importante biblioteca reunida durante su exilio al Centro de Estudios Iberoamericanos de la Universidad de Alicante que lleva su nombre.

Llega el final del verano de 2005 en Uruguay y el momento de cambio de Gobierno nacional. Con mayoría absoluta en las urnas, el nuevo presidente de la República será el doctor Tabaré Vázquez. Ese 1 de marzo hay ambiente de fiesta en la calle, la multitud parece haber abandonado la seriedad uruguaya y baila y canta en comunión entre desconocidos. El primer acto transcurre en el Palacio Legislativo, donde el presidente pronuncia un discurso ante la Asamblea General. Entre las nuevas autoridades hay ex presos, ex exiliados, luchadores con más de treinta años de dolor que hoy sonríen casi incrédulos. Y la multitud aclama. Cuando el doctor Vázquez termina su discurso, baja del estrado y abraza, entre aplausos, a una pequeña figura emocionada que lo escuchaba entre los pocos invitados especiales. Es Mario Benedetti, que en esos instantes recoge en su memoria la presencia de tantos compañeros que no pueden vivir este momento especial. No hay en él signos exagerados de alegría ni de emoción. Mantiene su talante discreto, modesto. Sin duda su estado de ánimo es el que escribió en su poema «Soneto aleluya»: «En ciertos arrabales de la pena / suele brotar un poco de alegría / sin carcajadas ni algarabía / tan sólo con la gloria de la buena».

De este modo Mario Benedetti sigue viviendo y creando, con dignidad y coherencia —la palabra más usada en relación a su vida—, rodeado por la admiración y el cariño de tantos, algunos pequeños odios o mezquindades, y el interés de los jóvenes de tantos países que lo siguen leyendo. En realidad, lo único que verdaderamente le importa.

Montevideo, 2008

Ediciones utilizadas para las citas

Además de las ediciones citadas en nota con sus datos completos, se han utilizado las siguientes:

Articulario. Desexilio y perplejidades: Madrid, El País-Aguilar, 1994.

El ejercicio del criterio: Espasa Calpe-Seix Barral, Buenos Aires, 1996.

El país de la cola de paja: Montevideo, Arca, 1966.

El porvenir de mi pasado: Madrid, Alfaguara, 2003.

Cuentos completos: Madrid, Alfaguara, 1994.

Inventario I: Madrid, Visor, 1993.

Inventario II: Madrid, Visor, 1994.

Inventario III: Madrid, Visor, 2003.

La borra del café: Barcelona, Destino, 1993.

Literatura uruguaya del siglo XX: Seix Barral, Montevideo, 1997.

Perplejidades de fin de siglo: Seix Barral, 2000.

Índice onomástico

373

VIVIR ADREDE
Mario Benedetti

«Todo es adrede, todo hace trizas el alma.»

¿Nos traicionan nuestras propias huellas? ¿Qué diferencia hay entre un suicida inevitable y uno vocacional? A través de planteamientos como éstos, *Vivir adrede* reflexiona sobre la vida. La vida de los que aman y los que matan; de los que creen en Dios o le dicen «adiós»; de los que abrazan y de los que oprimen; del condenado a muerte y de aquellos cuya existencia es la condena. Y lo hace con la profundidad que sólo pueden lograr las palabras más sencillas.

Vivir adrede es un gran descubrimiento para los lectores de Benedetti y para aquellos que quieran conocer la obra del gran autor uruguayo. Una lectura que cautiva, entretiene y sorprende palabra a palabra.

Alfaguara es un sello editorial del Grupo Santillana

www.alfaguara.com

Argentina
Av. Leandro N. Alem, 720
C 1001 AAP Buenos Aires
Tel. (54 114) 119 50 00
Fax (54 114) 912 74 40

Bolivia
Avda. Arce, 2333
La Paz
Tel. (591 2) 44 11 22
Fax (591 2) 44 22 08

Chile
Dr. Aníbal Ariztía, 1444
Providencia
Santiago de Chile
Tel. (56 2) 384 30 00
Fax (56 2) 384 30 60

Colombia
Calle 80, 10-23
Bogotá
Tel. (57 1) 635 12 00
Fax (57 1) 236 93 82

Costa Rica
La Uruca
Del Edificio de Aviación Civil 200 m al Oeste
San José de Costa Rica
Tel. (506) 22 20 42 42 y 25 20 05 05
Fax (506) 22 20 13 20

Ecuador
Avda. Eloy Alfaro, 33-3470 y Avda. 6 de
Diciembre
Quito
Tel. (593 2) 244 66 56 y 244 21 54
Fax (593 2) 244 87 91

El Salvador
Siemens, 51
Zona Industrial Santa Elena
Antiguo Cuscatlan - La Libertad
Tel. (503) 2 505 89 y 2 289 89 20
Fax (503) 2 278 60 66

España
Torrelaguna, 60
28043 Madrid
Tel. (34 91) 744 90 60
Fax (34 91) 744 92 24

Estados Unidos
2105 N.W. 86th Avenue
Doral, F.L. 33122
Tel. (1 305) 591 95 22 y 591 22 32
Fax (1 305) 591 91 45

Guatemala
7ª Avda. 11-11
Zona 9
Guatemala C.A.
Tel. (502) 24 29 43 00
Fax (502) 24 29 43 43

Honduras
Colonia Tepeyac Contigua a Banco Cuscatlan
Boulevard Juan Pablo, frente al Templo
Adventista 7º Día, Casa 1626
Tegucigalpa
Tel. (504) 239 98 84

México
Avda. Universidad, 767
Colonia del Valle
03100 México D.F.
Tel. (52 5) 554 20 75 30
Fax (52 5) 556 01 10 67

Panamá
Vía Transísmica, Urb. Industrial Orillac,
Calle segunda, local #9.
Ciudad de Panamá.
Tel. (507) 261 29 95

Paraguay
Avda. Venezuela, 276,
entre Mariscal López y España
Asunción
Tel./fax (595 21) 213 294 y 214 983

Perú
Avda. Primavera 2160
Surco
Lima 33
Tel. (51 1) 313 4000
Fax (51 1) 313 4001

Puerto Rico
Avda. Roosevelt, 1506
Guaynabo 00968
Puerto Rico
Tel. (1 787) 781 98 00
Fax (1 787) 782 61 49

República Dominicana
Juan Sánchez Ramírez, 9
Gazcue
Santo Domingo R.D.
Tel. (1809) 682 13 82 y 221 08 70
Fax (1809) 689 10 22

Uruguay
Constitución, 1889
11800 Montevideo
Tel. (598 2) 402 73 42 y 402 72 71
Fax (598 2) 401 51 86

Venezuela
Avda. Rómulo Gallegos
Edificio Zulia, 1º - Sector Monte Cristo
Boleita Norte
Caracas
Tel. (58 212) 235 30 33
Fax (58 212) 239 10 51